우주를
걷는
하루

서문

아침을 여는 햇살은 우리를 밝음의 하루로 이끌고, 저녁 하늘의 달빛과 별빛은 다시 고요한 밤으로 안내합니다. 이러한 빛과 밤낮의 순환주기는 우주의 오래된 흔적이자, 우리가 늘 맞이하는 우주의 얼굴입니다. 그러나 여전히 많은 사람들은 우주를 일상과는 동떨어진 낯선 세계로 생각합니다.

필자는 조종사와 연구자로 살아오며 우주를 가까이 경험할 수 있었습니다. 그 과정에서 우주는 경쟁이나 탐구의 대상임과 동시에 인류의 삶과 미래를 가까이서 비추며 우리를 돌아보게 하는 거울임을 알게 되었습니다. 이 책은 저와 사람들 간 생각의 거리를 좀 더 좁히려는 의도에서 쓰게 되었습니다.

우리에게 우주의 질서를 가장 친근하게 보여주는 틀은 달력이며, 매일 발생하는 일을 기록한 것이 일기입니다. 『우주를 걷는 하루』는 365일 일별로 발생한 우주와 관련된 사건·인물의 탄생·작품·사상과 24절기를 담은 일기로 2026년을 기준으로 작성되었습니다. 이를 통해 우주와 관련된 인류의 이야기와 유산 속에서 남긴 교훈 및 2026년의 참조점을 확인할 수 있습니다.

지금 한국 사회는 코로나의 긴 터널을 지나면서 여러모로 지치고 힘들지만, 새로운 우주시대에 대한 도전을 생각하지 않을 수 없습니다. 따라서

이 책이 우주에 관한 지식을 나누는 동시에 긍정적인 마음으로 서로를 격려하고 미래를 바라보게 하는 작은 안내서가 되기를 희망합니다.

한편 우주는 언제나 인간에게 근본적인 질문을 던져왔습니다. "우리는 어디서 왔는가? 어디로 가고 있는가? 어떻게 살아야 하는가?" 이 물음들은 시대와 문명을 넘어 우리를 성찰하게 하고, 더 큰 세계를 향한 꿈을 꾸게 합니다.『우주를 걷는 하루』는 그러한 질문을 독자의 삶 속으로 불러와, 우주를 통해 자신과 세상을 새롭게 바라보는 기회를 제공하고자 합니다.

마지막으로 미흡한 글이지만 탈고를 위해 노력해준 딸 '지우'와 아내 '앵그리 송' 여사에게 감사를 전하며 모든 독자들에게 긍정적인 우주의 기운이 매일 함께하기를 기원합니다.

감사합니다.

김훈

목차

2026 KEY WORD 달력

파란색 글씨: 24절기

1월 | 14

일	월	화	수	목	금	토
				1 새해와 우주	2 태초의 별	3 별자리
4 태양과 지구	5 소한	6 어린왕자	7 갈릴레오	8 스티븐 호킹	9 딥 임팩트	10 달과 악수
11 UFO	12 국민의 성원	13 화성 가린 달	14 오리온	15 별 잡는 방법	16 우주선 도킹	17 걸프전
18 적도 오로라	19 명왕성 실종	20 대한	21 소중한 공기	22 날벼락	23 태양계 이탈	24 웹 망원경
25 클레멘타인	26 공용 망원경	27 아폴로 1호	28 챌린저호	29 오딧세이	30 비틀즈	31 건빵 별사탕

2월 | 48

일	월	화	수	목	금	토
1 컬럼비아호	2 행성교향곡	3 우주식품	4 입춘	5 토성 사계절	6 달 골프	7 피노키오
8 천문학 강연	9 써머타임	10 위성 충돌	11 빛의 방패	12 인간의 우주	13 우주 라디오	14 푸른 점
15 유성폭발	16 겨울 별파티	17 구정	18 우주의 온도	19 우수	20 코페르니쿠스	21 우주경쟁
22 우주 고양이	23 우주 화재	24 우크라이나	25 조지 해리슨	26 빅토르 위고	27 윤년	28 행성퍼레이드

3월 | 78

일	월	화	수	목	금	토
1 민족의 의지	2 블루 고스트	3 개기월식	4 우주교실	5 경칩	6 태극기	7 세일러 문
8 세계여성의날	9 별 보러 가자	10 그레이엄 벨	11 지구재난	12 우주순회정비	13 화성 식민지	14 뉴스페이스
15 시이저	16 국제로켓의날	17 MBC 별밤	18 우주유영	19 아카데미상	20 춘분	21 달 항아리
22 세계 물의 날	23 별들의 전쟁	24 스타링크	25 문워크	26 월광소나타	27 모아이 석상	28 우주 쌍둥이
29 진도의 기적	30 별 다방	31 매트릭스				

4월 | 112

일	월	화	수	목	금	토
			1 만우절	2 우주와 전기	3 우주통신	4 우주와 숫자
5 청명	6 선샤인	7 세계보건의날	8 초파일	9 이소연	10 블랙홀 확인	11 아폴로 13호
12 우주인의 날	13 국제암흑주간	14 세계양자의날	15 재사용 로켓	16 우주 마라톤	17 유성우	18 보현산
19 화성 비행	20 곡우	21 우주 장례식	22 지구의 날	23 화성과 금성	24 허블 망원경	25 세계펭귄의날
26 윌리엄 허셜	27 한미우주협정	28 최초우주관광	29 수성	30 정보의 우주		

5월 | 144

일	월	화	수	목	금	토
					1 GPS	2 마이크로파
3 에스프레소	4 스타워즈 날	5 입하	6 힌덴부르크	7 제 5 원소	8 어버이날	9 도지코인
10 더스트 보울	11 인공지능	12 우주 뮤비	13 알퐁소 도테	14 아르미테스	15 세종대왕	16 장영실
17 칸트	18 헬리 혜성	19 달 로봇	20 이어하트	21 소만	22 우주와 지진	23 태양폭풍
24 모스 부호	25 에일리언	26 ET	27 KASA	28 우주 원숭이	29 상대성 이론	30 크루 드래곤
31 우주음악						

6월 | 178

일	월	화	수	목	금	토
	1 케슬러신드롬	2 루나 9호	3 자전거의 날	4 태양광발전	5 금성 그림자	6 망종
7 큐리오시티	8 빅 브라더	9 도널드 덕	10 스트로베리문	11 체리스프링스	12 나로우주센터	13 최초 우주선
14 성조기	15 우주 샤워	16 이슬람 새해	17 라이트이어	18 빈센트	19 단오	20 세계난민의날
21 하지	22 최초민간우주	23 공공봉사의날	24 잉카의 태양	25 심우주 시계	26 한국SF문학	27 슈팅 스타
28 천리안	29 스마트폰	30 소유즈 11호				

7월 | 210

일	월	화	수	목	금	토
			1 케네디 센터	2 글로벌통신망	3 백 투 더 퓨처	4 우주시력저하
5 만유인력	6 프리다 칼로	7 소서	8 우주시인	9 콜라우주대전	10 텔스타	11 콘택트
12 위성 장례식	13 달 암석 도난	14 바스티유	15 오본축제	16 트리니티	17 디즈니랜드	18 플라네타리움
19 로켓시티	20 달 착륙	21 하이픈 오류	22 달에 간 시계	23 대서	24 달 검역	25 별빛축제
26 우주 라면	27 벅스 버니	28 애쉬베리	29 더 도어스	30 토성의 귀	31 START-I	

8월 | 244

일	월	화	수	목	금	토
						1 루나 로버
2 The Moon	3 콜럼버스	4 WoW	5 핑크플로이드	6 우주 취침	7 입추	8 행운의 88
9 해바라기	10 우주 샐러드	11 우리별 1호	12 태양 탐사선	13 페르세우스	14 항공의 날	15 광복절
16 우사인 볼트	17 우주 사이버	18 스파이 위성	19 칠석	20 다윈 진화론	21 달 수빙	22 유럽우주시계
23 처서	24 찬드라얀 3	25 다이아몬드	26 ICBM	27 크라카토아	28 그래비티	29 핵실험반대일
30 고르바쵸프	31 아우구스투스					

9월 | 278

일	월	화	수	목	금	토
		1 달세계 여행	2 캐링턴이벤트	3 호주 국기	4 태권도의 날	5 우주와 포도
6 우주개구리	7 백로	8 스타트렉	9 숫자 9	10 음주단속	11 마션	12 라스코 벽화
13 철새의 비밀	14 은하철도	15 우주물체등록	16 오존층	17 우주건강	18 우주교통관제	19 아를르의 밤
20 BTS	21 존 키이츠	22 전래동화	23 추분	24 단위 오류	25 추석 송편	26 경보 오작동
27 호국의 별	28 노벨상	29 다빈치	30 우주와 번역			

10월 | 310

일	월	화	수	목	금	토
				1 국군의 날	2 V2 로켓	3 개천절
4 세계우주주간	5 건축의 날	6 코스모스	7 스타크래프트	8 한로	9 한글날	10 임산부의 날
11 우주 감기	12 대한제국	13 알투시	14 성층권 낙하	15 우주 패션쇼	16 세계식량의날	17 케플러
18 국제 고고학	19 오우무아무아	20 지오스톰	21 누리호	22 쿠바위기	23 상강	24 인공지능
25 솔베이 회의	26 프란치스코	27 기후변화	28 스타게이트	29 존 글렌	30 우주전쟁	31 보헤미안

11월 | 344

일	월	화	수	목	금	토
1 위성요격	2 ISS	3 라이카	4 투탕카멘	5 달의 여신	6 죄와 벌	7 입동
8 MIT	9 칼 세이건	10 세서미 St.	11 외계언어	12 Orbital	13 노란 잠수함	14 인상주의
15 상대성이론	16 아레시보	17 터미네이터	18 미키 마우스	19 세계철학의날	20 허블	21 볼테르
22 소설	23 장애 우주인	24 우주 동면	25 우주경쟁력법	26 폴라로이드	27 노벨상	28 화성의 날
29 CLPS	30 우주 야구					

12월 | 376

일	월	화	수	목	금	토
		1 애스트로스	2 화성착륙	3 North Star	4 세계치타의날	5 우주예산
6 석굴암	7 대설	8 블루마블	9 스누피	10 허클베리 핀	11 유네스코	12 과달루페
13 무중력 축구	14 옥토끼	15 제미니랑데뷰	16 칸딘스키	17 순간이동	18 달 협정	19 아폴로 17호
20 첨성대	21 토스카	22 동지	23 동방박사의별	24 산타클로스	25 성탄절	26 박싱 데이
27 삐딱하게	28 별빛 사진사	29 국제첼로의날	30 윤동주	31 카운트다운		

January

동양의 절기 구분에서

한 해의 첫 달은 축월(丑月)로

소가 그 달을 상징한다.

Big Bang, 우주의 시작

지구의 모든 존재는 시작을 가지고 있다. 우주도 아주 오래 전 아무것도 없던 어둠에서 '시작'의 순간을 가졌다. 이 순간을 과학자들은 '빅뱅(Big Bang)'이라고 부른다.

1927년 벨기에 물리학자 르메트르가 "우주에는 시작이 있다"고 처음 말했을 때 사람들은 반신반의했다. 이후 허블의 관측, 우주배경복사의 발견 등 다수의 증거가 이 이론을 뒷받침했다. 137억 년 전, 상상할 수도 없이 작은 한 점에서 모든 시간, 공간, 물질, 에너지가 태어난 것이다.

오늘 우리가 맞이하는 '새해'처럼 우주는 한 번의 시작으로 지금까지 팽창과 변화의 모습을 계속 보여주었다. 아직도 과학자들은 "빅뱅 이전엔 무엇이 있었을까?", "우주의 진짜 시작은 무엇일까?"라는 끝나지 않는 질문을 던지고 있다. 다만, 분명한 것은 우리의 삶처럼 모든 존재의 시작은 경이롭고 소중한 출발이다.

아침의 차가운 공기 속, 회색 빌딩 틈새로 새해의 하늘이 조심스레 얼굴을 내민다. 많은 이들은 멀리 바다와 강에서 해돋이를 맞으며 소망을 빌고 있을 것이다. 서로 다른 자리에 서 있지만, 모두 같은 빛을 향해, 저마다의 '빅뱅'을 마음속에 그리고 있다.

> "희망은 새해의 문턱에서 우리에게 미소 지으며 속삭인다. '다가올 날들은 더 행복할거야.'
> Hope smiles from the threshold of the year to come, whispering 'it will be happier.'
> ― 알프레드 테니슨 Alfred Tennyson, 영국 시인

1월 2일

우리는 어디서 왔을까?

빅뱅 이후 약 1억 년이 지나, 우주에 처음으로 별이 태어났다. 수소와 헬륨만으로 이루어진 '제1세대 별'들은 중심에서 핵융합 반응을 일으켜 더 무거운 원소를 내부에 만들어냈다. 이 거대한 별들은 수명이 다하면 내부가 무너져 내리고, 곧이어 엄청난 폭발을 일으켜 다양한 원소와 별의 잔해를 우주 공간에 흩뿌린다. 이러한 폭발 현상을 과학자들은 '초신성(supernova)'이라고 부른다. 이 별들이 남긴 먼지에서 또 다른 별들이 태어났고 일부는 모여 지구가 되고, 인간이 되어 오늘날 우리의 몸과 숨으로 이어져 왔다.

성서 창세기는 "너는 흙이니 흙으로 돌아갈지니라"고 전하지만, 오늘날 과학은 "우리는 별에서 와서, 다시 별로 돌아간다"고 바꿔 말한다.

오늘 밤, 별을 올려다보며 "나는 어디서 왔고, 어디로 가는가?"라는 근원적인 질문을 떠올려본다. "나는 유한한 생명체지만, 내 안의 원자는 영원히 우주를 순환하고, 지금 이 순간의 내가 곧 영원의 일부라면, 더 좋은 나로 살아야 하지 않을까?"

"우리는 별의 물질로 이루어져 있다."
We are made of star-stuff.

— 칼 세이건 Carl E. Sagan, 미국 천문학자

1월 3일

지도가 되는 '별'

고대 바빌로니아인들은 별의 움직임을 점토판에 새겨 자신들의 왕과 나라의 운명을 점쳤고, 이집트인들은 시리우스별의 떠오름으로 나일강의 범람과 농사의 시기를 예측했다. 별은 단순한 빛의 근원이 아니라 생존과 미래를 위한 지혜의 샘이었다.

1395년, 조선 태조 이성계는 새 왕조의 질서를 하늘에서 찾고자 관상감 학자들에게 1,400여 개의 별을 정밀하게 새긴 천상열차분야지도(天象列次分野之圖)를 만들게 했다. 이 지도는 한반도의 실제 밤하늘을 토대로 새겨졌으며, 중국의 석각 천상도와 함께 세계 최고의 석각 별지도로 꼽힌다. 당시 하늘을 읽는 일은 곧 세상의 질서를 읽는 일이었고, 별자리는 왕조와 백성 모두의 미래를 비추는 등불이었다.

코로나 이후, 우리는 가끔 모든 것이 무의미해지고 어둠 속을 헤매는 느낌을 받기도 한다. 하지만 옛사람들이 별을 따라 길을 찾았듯, 우리도 지금 각자의 삶에서 작은 빛 하나를 바라보며 조금씩 나아가야 한다.

"하늘을 관찰하는 것은 세상의 질서를 배우는 일이다."
The order of the heavens teaches the order of life.

— 키케로 Marcus T. Cicero, 로마 철학자

1월 4일

태양과 지구

2026년 1월 4일, 오늘의 지구는 1년 중 태양에 가장 가까워진다(약 1억 4,700만 km). 이 순간을 우리는 '근일점(Perihelion)'이라고 부른다. 그럼에도 창밖은 여전히 겨울이고, 우리의 몸은 그 가까워짐을 알아채지 못한다.

계절을 바꾸는 것은 태양과의 거리가 아닌 지구의 기울기, 즉, 23.5°의 '자세 변화'이다. 지구가 약간 기울어진 채 태양 주위를 도는 덕분에 봄, 여름, 가을, 겨울이 우리에게 찾아온다.

생각해보면 삶에서도 진짜 변화를 만드는 것은 '무엇을 목표로 삼느냐'보다 '어떤 태도와 시선으로 세상을 바라보는가'일지도 모른다. 지구의 작은 각도의 변화가 전혀 다른 계절을 만들어내듯, 우리의 마음가짐도 삶의 풍경을 변화시킨다.

"진정한 여행은 새로운 풍경을 찾는 것이 아니라, 새로운 시각을 갖는 데 있다."
The real voyage of discovery consists not in seeking new landscapes, but in having new eyes.
— 마르셀 프루스트 Marcel Proust, 프랑스 소설가

1월 5일

소한, 겨울 추위의 정점

오늘은 '소한(小寒)', 한 해 중 가장 추운 절기로 "대한이 소한 집에 놀러 갔다가 추워서 얼어 죽는다"는 옛말이 있을 정도이다.

한반도가 속한 북반구의 겨울, 이 시기에는 태양이 떠오르는 각도가 가장 낮아진다. 하지 무렵에는 머리 위(77도)까지 떠오르던 태양이, 지금은 남쪽 하늘 낮은 곳(약 30도)에서 머문다. 작년 동지가 지나면서 태양의 높이는 조금씩 올라가지만, 지표면의 온기는 아직 회복되지 않아 소한 무렵이 진짜 겨울 추위의 정점이 된다.

하지만 우주와 자연의 리듬 속에서 '깊은 겨울'은, '따뜻한 봄'을 위한 준비의 시간이다. 땅속에서는 이미 새로운 생명이 조용히 움트고 있고, 우리 마음속 희망 역시 힘든 시기를 지나며 더욱 단단하고 커진다. 가장 힘든 순간이야말로 더 좋은 시간을 향한 우주의 설정인지도 모른다.

"겨울이 오면, 봄은 멀지 않으리."
If Winter comes, can Spring be far behind?
— 퍼시 비시 셸리 Percy Bysshe Shelley, 영국 시인

1월 6일

지금 이 순간, 지금 여기

1900년 1월 6일, 프랑스에서 한 소년이 태어났다. 그는 《어린 왕자》(Le Petit Prince)의 작가이자 비행기 조종사로 더 넓은 하늘과 인간의 마음을 동시에 여행한 사람, 앙투안 드 생텍쥐페리다.

《어린 왕자》는 1943년 프랑스의 패전 이후 미국 망명 시절 집필한 작품으로, 1935년 조종사로서 모하비 사막에 불시착한 경험이 그 배경이 되었다. 어린 왕자는 작은 별, 낯선 행성, 그리고 광활한 우주를 여행하며 진짜 삶에서 중요한 것이 무엇인지 우리에게 끊임없이 질문을 던진다.

"네가 네 장미꽃을 위해 많은 시간을 보냈기 때문에, 그 장미가 그토록 소중한 거야." 어린 왕자의 이 말은, 우리 각자가 지키고 가꾸는 존재와 순간이 어떻게 우주에서 단 하나뿐인 소중한 의미가 되는지 일깨워준다.

밤하늘의 별을 바라보는 일은 단순히 멀리 있는 빛을 보는 것이 아니다. 우리는 별을 통해 소중한 사람, 오래된 추억, 그리고 마음속에 품은 꿈과 희망을 다시 떠올린다.

"가장 소중한 것은 눈으로 볼 수 없다."
What is essential is invisible to the eye.

— 앙투안 드 생텍쥐페리 Antoine de Saint-Exupéry, 프랑스 작가

세상을 거스르는 용기

1543년 폴란드의 천문학자 코페르니쿠스는 《천구의 회전에 관하여》에서 태양을 중심으로 행성이 공전한다는 '지동설'을 세상에 내놓았다. 이는 오랜 시간 이어져 온 지구 중심의 우주관을 뒤흔드는 생각이었다.

그로부터 70여 년이 지난 1610년 1월 7일, 갈릴레오 갈릴레이는 자신이 만든 망원경으로 목성 주위를 도는 네 개의 위성을 발견했다. 그 발견은 코페르니쿠스의 지동설을 입증하는 강력한 증거로 그의 인생을 바꾸어 놓았다.

그의 지동설에 대한 확신은 교회의 권위와 충돌했고, 갈릴레오는 1633년 종교재판 끝에 여생을 가택연금 속에서 보내야만 했다.

하늘을 새롭게 본다는 것은, 때로는 세상을 거스르는 용기를 요구한다. 남들이 인정하지 않아도 옳다고 믿는 길이라면, 무소의 뿔처럼 혼자서라도 가야 할 때가 있다. 그 길 끝에서 비로소 세상의 지도가 다시 그려진다.

"신앙과 과학은 상호 배타적이지 않다."
Faith and science are not opposed.
— 프란치스코 교황 Pope Francis

1월 8일

'블랙홀'에서 살아남기

1942년 1월 8일, 블랙홀과 우주론 연구로 인류의 시야를 넓힌 과학자 스티븐 호킹이 영국 옥스퍼드에서 태어났다. 그는 21세에 루게릭병(ALS) 진단을 받고 점점 몸이 움직이지 않게 되었지만, 그의 시선은 오히려 더 멀리 더 깊은 우주로 향했다.

사람들은 종종 빠져나올 수 없는 어려움의 시기를 '블랙홀'에 비유한다. 우주에서 블랙홀은 실제로 이와 비슷하다. 중력이 너무 강해 빛조차 빠져나올 수 없는 '검은 심연'이다.

호킹은 이런 블랙홀이 완전히 닫힌 공간이 아니라, 미세한 입자와 에너지를 조금씩 방출하며 서서히 사라질 수 있다는 이론을 제시했다. 그의 연구는 우주가 단순히 팽창하는 공간이 아니라, 탄생과 소멸, 변화가 끊임없이 이어지는 거대한 무대임을 보여주었다.

그의 삶은 우리에게 말한다. 시련이 시야를 흐리더라도, 고개를 들어 별을 바라보라고. 발밑의 장애물에 얽매이지 않고, 먼 곳의 빛을 향해 나아갈 때 우리는 어려움과 한계를 넘어설 수 있다고.

"별을 바라보라. 발밑이 아니라."
Look up at the stars and not down at your feet.
— 스티븐 호킹 Stephen W. Hawking, 영국 물리학자

1월 9일

다른 세상과의 충돌

2005년 1월 9일, NASA는 '딥 임팩트(Deep Impact)'라는 충돌 탐사선을 우주로 보냈다. 충돌 목표는 얼음과 먼지로 이루어진 작은 천체 혜성(comet) '템펠 1'으로, 태양계가 막 탄생하던 시절의 원시 물질을 품은 '타임캡슐'과 같은 존재였다.

탐사선은 시속 수십만 km로 날아가는 혜성에 정확히 충돌했다. 충돌과 함께 흩어진 파편 속에서 우리는 태양계 생성 초기의 물질들을 찾을 수 있었고, 우주 탄생의 비밀을 좀 더 알 수 있게 되었다.

우주와 인생에 있어 어떤 작고 불확실한 도전이라도, 더 큰 이해와 변화의 출발점이 될 수 있다.

"가장 중요한 것은 질문을 멈추지 않는 것이다."
The important thing is not to stop questioning.
— 알베르트 아인슈타인 Albert Einstein, 독일 출신 물리학자

1월 10일

달과의 첫 악수

달은 인류의 오래된 친구다. 태양과 달은 오랜 세월, 낮과 밤의 시간을 나누어 인간의 삶을 비추어왔다. 밤하늘을 올려다보던 인류가 소원을 빌었던 대상도, 우주를 향한 첫 상상의 영화(달세계 여행, 1902)의 무대도 모두 '달'이었다.

1946년 1월 10일, 미국의 육군 신호대 소속 '프로젝트 디아나' 팀은 달에 전파를 쏘아 반사파를 수신하였다. 그 짧은 전파의 왕복은 인류가 처음으로 달과 물리적 신호를 주고받은 순간이자 우주로 향한 첫 연결로 기록되었다.

모든 첫 시도는 그 결과를 알 수 없다. 그러나 시간이 지나면 알게 된다. 그것이 더 먼 길을 열어준, 성공을 향한 첫 연결이었음을.

"천리 길도 한 걸음부터 시작된다."
千里之行 始於足下

— 노자, 중국 철학자

1월 11일

UFO 진실공방

　　1947년, 뉴멕시코 로즈웰에서 의문의 비행물체 추락 사건이 발생했다. UFO라는 목격담과 소문이 전국을 뒤흔들었고, 미 공군은 1948년 1월, '사인 프로젝트(Project Sign)'라는 이름으로 본격적인 조사를 시작했다. 그러나 미 정부는 세부적인 조사내용을 국가 안보 차원에서 공개할 수 없다는 입장을 취했다.

　　그 후로 80년이 지난 지금까지 미국 정부는 제한적 정보 공개와 모호한 설명으로 UFO에 대한 추측과 루머를 키웠다. 최근 미국 정부는 외계 생명체가 확인된 바 없다고 명확한 결론을 내리면서도, 안보차원에서 지속적인 관심을 가지겠다고 말하였다. 하지만 UFO를 믿고 있는 사람들은 과거와 현재 정부의 말에서 큰 차이점을 느끼지 못한다.

　　UFO 논란은 우리에게 한 가지를 생각하게 한다. 미지의 우주세계와 같이 규명하기 어려운 사안일수록, 서로의 생각을 나누고 이해하려는 노력이 필요하며, 신뢰는 소통을 통해 조금씩 자란다는 것을.

"투명성은 신뢰를 낳는다."
Transparency breeds trust.

— 스티븐 R. 코비 Stephen R. Covey, 미국 경영 컨설턴트

1월 12일

모두의 꿈과 힘을 모아

1957년 10월, 소련이 스푸트니크 1호를 발사했다. 인류 최초의 인공위성이 지구 궤도를 도는 장면은 미국과 전 세계에 '우주 충격'을 주었고, 하늘은 더 이상 신화 속의 공간이 아니라 경쟁과 도전의 무대가 되었다.

1961년 5월, 케네디 대통령은 의회에서 선언했다. "우리는 1960년대가 끝나기 전에 인간을 달에 착륙시키고 안전하게 지구로 귀환시키겠다." 이 목표는 과학자만의 것이 아니었다. 미국 국민 모두가 우주를 꿈꾸고 성원해야 가능한 일이었다.

1966년 1월 12일, TV 시리즈 《로스트 인 스페이스》가 미국의 가정에 첫 방영됐다. 가족이 함께 떠나는 모험담은 대중의 상상력을 자극하며 우주를 한층 더 가까운 현실로 느끼게 했다. 이러한 공감과 열기가 국민적 성원으로 이어지며, 마침내 1969년 미국은 달에 발을 내디뎠다.

그 상상력은 후일 《스타워즈》 같은 작품 속에서 새로운 신화를 만들었고, 나아가 레이건 행정부의 '스타워즈 프로그램'처럼 현실의 전략 구상으로도 이어졌다. 사람들의 꿈과 성원이 모일 때, 우주로 향한 길은 더욱 탄탄하고도 널리 이어진다.

"상상력은 지식보다 더 중요하다."
Imagination is more important than knowledge.
— 알베르트 아인슈타인 Albert Einstein, 독일 출신 물리학자

1월 13일

화성을 가린 달

1월 13일 밤하늘에서 작은 장면이 펼쳐진다. 달이 천천히 움직이며 붉게 빛나는 화성을 가린 뒤 다시 비켜준다. 천문학에서는 이를 '엄폐(掩蔽, Occultation)'라고 부른다.

이 현상은 일식이나 월식과는 다르다. 일식과 월식은 태양·지구·달이 일직선으로 서서 '그림자'로 가리는 것이지만, 엄폐는 단순히 우리 시선에서 한 천체가 다른 천체 앞을 스치는 장면이다.

이 장면은 겉으로는 우연처럼 보이지만, 오래전부터 정해진 궤도의 약속이다. 그래서 우리는 그 순간을 미리 알고, 고개를 들어 하늘을 확인할 수 있다.

우리 삶에도 이런 때가 있다. 빛나던 무언가가 잠시 가려져 보이지 않을 때 당황하지 말자. 사라진 게 아니라, 때가 되면 다시 나타난다. 언젠가 다시, 더 선명하게 모습을 드러낼 것이다.

> "별들은 항상 존재한다. 낮에는 단지 우리의 눈에 보이지 않을 뿐이다."
> The stars are always there, even when we can't see them in the daylight.
>
> ― 칼 세이건 Carl E. Sagan, 미국 천문학자

1월 14일

하늘의 나침반, '오리온'

 1월 중순의 깊은 밤, 북반구 하늘 한가운데 커다란 별자리 하나가 눈에 들어온다. 사람들은 이 모습을 활과 칼을 든 사냥꾼 '오리온'이라 불러왔다. 어깨에는 붉은 별이, 발에는 푸른 별이 빛나고, 허리에는 세 개의 별이 바늘처럼 곧게 이어져 있다.

 오리온은 전설 속에서 도전과 용기의 상징이었다. 바다를 건너 괴물과 맞서며, 불가능한 사냥과 전투에 나섰다. 비록 전갈에 쓰러졌지만, 하늘의 별이 되어, 농부들에게는 계절을 알리는 달력이 되었고, 바다를 건너는 항해자들에게는 나침반이 되었다. 특히 적도 부근에서는 이 세 개의 허리별이 완벽한 직선으로 떠올라, 방향을 찾는 데 가장 중요한 기준이 되었다.

 우리 삶에도 오리온 같은 별이 필요하다. 흔들릴 때마다 다시 바라보고, 그 방향으로 나아가게 하는 존재. 목표가 멀어 보여도, 각자의 '오리온'이 하늘에 있는 한 우리는 용기를 내어 나아갈 길을 찾을 것이다.

"별은 바다에서 길을 잃은 항해자의 나침반이다."
The stars are the compass of the sailor lost at sea.

— 알렉산더 폽 Alexander Pope, 영국 시인

1월 15일

하늘의 별 따기

2006년 1월 15일, 미국의 '스타더스트(Stardust)' 탐사선이 지구로 귀환했다. 7년 동안 45억 킬로미터를 여행하며 '와일드 2'라는 혜성에서 채취한 먼지를 싣고 돌아온 것이다. 인류 최초로 혜성의 물질을 지구로 가져온 순간이었으며, 과학자들은 태양계 탄생과 생명의 기원을 여기서 찾고자 했다.

1년 뒤, 영화 《스타더스트》가 개봉되었다. 이야기 속 주인공은 사랑하는 이를 위해 하늘에서 떨어진 '별'을 찾으러 떠난다. 그러나 모험이 끝날 무렵, 그는 깨닫는다. 진정한 별을 얻는다는 것은 손에 쥐는 것이 아니라, 그 여정 속에서 자신이 성장하고 변화된다는 것임을.

현실 속 탐사선과 영화 속 모험은 서로 다른 길을 걸었지만, 닿은 곳은 같았다. 탐사선은 먼 우주의 조각을 가져왔고, 주인공은 마음속의 별을 찾았다. 우리도 인생에서 별을 잡고자 한다면, 그것이 눈앞의 성취든 마음속의 변화든, 그 끝을 향해 진중하게 걸어가면 된다.

> "달을 향해 쏴라. 빗맞아도 별 사이에 있을 것이다."
> Shoot for the moon. Even if you miss, you'll land among the stars.
> — 노먼 빈센트 필 Norman Vincent Peale, 미국 작가

1월 16일

인류 발전 목표, 수많은 경로

1969년 1월 16일, 소련의 소유즈 4호와 5호가 우주에서 천천히 접근해 연결되었다. 그러나 당시의 도킹(docking)은 오늘날처럼 내부 통로가 생기는 방식이 아니었다. 우주 비행사가 다른 우주선으로 가려면 해치를 열고 우주복을 입은 채 바깥으로 나와 우주 공간을 건너가야 했다.

이 날의 중요한 의미는 인류 최초의 유인 우주선 도킹과 동시에 우주 유영(space walk)을 통한 최초의 승무원 교환이 이루어졌다는 사실과 훗날 장기 체류가 가능한 우주정거장 건설의 토대가 되었다는 점이다.

그해 여름, 미국의 아폴로 11호가 인류를 최초로 달에 착륙시켰다. 결국 같은 해 두 우주 강국은 서로 다른 방식으로 '처음'을 만든 셈이다. 미국은 달 표면에 인류의 발자국을 남긴 도전이었고, 소련은 지구 궤도에서 우주인과 우주선의 협력 공간을 만든 것이었다.

훌륭한 가치의 목표에 이르는 길이 모두에게 하나만 있는 것은 아니다. 어떤 길은 단번에 먼 곳에 닿게 하고, 어떤 길은 함께 더 멀리 갈 수 있게 한다. 서로 다른 길을 선택하더라도 모두에게 도움이 되고 모두가 함께 앞으로 나아갈 수 있어야 한다.

"우리는 달에 가기로 결심했다. 그것이 쉽기 때문이 아니라, 어렵기 때문이다."
We choose to go to the moon in this decade and do the other things, not because they are easy, but because they are hard.

— 존 F. 케네디 John Fitzgerald Kennedy, 제35대 미국 대통령

1월 17일

인류를 밝히는 등불, 상처를 남기는 불꽃

1991년 1월 17일, 쿠웨이트를 해방하기 위한 걸프 전쟁이 시작됐다. 이 전쟁은 인류가 우주기술을 본격적으로 전쟁에 활용한 새 시대의 서막이었다.

연합군은 GPS와 정찰위성을 이용해 사막 한가운데서도 정확히 적의 위치와 목표를 파악하고, 실시간으로 움직임을 살폈다. 위성이 보내준 좌표는 전투기, 미사일, 지상부대의 움직임을 하나로 연결했고, 땅위의 인간보다 우주궤도 위에서 내려다보는 눈과 귀가 전쟁의 흐름을 이끌었다.

우주에서 길러진 우리의 능력은 인류의 길을 밝히는 등불이 될 수도, 상처를 남기는 불꽃이 될 수도 있다. 그 선택은 언제나 우리에게 달려 있다.

> "기술은 그 자체로 선도 악도 아니다. 어떻게 사용하느냐에 따라 결과가 달라진다."
> Technology is neither good nor bad; it is how we use it that makes all the difference.
> — 마이클 그리핀 Michael Douglas Griffin, 미국 NASA 국장

1월 18일

아름다운 자연의 경고

1770년 1월 18일, 스페인의 카나리아 제도 하늘에 낯선 빛이 물결을 이루었다. 북극권에서나 볼 수 있는 오로라가, 아프리카 대륙과 맞닿은 이 낮은 위도의 섬까지 내려온 것이다.

오로라는 태양에서 분출된 전하 입자가 지구 자기장과 부딪혀 하늘에 환상적 빛을 그려내는 현상이다. 보통은 북위·남위 60도 부근에서만 나타나지만, 이처럼 낮은 위도에서 관측된 것은 당시 태양이 매우 강한 폭발(태양 플레어와 코로나 질량 방출)을 일으켰음을 보여준다. 오늘날이라면 지구 전역의 통신망과 항해 장비, 위성, 전력망까지 마비되는 큰 재난이 발생할 것이다.

사람들은 오로라를 환상적인 존재로 여기지만, 그 빛은 때론 우주가 보내는 경고가 되기도 한다. 하늘의 춤이 강렬할수록, 매혹되기보다 우리 주변을 살펴볼 필요가 있다.

"자연의 비밀을 탐구하는 것은 신의 생각을 읽는 것이다."
To learn the secrets of nature is to read the thoughts of God.

— 요하네스 케플러 Johannes Kepler, 독일 천문학자

1월 19일

익숙함과 새로움의 양면성

2006년 1월 19일, 미국은 뉴 호라이즌스 탐사선을 발사했다. 목적지는 태양계 끝자락의 명왕성. 당시 명왕성은 '태양계 아홉 번째 행성'이었지만, 그해 8월 국제천문연맹은 행성의 정의를 바꾸었고 명왕성은 '왜행성'으로 재분류됐다. 이 소식은 어릴 적부터 태양계를 "수금지화목토천해명" 머리글자로 암기하던 많은 이들에게 의문과 혼란을 주었다.

그러나 명왕성은 사라진 것이 아니었다. 여전히 태양을 돌고, 얼음과 바위로 이루어진 작은 세상으로 자신의 모습을 지니고 있었다. 바뀐 것은 존재가 아니라 우리가 붙인 분류명이었다.

과학은 완성된 진리가 아니라, 더 정확히 이해하기 위해 계속 수정되는 초안이다. 인생 또한 특정 직책과 직업에 머물러 있을 수 없다. 익숙한 질서를 놓아주는 순간, 우리는 더 넓은 세상을 볼 수 있으며 행복해질 수 있다.

"지식의 가장 큰 적은 무지가 아니라, 아는 척하는 착각이다."
The greatest enemy of knowledge is not ignorance, it is the illusion of knowledge.

— 스티븐 호킹 Stephen William Hawking, 영국 물리학자

1월 20일

대한, 겨울 힘의 절정

1월 20일은 대한(大寒)으로 '큰 추위'라는 뜻이다. 한자만 보면 앞선 소한(小寒)보다 더 매섭게 느껴지지만, 실제로는 소한 무렵이 더 추운 해도 많다. 그렇다면 '큰'은 무엇을 뜻할까?

여기서 말하는 '큰'은 단순히 온도계의 숫자가 아니라, 겨울이 지닌 총체적 힘을 의미한다. 한파가 이어지고 눈과 얼음은 녹지 않으며, 차가운 바람이 거리를 채우는 시기. 대한은 겨울이 가진 모든 기운이 마지막으로 모여 있는 순간이다. 이 절정을 지나면 계절은 서서히 봄으로 향한다.

우리 삶에도 이런 때가 있다. 이미 최악이라고 느꼈지만, 어려움이 한 번 더 매섭게 다가올 수 있다. 그 순간이야말로 좋은 상황으로 변화되기 직전임을 잊지 말아야 한다.

"겨울 한가운데서, 나는 내 안에 꺼지지 않는 여름을 발견했다."
In the depth of winter, I finally learned that within me there lay an invincible summer.

— 알베르 카뮈 Albert Camus, 프랑스 작가

1월 21일

잊고 사는 소중한 것들

2019년 1월 21일, 전 세계 천문가들의 시선이 '슈퍼 블러드 문'이라 불린 개기월식(달이 지구 그림자로 인해 어둡게 보이는 현상)에 쏠려 있었다. 그런데 그 장엄한 붉은 달의 표면에서 아주 짧고 선명한 섬광이 번쩍였다. 원인은 유성체의 충돌로 초속 수십 km로 날아든 작은 암석이 달 표면에 부딪힌 것이다.

이 현상은 지구에서는 보기 힘든 장면이다. 지구는 달에 없는 두꺼운 대기층으로 인해 대부분의 유성체가 지표에 닿기 전에 대기 마찰로 불타 사라진다.

우리는 이 대기층의 소중함을 모르고 살아간다. 마치 일상에서 눈에 띄지 않는 누군가의 배려와 보살핌으로 사회의 안정이 지켜지고 우리가 그 덕분에 위험을 모른 채 살아가는 것처럼.

"가장 큰 은혜는 눈에 띄지 않게 주어진다."
The greatest blessings are given in secret.
— 세네카 Lucius A. Seneca, 로마 철학자

하늘에서 떨어지는 것이 비가 아니라면?

지구의 대기가 달과 달리 불철주야 우주 방패막이를 하고 있지만, 극히 드물게 그 방패를 뚫고 지표에 도달하는 물체도 있다.

1997년 1월 22일경, 작은 인공위성의 파편이 미국 오클라호마 주의 윌리엄 노티스의 어깨에 떨어지는 일이 발생했다. 이보다 앞서 1954년 11월 30일에는 미국 앨라배마 주 앤 호지스가 집 안에서 운석으로 인해 심한 타박상을 입었다. 이는 인류가 우주물체로 인해 피해를 입은 공식사례다. 많은 과학자들은 두 사례가 발생할 확률이 수천만 분의 1 이하라는 점을 강조하면서도 피해가 경상에 그친 것에 대해 안도와 놀라움을 표한다.

그러나 두 사례는 아무리 가능성이 낮아도, 하늘에서 무언가가 나에게 떨어질 수 있다는 사실을 보여주었다. 미국, 유럽우주국, 인도의 우주 낙하물체 경보시스템을 통한 대국민 정보전파가 더 이상 먼 나라의 이야기로 느껴지지 않는다.

"최선의 방어는 준비된 마음이다."
The best defense is a prepared mind.
— 조지 워싱턴 George Washington, 미국 초대 대통령

1월 23일

파이오니어 10호, 태양계를 떠나다

1973년 1월 23일, 인류는 처음으로 목성의 얼굴을 가까이에서 마주했다. 파이오니어 10호가 보내온 사진 속 목성은 구름의 띠가 살아 움직이는 거대한 행성이었고, 그 속에는 번개와 폭풍, 강력한 자기장이 꿈틀거렸다.

파이오니어 10호는 슬링샷 기법을 사용해 자신의 항해 속도를 높였다. 목성의 중력은 탐사선 궤도를 목성 쪽으로 휘게 하며 목성의 공전 방향으로 함께 달릴 수 있게 해준다. 동시에 탐사선은 목성의 공전으로 인한 운동 에너지의 일부를 전달받아 태양을 기준으로 움직이는 속도가 증가한다. 속도 증가로 인해 탐사선은 인류 최초로 태양의 인력이 미치지 않는 궤도로 여행을 시작할 수 있었다.

태양계를 벗어나는 탐사선 안에는 인류의 초상과 메시지(남성과 여성의 모습, 태양계의 위치, 수소 원자의 진동수)가 새겨진 금빛 알루미늄판이 부착되어 있었다. 이것은 우리가 누구인지, 어디서 왔는지를 모르는 누군가에게 전하는 명함이었다.

그리고 30년이 흐른 2003년 1월 23일. 탐사선의 마지막 신호가 지구에 도착했다. 우리는 탐사선의 임무가 종료됐다고 선언했지만, 사실 파이오니어 10호는 아직도 우주 한가운데서 인류를 대신해 누군가를 기다리고 있다.

"우주를 항해하는 것은 장소를 옮기는 것이 아니라, 시야를 확장하는 일이다."
To sail the cosmos is not to change places, but to expand horizons.

— 칼 세이건 Carl E. Sagan, 미국 천문학자

1월 24일

더 멀리, 더 깊이 보는 눈

2022년 1월 24일, 제임스 웹 우주망원경이 지구에서 약 150만 km 떨어진 '라그랑주 2(L2)' 지점에 자리 잡았다. 태양과 지구의 중력이 균형을 이루는 이곳은, 망원경이 오랫동안 안정적으로 우주를 관찰할 수 있는 최적의 자리다.

웹 망원경은 1세대 허블 우주망원경의 뒤를 잇는 차세대 장비다. 허블이 가시광선과 자외선으로 우주의 모습을 선명하게 그려냈다면, 웹은 적외선을 사용해 먼지 구름 너머의 세계까지 들여다본다. 그 능력으로 수천 광년 떨어진 외계 행성의 대기에서 물, 메탄, 이산화탄소 같은 분자를 찾아냈다. 이는 외계 생명체 탐색의 거리를 한층 좁힌 발견이었다.

우리는 더 깊이 들여다보는 능력을 갖추면, 이전에는 몰랐던 가치와 의미를 발견할 수 있다. 관찰이 깊어질수록 세상의 이해도 깊어진다.

"모든 진리는 발견되고 나면 이해하기 쉽다. 중요한 것은 그것을 발견하는 일이다."
All truths are easy to understand once they are discovered; the point is to discover them.
— 갈릴레오 갈릴레이 Galileo Galilei, 이탈리아 천문학자

1월 25일

나눔과 협력의 시대적 요구

1994년 1월 25일, 작고 가벼운 미국 무인탐사선 '클레멘타인(Clementine)'이 달을 향해 발사되었다. 19세기 미국의 민요 클레멘타인의 "영원히 돌아오지 않는"이라는 가사처럼 이 탐사선은 처음부터 지구 귀환 계획이 없어 클레멘타인으로 명명했다고 한다.

클레멘타인은 원래 미국 국방부 미사일방위국이 그 기술을 개발했지만, 이번에 그 용도는 전혀 달랐다. 탄도미사일 요격을 위해 개발된 군사위성 기술이 달의 표면과 자원을 관측하는 데 쓰인 것이다. 클레멘타인은 군사기술을 평화적 탐사에 활용한 상징적인 사례로 남았으며, 민간이 우주발전을 주도하는 뉴스페이스 시대의 전조가 되었다.

한편 군사 장비가 민간 탐사에 쓰일 수 있다면, 민간 장비 역시 국가의 안보에 긴급한 곳에 지원될 수 있을 것이다. 우주라는 다층적이고 판단이 어려운 특수한 환경에서는 중요한 장비가 피해를 입었을 때 다른 분야의 기술과 장비로 빈틈을 메우는 유연함은 필요해 보인다.

세상사에서 너무 높은 경계의 울타리는 협력의 가능성을 가로막는다. 경계를 낮추고 서로의 역량을 나누는 순간, 우리의 판단은 더욱 선명해지고 더 강하고 넓은 세계를 만들 수 있다.

"혼자서는 할 수 있는 게 별로 없지만, 함께라면 매우 많은 것을 해낼 수 있다."
Alone we can do so little; together we can do so much.

— 헬렌 켈러 Helen Keller, 미국 사회운동가

1월 26일

별을 보는 공동의 창

1978년 1월 26일, 미국과 유럽우주국이 함께 만든 국제 자외선 탐사기 (IUE) 망원경이 우주로 향했다. 이 망원경은 지구 대기가 가로막아 볼 수 없는 우주의 자외선 빛을 포착하기 위해 설계됐다. 처음 계획된 수명은 3년이었지만, 무려 18년 동안 별과 은하, 행성, 혜성을 관측하며 허블 우주 망원경이 등장하기 전까지 우주 관측의 최전선을 지켰다.

이 프로젝트는 과학적으로 장기 우주 관측의 가능성을 열었을 뿐 아니라, 정치적으로도 상징적이었다. 냉전의 엄혹함 속에서 IUE가 수집한 방대한 자료는 미국·유럽뿐 아니라 소련의 과학자들에게도 공개되었다. 정치적 긴장 속에서도, 순수 과학의 이름으로 서로의 지식을 나누고 공동 연구를 이어간 것이다.

IUE의 정신과 기록은 우리에게 우주는 힘 있는 나라의 전유물이 아니라, 질문을 던지고 답을 찾으려는 모든 인류의 무대라 말하고 있다. 우주 선진국을 꿈꾸는 오늘의 한국에게 던지는 화두이자 숙제일 것이다.

"과학은 국경을 모른다. 왜냐하면 지식은 인류 모두의 것이기 때문이다."
Science knows no country, because knowledge belongs to humanity.

— 루이 파스퇴르 Louis Pasteur, 프랑스 미생물학자

1월 27일

희생으로 새겨진 안전의 원칙

　1967년 1월 27일, 미국 케네디 우주센터. 아폴로 1호의 세 우주비행사—거스 그리섬, 에드 화이트, 로저 채피—는 첫 유인 우주선 발사를 앞두고 지상 리허설에 나섰다. 그러나 고압 산소가 가득 찬 캡슐 안에서 발생한 작은 불꽃이 순식간에 화염으로 번졌고, 단 17초 만에 선내를 가득 메웠다. 세 사람은 끝내 탈출하지 못했다.

　이 사고는 기술적 문제로만 발생한 것이 아니었다. 당시 미국은 소련과의 달 착륙 경쟁 속에서 빠른 성공을 요구받고 있었다. 정치적 압박과 대중의 기대가 겹치며 임무 일정은 촘촘해졌고, 안전 점검은 뒤로 밀리기도 했다. 아폴로 1호의 화재는 모든 위험 요소들이 한순간에 모여 폭발한 결과였다.

　NASA는 그날 이후 설계도마다 '안전'을 가장 크게 새겼고 그 토대 위에서 아폴로 11호가 달에 도달할 수 있었다. 그들의 숭고한 희생은 인류의 우주도전을 멈추지 않게 하는 준엄한 명령으로 남아 있다.

"우리는 다시 나아갈 것이다. 그러나 이번에는 더 현명하고, 더 안전하게."
We will go forward, but we will do it more wisely and more safely.
— 로버트 길루스 Robert R. Gilruth, NASA 유인우주국 소장

1월 28일

망각이 부른 비극

1986년 1월 28일, 플로리다 케네디 우주센터에서 우주왕복선 챌린저호는 일곱 명의 승무원을 태우고 하늘로 올랐다. 발사 73초 뒤, 하얀 연기와 불꽃 속에서 기체는 산산이 부서졌고 보는 이들은 충격과 탄식에 휩싸였다.

아폴로 시대가 끝난 뒤, 우주왕복선은 수십 차례 임무를 성공적으로 마치면서 사람들에게 '정기 운항'으로 느껴질 만큼 익숙해졌다. 발사 당일, 한파로 오링이 손상될 수 있다는 경고가 있었지만, 24번의 성공이 판단을 무디게 했을까? 위험은 보고서 속 한 줄로 축소되었고, 발사 결정은 바뀌지 않았다.

비극은 우주에서만 일어나는 것이 아니다. 우리가 살아가면서 세운 안전 원칙과 인간 존중의 마음이 희미해질 때, 그 자리를 비극이 빠르게 파고 든다.

"그들의 헌신은 우리를 더 굳건히, 더 안전하게, 더 지혜롭게 앞으로 나아가게 할 것이다."
Their dedication will inspire us to go forward with more determination, more safety, and more wisdom.

— 로널드 레이건 Ronald W. Reagan, 미국 제40대 대통령

1월 29일

우주의 미래를 보는 눈

　1964년 1월 29일, 뉴욕에서 영화감독 스탠리 큐브릭은 작가 아서 C. 클라크와 함께 우주를 주제로 한 새로운 영화 제작을 발표했다. 훗날 이 작품의 제목은 〈2001: 스페이스 오디세이〉로 결정된다.

　그 시절, 인류는 아직 달에 발을 내딛지 못했고, 우주 개발은 막 걸음마를 떼고 있었다. 그러나 큐브릭과 클라크는 그 너머를 내다보았다. 그들의 시선 속에서 인류는 달을 넘어 목성까지 항해했고, 인공지능 HAL 9000은 인간과 기계의 경계에 대한 질문을 던졌다. 80년이 지난 지금도, 이 영화만큼 깊이 있고 과학적으로 설득력 있는 우주 영화는 드물다.

　과학이 앞서가든, 예술이 앞서가든 중요한 것은 서로의 시야를 넓히는 일이다. 큐브릭이 그려낸 우주는 여전히 우리의 상상을 자극하고 과학자들에게도 도전장을 내밀고 있다.

> "충분히 발전한 과학 기술은 마법과 구별되지 않는다."
> Any sufficiently advanced technology is indistinguishable from magic.
> ― 아서 C. 클라크 Arthur C. Clarke, 영국 소설가

1월 30일

Across the Universe

1969년 1월 30일, 런던의 한 건물 옥상 위에서 비틀즈가 고별 연주를 했다. 추운 겨울바람 속에서 울려 퍼진 이 공연은, 예고도 관객석도 없는 갑작스러운 작별 인사였다.

비틀즈는 수많은 노래 속에서 하늘과 별, 우주를 노래했다. 그중에서도 존 레넌이 명상을 통해 떠올린 《Across the Universe》는 우주와 교감하려는 그의 시선을 가장 잘 담고 있다. 그는 지친 일상 너머의 고요한 공간, 우주의 안식을 찾고 있었다.

마지막 공연 이후, 그들이 만든 '우주 노래'도 멈췄다. 그러나 음악 속에 남은 그 우주는 여전히 사람들의 마음속에서 흐른다. 피곤한 하루가 끝날 때, 비틀즈의 음악 한 소절이 우리를 감싸 안는 순간, 우리는 잠시나마 그들과 같은 곳을 여행한다.

"노랫말은 마치 빛이 강을 건너듯 우주를 흐르고 있었다."
Words are flowing out like endless rain… across the universe.

— 존 레넌 John W. Lennon, Across the Universe 中

건빵과 별사탕

2017년, 미국의 한 남북전쟁 관련 온라인 커뮤니티에서 1월 31일을 '건빵의 날'로 정하자는 제안이 나왔다. 농담처럼 시작되었지만 많은 이들의 공감을 얻었고, 공식 기념일로 제정되진 않았어도 오랜 기간 동안 사람들에게 화제가 되었다.

건빵의 역사는 길다. 로마시대 군인들이 들고 다니던 단단하게 건조된 빵은 유럽과 미국의 전쟁터를 거쳐 발전했고, 1907년 대한제국 시절 한국에도 군용 비상식량으로 도입됐다. 전쟁과 평화의 시간을 거치면서 건빵은 언제나 군인들과 함께 했다.

군복무를 한 한국의 남성들은 건빵에 대한 추억 하나쯤 갖고 있을 것이며, 건빵 봉지 속에 든 별사탕으로 인한 건빵의 달콤하고 부드러운 목 넘김을 기억하고 있을 것이다.

오늘 별을 보다가 혼자 피식 웃음이 나는 것은 아직도 별사탕을 떠올리는 자신에 대한 부끄러움 때문인지, 소중한 추억이 훅하고 들어온 것인지 분간하기 어렵다.

"삶의 작은 것들을 즐겨라. 언젠가는 그것들이 큰 것이었음을 깨닫게 될 것이다."
Enjoy the little things in life for one day you may look back and realize they were the big things.
— 로버트 브롤트 Robert Brault, 미국 작가

동양의 절기 구분에서

한 해의 둘째 달은 인월(寅月)로

호랑이가 그 달을 상징한다.

2월 1일

슬픔의 귀로, 새로운 시대의 준비

2003년 2월 1일, 우주에서 16일간의 임무를 마친 왕복선 컬럼비아호가 지구로 귀환을 시작했다. 모두가 걱정 어린 눈으로 귀환을 주시했다. 발사 초기에 떨어진 외부 연료탱크 단열재가 왼쪽 날개를 손상시켰고, 이로 인한 사고의 위험성을 모두가 인지하고 있었다.

대기권으로 재진입이 시작되자 손상부위로 강력한 초고온의 공기가 파고 들었다. 선체 구조는 순식간에 무너졌고 기체는 하늘에서 수많은 조각으로 흩어졌다. 결국 컬럼비아호의 마지막 비행은 NASA가 30년 넘게 이어온 우주왕복선 프로그램을 단계적으로 종료하는 결정적 계기가 됐다.

비극적인 사고로 우주왕복선의 시대는 막을 내렸지만, '지구와 우주를 오가는 길'을 꿈꾸는 마음은 사라지지 않았다. 단지 그것은 더 안전하며, 더 많은 사람을 품을 수 있는 새로운 형태로 모양을 바꾸었을 뿐이다.

"달에 가는 데는 언제나 위험이 따른다. 하지만 그것은 우리가 기꺼이 감수한 위험이었다."
There is always risk involved when you're going to the Moon,
but it's a risk we were willing to take.

— 버즈 올드린 *Buzz Aldrin*, 미국 우주비행사

2월 2일

The Planets

1918년 2월 2일, 영국의 작곡가 구스타프 홀스트는 교향곡 모음집 〈The Planets〉를 세상에 선보였다. 당시 인류는 아직 행성을 직접 탐험한 적이 없었기에, 사람들의 마음속 행성은 천문학적 지식보다 고대 신화와 점성술에서 내려온 상징으로 그려졌다. 홀스트도 바로 그 이미지를 음악으로 옮겼다.

일곱 개의 악장은 '전쟁을 부르는 자' 화성, '평화를 가져오는 자' 금성, '기쁨을 주는 자' 목성, '노쇠를 부르는 자' 토성, '마술사' 천왕성, '신비로운 자' 해왕성, 그리고 '날개 달린 전령' 수성으로 구성된다.

한편 이 곡들은 제1차 세계대전이 막 끝난 시기에 작곡되어 전쟁의 그늘과 평화에 대한 갈망, 그리고 새로운 시대를 향한 희망을 담고 있으며, 이후 SF 영화나 전쟁영화의 배경음악으로도 자주 사용되었다.

오늘날 우리는 우주 탐사와 망원경 관측을 통해 행성의 실체를 잘 알게 되었지만, 홀스트의 음악을 듣는 순간 그 상상력의 순수함과 풍부함에 더 큰 감동을 느끼게 된다.

> "음악은 말할 수 없는 것을 표현하고 알 수 없는 것을 전달한다."
> Music can name the unnameable and communicate the unknowable.
>
> — 레너드 번스타인 Leonard Bernstein, 미국 지휘자

2월 3일

Tang, 우주식품의 아이콘

1962년 2월 3일 즈음, 미국 언론에는 '우주에서 인증 받은 음료'라는 광고 문구가 등장하기 시작했다. 분말 오렌지 맛 음료 Tang이 NASA의 우주식품 목록에 포함되면서부터다.

Tang은 NASA가 만든 것이 아니었다. 제너럴 푸즈가 1957년부터 판매하던 평범한 상품이었지만, 존 글렌이 머큐리 계획의 훈련과 비행에서 Tang을 마신다는 이야기가 퍼지자, 이 주스는 단숨에 '우주식품'의 상징이 됐다.

Tang 주스의 열풍은 당시 우주경쟁에 선봉장으로 나선 우주스타를 성원하는 미국 사회의 시대적 분위기를 반영한다. 오늘날 한국에서 K-Pop 스타가 즐겨 찾는 음식점에 줄을 서는 것과 별반 다르지 않다. 많은 사람들은 스타가 먹는 음식을 먹고 싶어 한다.

"우리는 단순히 음식을 먹는 것이 아니라, 그 속에 담긴 의미를 함께 먹는다."
We do not only eat food, we eat meaning.
— 마거릿 비젤 Margaret Visser, 캐나다 문화 인류학자

2월 4일

별빛 속의 봄기운

입춘(立春)은 겨울의 끝과 봄의 시작을 알리는 날이다. 햇볕이 조금 더 오래 머물고, 바람결엔 묘한 온기가 섞인다. 봄의 시작은 언제나 땅이 아닌 하늘이 먼저 알려준다.

한겨울 밤 9시경 남쪽 하늘 중앙에 있던 별자리 오리온과 시리우스는 입춘 무렵이면 서쪽으로 비켜서고, 동쪽의 사자자리가 그 자리를 향해 움직인다. 별들은 이렇게 서로 자리를 바꾸며 계절의 변화를 우리에게 전한다.

우리는 별이 전한 봄의 기운을 받아 한해의 기원을 대문 앞에 적어 내건다.
입춘대길(立春大吉) — 봄이 시작되는 날, 큰 복이 깃들기를.
건양다경(建陽多慶) — 따뜻한 볕이 드는 해에 경사가 많기를.

"별은 늘 곁에 있지만, 그 빛을 진정 느낄 수 있는지는 우리 마음에 달려 있다."
The stars awaken a certain reverence, because though always present, they are inaccessible.
— 랄프 왈도 에머슨 Ralph Waldo Emerson, 미국 사상가

2월 5일

열심히 살아야 하는 이유

2005년 2월 5일, NASA는 카시니 탐사선이 포착한 토성의 이미지를 공개했다. 그 기록은 토성에 우리와 다른 사계절이 있음을 보여주는 의미도 있었다. 토성은 자전축이 26.7도 기울어져 있어 지구처럼 태양빛의 각도가 변하지만, 한 해가 지구 시간으로 29년 5개월이어서 계절 하나가 대략 7년씩 이어진다.

카시니는 13년 동안 토성을 돌며 고리의 기울기, 구름의 색, (토성의) 위성 표면의 그림자가 천천히 변해가는 모습을 지켜봤다. 그것은 인간의 한 생애로는 체감하기 어려운 '우주의 시간'을 압축해 보여주는 기록이었다.

우주의 계절은 길고, 우리의 시간은 짧다. 무한한 우주의 시간 속에서 짧은 우리의 시간을 열심히 살아야 하는 것은 어쩌면 당연한 일인지도 모른다.

"시간은 인간이 쓸 수 있는 가장 귀중한 것."
Time is the most valuable thing a man can spend.
— 마르쿠스 아우렐리우스 Marcus Aurelius, 로마 황제

2월 6일

달 골프장에서 Good Shot!

　1971년 2월 6일, 아폴로 14호 사령관 알란 셰퍼드는 달 표면에서 골프를 쳤다. 그는 지구에서 가져온 6번 아이언 헤드를 달 샘플 수집용 손잡이에 끼워 임시 골프채를 만들었다. 두꺼운 우주복과 장갑 탓에 첫 스윙은 공이 살짝 빗맞았고, 두 번째는 40m 정도 비거리를 냈다. 셰퍼드는 "거리가 대박이야(miles and miles and miles)"라고 너스레를 떨었다.

　이 장면은 아폴로 14호의 과학적 성과 이외에도 달 탐사의 평화적 이미지를 전하고, 냉전 시대 미국의 자신감과 여유를 보여주려는 의도였다.

　과학과 유머는 서로 배척하지 않는다. 때로는 작은 유머가 과학을 더 인간적인 이야기로 만들어 사람들을 가깝게 이어준다.

"우주비행의 위대한 성취는 과학만이 아니라, 지구에 있는 모든 사람과 하나 되는 데 있다."
The most important achievements in spaceflight are not just about science,
but about connecting with everyone back on Earth.

— 크리스 해드필드 Chris Austin Hadfield, 캐나다 우주비행사

'제페토'의 소원

1940년 2월 7일, 디즈니 애니메이션 〈피노키오〉가 개봉되었다. 주제가 〈When You Wish Upon a Star〉는 애니메이션 사상 처음으로 아카데미 주제가상을 받으며, 이후 디즈니를 대표하는 멜로디가 되었다.

영화 속에서 이 노래와 함께 피노키오가 진짜 소년이 되기를 별에 소원하는 사람은 피노키오가 아니라 피노키오를 만든 목수 제페토이다. 이런 모습은 우리 사회에서도 흔히 볼 수 있다. 어머니들이 아이들에게 같이 "별에 소원을 빌자"고 말하지만, 정작 소망을 간절히 품는 이는 아이보다 어머니다.

〈피노키오〉가 개봉되던 시기는 1차 세계대전이 끝나고 2차 세계대전이 발발하여, 인간성이 깊이 상처 입은 시대였다. 별에 소원을 빈다는 것은 사랑하는 이를 지키고 싶은 마음, 젊은이들이 희생당하지 않기를 바라는 시대 전체의 기도였다.

별에 소원을 비는 일은 결국 나 하나의 행복을 위한 것이 아니라, 서로를 위한 사랑의 노력이다. 오랫동안 지치고 상처받은 한국 사회를 위해 오늘 밤 별에 기도를 드려본다.

"꿈을 추구하는 용기만 있다면, 우리의 모든 꿈은 이루어질 수 있다."
All our dreams can come true, if we have the courage to pursue them.

— 월트 디즈니 Walter E. Disney, 미국 애니메이션 제작자

2월 8일

라디오로 듣는 우주

1924년 2월 8일, 미국 전역에 특이한 라디오 방송이 전해졌다. 음악도, 드라마도 아닌 천문학 강연이었다. 하버드대 천문학자가 마이크 앞에 앉아, 별과 행성, 은하의 이야기를 전했다. 청취자들은 집에서 처음으로 '과학자의 목소리'를 통해 우주를 여행했다.

이 시기 라디오는 막 보급되기 시작한 신문명의 기술이었다. 라디오 전파는 시·공간의 제약을 넘어 우주과학을 가정으로 배달했다.

인류는 오랜 시간 눈으로 우주를 배웠으나 이제 우주를 들을 수 있게 되었다. 집 안에서 별 이야기를 듣던 어린아이들은 과학자가 되기를 꿈꿨고, 어른들은 머나먼 우주를 처음으로 가깝게 느끼기 시작했다.

오늘날 우리는 스마트폰과 인터넷으로 언제든 우주를 들여다볼 수 있다. 하지만 1924년의 그 순간처럼 별들이 사람들의 마음속으로 훅 들어올 수 있을까? 최초 방송을 기획한 그들의 용기와 비전에 박수를 보낸다.

"인생에서 두려워할 것은 아무것도 없다. 다만 이해해야 할 것만 있을 뿐이다."
Nothing in life is to be feared, it is only to be understood.

— 마리 퀴리 Marie Curie, 폴란드 출신 물리학자

Summer Time, "태양을 가득히"

1918년 2월 9일, 미국 의회는 '표준시법'을 통과시켜 서머타임(Daylight Saving Time)을 공식적으로 도입했다. 이는 제1차 세계대전 중 에너지를 절약하기 위한 조치였으며, 같은 해 3월 31일부터 실제 시행되었다. 한국도 과거 한때 도입했으나 지금은 시행하지 않는다.

서머타임은 단순히 시간을 앞당기는 것이 아니라, 해가 긴 계절에 저녁 시간을 더 활용하려는 제도이다. 이를 통해 에너지가 절약되고 여가 시간이 더 확보되지만, 생활 혼란과 건강 문제가 발생하기도 한다.

결국 서머타임은 인간이 자연의 주기와 인위적 제도를 어떻게 조화시킬 것인가라는 질문을 던진다. 별과 태양의 질서를 바꿀 수는 없지만, 그것에 맞추어 사는 지혜는 우리의 몫이다.

"일찍 자고 일찍 일어나면 사람은 건강하고 부유하며 지혜로워진다."
Early to bed and early to rise, makes a man healthy, wealthy, and wise.
— 벤자민 프랭클린 Benjamin Franklin, 미국 정치가

2월 10일

위성 충돌, 우주 쓰레기

2009년 2월 10일, 지구 상공 약 790킬로미터에서 인류 최초로 현역 인공위성과 폐기 인공위성이 직접 충돌했다. 글로벌 위성전화망의 일부였던 미국의 통신위성 '이리듐 33호'가, 임무종료 후 15년간 궤도에 방치되었던 러시아 군사 통신위성 '코스모스 2251호'와 정면으로 충돌한 것이다.

두 위성은 수천 조각의 파편으로 부서져 위성 궤도로 흩어졌고, 의도하지 않았지만 이리듐 33호는 좀비처럼 다른 위성을 위협하는 존재가 되어버렸다.

이 사건은 '우주 쓰레기' 문제를 전 세계에 각인시켰다. 현재 국제 우주 파편 조정위원회(IADC)와 각국의 우주기관이 파편 추적과 예방 조치를 강화하고 있지만, 근본적인 대책이 되지 못한다. 문제해결을 위한 국제협력이 필수적이며 인공위성을 운영하는 한국에게 남의 나라 일만은 아닐 것이다.

"안전은 사고가 없는 상태가 아니라, 사고를 예방하는 능력이다."
Safety is not the absence of accidents, but the presence of defenses.

— 제임스 리즌 James Reason, 영국 안전공학자

2월 11일

레이저, 방향성의 선택과 책임

2010년 2월 11일, 미 해군이 오랜 세월 공들여 개발해 온 방어용 레이저 무기가 처음으로 실전 성능 검증에 성공했다. 날아오던 무인기는 함상에서 발사된 레이저에 노출되었고, 몇 초 뒤 동체가 타오르며 바다로 추락했다. 상상 속의 '빛의 방패'가 현실에서 작동한 순간이었다.

레이저는 광속으로 도달해 요격 속도가 매우 빠르고, 탄약이 필요 없다는 장점이 있는 반면, 구름·비·먼지 같은 기상 조건에 영향을 받는 한계가 존재한다. 하지만 대기가 없는 우주에서는 그 한계가 거의 없다.

빛으로 쏘는 무기가 더 강해질수록, 그 빛이 향하는 방향에 대한 책임도 커진다. 기술이 지닌 힘은 결국 그것을 사용하는 사람의 선한 의지와 선택에 달려 있다.

"과학은 도구일 뿐이다. 그것을 선하게 쓰느냐, 악하게 쓰느냐는 인간의 문제다."
Science is not dangerous in itself; it is only dangerous when it is applied wrongly.

— 맥스 보른 Max Born, 독일 물리학자

2월 12일

인간에 대한 '우주탐사'

2001년 2월 12일, 과학자들은 지구 밖이 아니라 인간 안의 우주에 대한 위대한 발견을 발표했다. 1990년 시작된 '휴먼 게놈 프로젝트'가 11년 만에 인간 DNA의 90% 이상을 해독한 초안을 완성한 것이다.

30억 쌍의 염기서열로 이루어진 인간의 유전 정보는, 별과 행성의 위치를 기록한 천문지도처럼 우리 몸과 마음의 설계도를 품고 있다. 그러나 초안의 곳곳에 빈칸이 있었고, 염기서열의 미세한 차이를 해석하는 일도 남아 있었다. 그것은 달에 첫발을 내딛고 남겨진 발자국처럼, 앞으로의 여정이 어디로 향할지 분명히 보여주는 이정표였다.

우리는 이제 유전병을 이해하고, 맞춤형 의학을 설계하며, 생명의 기원을 추적할 수 있는 지도를 손에 쥐었다. 별을 향한 탐사가 끝나지 않듯, 인간 자신을 향한 탐사도 계속되어야만 한다.

"우리는 인류 역사상 가장 위대한 탐험 중 하나를 하고 있다."
We are carrying out one of the most important adventures that humankind has ever embarked upon.

— 프랜시스 콜린스 Francis S. Collins, 휴먼 게놈 프로젝트 책임자

2월 13일

별과 지구를 잇는 목소리?

2012년 2월 13일, 유네스코는 이날을 '세계 라디오의 날'로 정했다. 1895년 마르코니가 처음 전파로 신호를 보낸 뒤, 라디오는 20세기 인류를 잇는 가장 빠른 매체가 됐다. 전쟁터에 희망의 소식을 전하고, 재난 속에서는 대피 경로를 안내했으며, 평화로운 날에는 음악과 이야기를 실어 보냈다.

영상이 지배하는 21세기에 라디오는 종종 '목소리만 전하는 구식 매체'로 생각될 수 있다. 그러나 라디오는 근본적으로 전파를 주고받는 기술이며, 이 전파는 빛과 같은 속도로 이동해 지금도 우주와 지구를 잇는 핵심 역할을 한다. 화성 탐사선이 보내오는 데이터, 태양계 끝에 위치한 보이저의 신호, 국제우주정거장의 교신까지.

라디오는 신호를 보내는 방식이 아날로그에서 디지털로 발전했고, 그 활용 범위도 지구를 넘어 우주까지 넓어졌다. 하지만 우리와 가장 친근하면서도 세상과 우주를 소통시키는 통로의 본질은 변하지 않았다.

"나는 전 세계의 젊은이들이 무선을 통해 서로 협력하는 날이 오기를 바란다."
I look forward to the day when youth of the world will be brought together by wireless.

— 구글리엘모 마르코니 Guglielmo Marconi, 이탈리아 발명가

2월 14일

Pale Blue Dot

　1990년 2월 14일, 발렌타인 데이. 사람들이 서로에게 마음을 전하던 그날, 지구에서 60억 킬로미터 떨어진 곳에서도 특별한 '사랑의 편지'가 도착했다.

　'보이저 1호'가 태양계 임무를 마무리하며 마지막으로 뒤를 돌아보았고, 그가 눈으로 담아 보낸 사진 속 지구는 까만 우주 한가운데 떠 있는 '창백한 푸른 점(Pale Blue Dot)'이었다. 이 제목을 붙인 사람은 천문학자 '칼 세이건'이다. 그는 "그 점 속에는 우리가 사랑하는 모든 이, 우리가 알고 있는 모든 역사, 모든 기쁨과 고통이 있다"고 말했다.

　발렌타인 데이에 연인들이 마음을 전하듯, 그날 보이저 1호는 먼 곳에서 우리에게 이렇게 속삭이는 듯하다. "나는 다시 돌아갈 수 없지만, 너희는 그곳을 지킬 수 있다. 그 작은 빛을, 그리고 그 안의 모든 사랑을."

"저 작은 점을 다시 보라. 저곳이 바로 여기, 우리의 집이며, 우리 자신이다."
Look again at that dot. That's here. That's home. That's us.

— 칼 세이건 Carl E. Sagan, 미국 천문학자

2월 15일

유성폭발에서 살아남기

2013년 2월 15일 아침, 러시아 첼랴빈스크 상공 하늘이 갑자기 밝아졌다. 순간의 섬광은 태양빛보다 눈부셨고, 몇 초 뒤 굉음은 도시를 뒤흔들었다. 지름 17미터, 무게 1만 톤에 달하는 유성이 대기권에 진입해 폭발한 것이다. 폭발 에너지는 히로시마 원자폭탄의 약 30배였다.

충돌 지점은 도시 외곽이었지만, 충격파로 7천여 채의 건물이 파손되고 1,500명 이상이 부상을 입었다. 만약 폭발이 도심 상공에서 일어났다면, 피해는 상상하기조차 어려웠을 것이다.

우리는 항상 운이 좋을 수 없다. 소행성과 유성체를 미리 찾아내고, 궤도를 살짝 비틀어 피해를 막거나, 부득이하게 떨어질 경우엔 상처를 최소화하는 행성방어(Plenetary Defense) 체계는 이제 거창한 꿈이 아니라, 인류를 지키는 현실적인 우산이다.

"소행성 충돌은 단지 공상 과학의 이야기가 아니다. 그것은 우리가 반드시 대비해야 할 현실이다."
Asteroid impacts are not just science fiction; they are a reality we must be prepared for.
― 브라이언 메이 Brian Harold May, 영국 천체물리학자

남쪽 바다의 별 모임

북미대륙의 긴 겨울에 지치고 별을 사랑하는 사람들이 이맘때 남쪽으로 내려온다. 매년 2월, '윈터 스타 파티(Winter Star Party)'가 열리는 이곳은 플로리다 키스의 작은 섬, 스카우트 키.

이 축제는 특별하다. 북반구의 겨울별과 남반구의 여름별이 한 하늘에 걸리고, 바다는 지평선까지 시야를 열어 별이 머리 위뿐 아니라 수평선 너머에서도 떠오른다. 파도 소리와 바닷바람 속에서 바라보는 별빛은 우리가 잊고 있던 '지구의 숨결'까지 담아낸다.

여기서 사람들은 깨닫는다. 같은 별이라도 누구와 함께 보느냐에 따라 열정이 달라지고, 어디서 바라보느냐에 따라 전혀 다른 빛과 시선이 열린다는 것을.

"사실이란 존재하지 않는다. 오직 해석만이 있을 뿐이다."
There are no facts, only interpretations.
— 프리드리히 니체 Friedrich Nietzsche, 독일 철학자

2월 17일

구정, 올해는 어떻게 살아갈 것인가?

2026년 2월 17일, 구정은 음력 정월 초하루, 달의 주기에 맞춰 한 해의 첫날을 기념하는 날이다. 과거 농경 사회에서는 아직 겨울이었지만, 곧 시작될 농사철을 앞두고 풍요와 평안을 기원하는 의미를 중요시했다.

오늘날에도 많은 한국인이 양력 설보다 구정을 새해로 더 가깝게 느낀다. 오랜 세월 이어진 전통의 풍경이 주는 익숙함과, 여유로운 긴 연휴의 매력이 함께 어우러진다. 그래서 어떤 이는 차례상 앞에서 세배를 올리며, 또 어떤 이는 여행지에서 느긋한 휴식을 즐기며 구정을 맞이한다.

세태는 변해도 구정이 던지는 질문은 항상 같다. "올해는 어떻게 살아갈 것인가?"

"마음에 새겨라. 오늘 하루가 한 해 중 가장 좋은 날이라는 것을."
Write it on your heart that every day is the best day in the year.

— 랄프 왈도 에머슨 Ralph Waldo Emerson, 미국 사상가

2월 18일

우리가 살아갈 지구 지키기

1983년 2월 18일, 남극 보스토크 기지에서 기록적인 최저기온 영하 89.2°C가 측정됐다. 피와 피부가 얼어붙을 듯한 추위로 인간이 견딜 수 있는 한계에 가까운 온도였다.

하지만 달의 밤은 영하 170°C, 명왕성은 영하 230°C까지 떨어진다. 우주 전체의 평균 온도는 영하 270°C로 더 낮으며, 온기를 나눌 대기조차 거의 없다.

이런 사실을 통해 지구가 생명이 살아갈 수 있는 아주 드문 행성임을 깨닫는 순간, 이 환경을 지켜야 한다는 마음이 들 수밖에 없을 것이다.

그러나 언젠가 우리의 생존과 발전을 위해 우주의 혹한 속으로 모두가 발걸음을 옮길 수 있다는 가능성을 생각하며, 오늘 우주 탐사의 길을 다시 나선다.

"우리는 이 작은 행성에 기대어 살아간다. 지구는 연약하지만, 그만큼 아름답다."
We are dependent on this fragile planet of ours. It is fragile. It is beautiful.

― 버즈 올드린 Buzz Aldrin, 미국 우주비행사

2월 19일

하늘이 보내는 물의 소식

우수(雨水)에는 "대동강 물도 풀린다"는 옛말이 있다. 요즘 꽃샘추위를 생각해보면 더 이상 물이 얼지 않는다는 말이 보다 적절해 보인다. 우수가 되면 얼음은 녹아 물이 되고, 물은 다시 구름과 눈, 비로 순환하며 끊임없이 흐른다.

시대가 바뀌면서 삶의 모습은 얼음처럼 차갑게 굳기 쉽지만, 마음속에는 여전히 사랑하는 이를 지키고 더 나은 삶을 바라는 소망이 항상 물처럼 흐른다. 바로 그 마음 때문에 인류는 지구 밖에서도 물을 찾는다. 물은 생명을 가능하게 하고, 우주에서 삶의 가능성을 열어주는 열쇠이기 때문이다.

오늘, 우리의 창문을 두드리는 빗방울 소리는 겨울의 끝을 알리고, 또 다른 생명의 시작을 예고한다. 보다 새롭고 더 나은 각자의 삶을 기대해본다.

"물은 모든 생명의 시작이자 근원이다."
Water is the principle and element of all things.
— 탈레스 Thales of Miletus, 그리스 철학자

2월 20일

고정관념 내려놓기

　1473년 2월 20일, 폴란드 토룬에서 태어난 니콜라우스 코페르니쿠스는 인류의 하늘을 새롭게 정의한 천문학자였다. 그는 정밀한 관측과 수학적 계산을 통해 지구 중심의 오래된 세계관에 제동을 걸고, 태양 중심의 새로운 우주를 보여주었다.

　그 의미는 단순히 하늘의 움직임을 새롭게 설명하는 데 그치지 않았으며, 인간이 우주의 절대적 중심이라는 믿음을 흔들고, 더 넓은 질서 속에서 겸허히 자신의 자리를 성찰하게 만든 철학적 혁명이었다.

　이후 케플러, 갈릴레이, 뉴턴은 그 혁신을 이어받아 천문학을 더욱 정교하게 발전시켰고, 인류의 시선도 지구에서 벗어나 태양계와 은하, 그리고 우주의 끝없는 공간으로 확장되었다.

　오늘을 사는 우리에게 고정관념을 내려놓을 때, 더 넓은 세상을 만날 수 있다고 조언을 던지고 있다.

"만물의 중심에는 태양이 자리한다."
In the center of everything resides the Sun.

— 니콜라우스 코페르니쿠스 Nicolaus Copernicus, 폴란드 천문학자

2월 21일

책임과 의무, 모두를 위한 길

2008년 2월 21일, 미 해군은 발사 후 고장으로 통제 불능상태가 된 정찰위성 USA-193을 요격해 파괴했다. 표면적으로는 위성에 실린 독성 연료가 지상에 떨어지는 위험을 막기 위한 조치였다. 그러나 이 작전은 단순한 안전 조치를 넘어선 정치적 의미를 담고 있었다.

불과 1년 전, 중국은 자국의 기상위성을 미사일로 요격해 세계를 놀라게 했다. 그 결과 수천 개의 파편이 인공위성 궤도에 남아 지금까지도 '우주 쓰레기'로 떠돌고 있다. 국제 사회는 중국의 시도를 '성공적인 기술 과시'이자 동시에 '위험을 남긴 실험'으로 평가했다.

미국은 파편이 대부분 빠르게 대기권에 소멸되도록 고도를 정밀히 계산해 요격 작전계획을 수립하였다. 중국의 실험과 달리 '책임 있는 기술사용'을 공개적으로 보여주려 한 것이다.

이 사건을 미·중 우주 경쟁의 시작으로 보는 시각도 있다. 그러나 경쟁이 힘의 과시에 머문다면 위협이 되지만, 책임 있는 발전으로 이어진다면 모두를 지키는 방패가 될 수 있다.

> "경쟁이 반드시 적대를 뜻지는 않는다. 그것은 발전이 될 수도 있다."
> Competition does not mean hostility. It can mean progress.
> — 드와이트 D. 아이젠하워 Dwight David Eisenhower, 미국 제 34대 대통령

2월 22일

고양이 우주를 날다

오늘은 일본이 정한 '고양이 날'이다. 고양이 울음소리 "냥냥냥"이 숫자 2의 연속된 발음과 비슷하다는 언어유희로, 매년 2월 22일이 고양이를 기념하는 날이 되었다. 인간 곁을 지켜온 고양이는 땅 위뿐 아니라 우주에서도 발자취를 남겼다.

1963년 10월, 프랑스는 '펠리세트(Félicette)'라는 암컷 고양이를 우주로 보냈다. 뇌파와 생체 반응을 기록하기 위한 실험이었고, 그녀는 로켓 비행을 마친 뒤 낙하산으로 무사히 귀환했다. 미국의 원숭이 에이블과 베이커, 소련의 개 라이카에 이어, 고양이 역시 우주 탐사의 역사 속에 한 획을 그은 존재였다. 반세기가 지난 2019년, 프랑스는 최초의 우주 고양이를 기리는 동상을 세워 그 업적을 다시 기억하게 했다.

우주 탐사는 이제 단순한 생존 실험을 넘어 인류의 생활공간을 넓혀가고 있다. 달이나 화성에서도, 반려동물이 인간과 함께 살아가는 그날을 그려본다.

> "한 나라의 위대함과 도덕적 진보는 그 나라가 동물을 대하는 방식으로 판단할 수 있다."
> The greatness of a nation and its moral progress can be judged by the way its animals are treated.
> ─ 마하트마 간디 Mahatma Gandhi, 인도 독립운동가

2월 23일

미르 우주정거장의 화재

1997년 2월 23일, 러시아 소유 미르 우주정거장에서 화재가 발생했다. 산소발생장치의 고장으로 불꽃이 일었고, 좁은 모듈 안에서 14분 동안 불길이 번지면서 유독성 연기를 뿜었다. 대피할 곳이 없는 우주정거장에서 화재는 단순한 사고가 아니라 생존을 위협하는 재앙과 같다.

당시 미르에는 러시아와 미국 승무원들이 함께 머물고 있었고, 국적을 초월한 협력으로 큰 피해 없이 화재를 제압하였다.

이 사건은 국제우주정거장(ISS)에 더 강력한 안전장치와 비상 대응 체계를 마련하는 계기가 되었지만, 더 중요한 교훈은 극한의 상황에서도 우리가 서로를 믿고 도울 때 비로소 살아남을 수 있다는 것이었다.

"우주에서는 결코 혼자 살아남을 수 없다. 우리는 서로에게 의지해야 한다."
You cannot survive alone up there. You rely on each other.

— 제리 리넨저 Jerry M. Linenger, 미국 우주비행사

2월 24일

우주 평화를 유지하려면

2022년 2월 24일, 러시아의 우크라이나 침공은 땅 위에서만 벌어진 것이 아니었다. 개전과 동시에 우크라이나 위성 통신망을 공격하며, 우주는 처음으로 전쟁의 직접적인 무대가 되었다.

오랫동안 국제사회는 우주를 "충돌 없는 협력의 공간"으로 규정해왔다. 그러나 이제 협력의 공간 그곳에도 인간의 갈등이 스며들고 있다.

평화를 지켜낼 힘이 없어 평화가 파괴되는 우크라이나는 우리에게 분명히 던지는 이야기가 있다. 우리에게 필요한 것은 우주의 평화적 사용을 추구하면서도, 언제든 전장이 될 수 있음을 잊지 않는 균형적 자세일 것이다.

"평화를 원하면 전쟁에 대비하라.
Si vis pacem, para bellum.
– 베게티우스 P. F. Vegetius Renatus, 로마 저술가

2월 25일

Here Comes the Sun

조지 해리슨(George Harrison)은 1943년 2월 25일 영국 리버풀에서 태어났다. 그는 비틀즈의 리드 기타리스트로서, 비교적 조용하면서도 깊이 있는 음악 세계와 영적 탐구로 팬들에게 '조용한 비틀(the Quiet Beatle)'이라는 별명을 얻었다.

그의 음악 세계는 동양 철학과 명상, 인도 음악의 영향을 받아 인간과 자연, 그리고 우주를 하나의 흐름으로 바라보았다. 〈Within You Without You〉에서는 인간 내면과 외부 우주가 서로 이어져 있음을 표현했고, 〈Here Comes the Sun〉은 빛과 어둠의 순환을 통해 우주적 희망을 노래했다. 이러한 곡들은 해리슨의 음악을 단순한 대중가요가 아닌, 인간과 우주를 잇는 철학적 사유의 장으로 확장시켰다.

해리슨이 말하고자 했던 '우주와의 연결' 그리고 그 속에서 희망을 가만히 들어본다. "우리를 둘러싼 공간에 대해 얘기하고 있었지", "여기 해가 떠올라, 이제 괜찮을 거야"

"삶이란 결국 우주와 조화를 이루는 일이며, 그 열쇠는 사랑이다."
The whole thing of life itself is to harmonize with the universe, and the key is love.
— 조지 해리슨 George H. Harrison, 영국 가수

2월 26일

별에 새겨진 꿈과 이름

1802년 2월 26일, 프랑스 문학가 빅토르 위고가 태어났다. 그는 『레 미제라블』, 『노트르담 드 파리』와 같은 작품을 통해 인간의 고통과 희망을 그려내며 시대를 초월하여 존경받는 대문호가 되었다. 그리고 오늘날 그의 이름은 지구를 넘어 수성의 표면에도 새겨져 있다.

국제천문연맹(IAU)은 행성별로 지형에 이름을 붙일 때 고유한 규칙을 둔다. 수성의 분화구에는 반드시 위대한 예술가·문학가·음악가의 이름을 붙이도록 규정하고 있다. 태양과 가장 가까워 인간이 쉽게 다가설 수 없는 수성은, 역설적으로 인간 정신의 빛으로 채워진 행성이 된 셈이다. 그리고 1979년, 수성의 한 거대한 분화구에 "위고(Hugo)"라는 이름이 붙었다.

수성의 분화구 본질은 과학으로 설명되지만, 그 이름은 인간의 상상력으로 남게 된다. 오늘 밤 별을 쳐다보며 나의 꿈과 이름을 새겨보는 것도 좋을 듯하다.

> "인간은 눈에 보이는 것 이상의 존재다. 그 안에는 무한이 깃들어 있다."
> Man is more than what he seems; within him is infinity.
>
> — 빅토르 위고 Victor M. Hugo, 프랑스 문학가

2월 27일

하루를 더 살 수 있는 이유

2월은 유독 짧아 내일이 벌써 2월의 마지막 날이다. 평년에는 2월이 28일로 끝나지만, 4년에 한 번 윤년에는 하루가 더해져 29일이 된다.

이는 지구가 태양을 도는 주기가 정확히 365일이 아니라 약 365일 6시간이기 때문이다. 그 차이를 맞추기 위해 윤년이 생겼다.

윤년은 달력이 완벽하지 않음을 보여준다. 그러나 하루를 더해 균형을 찾듯, 우리 삶의 시간도 빈번한 어긋남 속에서 조화를 찾아야만 한다.

"네가 자연과 조화롭게 살 때, 너는 자유로울 것이다."
Live in harmony with nature, and you will never be poor.
— 마르쿠스 아우렐리우스 Marcus Aurelius, 로마 황제

2월 28일

행성의 퍼레이드

2025년 2월 28일, 지구는 무려 7개의 행성(수성, 금성, 화성, 목성, 토성, 천왕성, 해왕성)이 한 하늘에 모여드는 장면을 목격했다. 그리고 바로 1년 뒤인 2026년 오늘, 다시 6개의 행성이 퍼레이드(Plenrtary Parade)를 펼쳐질 것으로 예상된다. 이런 광경을 다시 보려면 2040년까지 기다려야 한다.

행성들은 각자 태양을 중심으로 공전하지만, 오늘처럼 우리 눈앞에 한 줄로 퍼레이드를 펼치기도 한다. 이 장면은 우주의 규칙 속에 특별하게 연출된 순간이다.

우리도 소중한 존재와 가치들을 한 줄로 세울 수 있다면, 우리 중심의 작은 우주를 꿈꿀 수 있을 것이다.

"자연은 결코 질서 없이 움직이지 않는다."
Nature never operates without order.

— 갈릴레오 갈릴레이 Galileo Galilei, 이탈리아 천문학자

동양의 절기 구분에서

한 해의 셋째 달은 묘월(卯月)로

토끼가 그 달을 상징한다.

3월 1일

우주에 메아리친 자유와 독립의 함성

1919년 3월 1일, 일제강점기 민중은 거리로 나와 "대한독립 만세"를 외쳤다. 총칼 앞에 쓰러지면서도 그 외침은 멈추지 않았고, 그들의 희망은 시와 노래를 통해 우주로 이어졌다.

윤극영의 동요 〈반달〉은 끝없이 펼쳐진 은하수 속에 작아 보이는 우리의 현실을 위로하면서도, 그 무한한 하늘에 자유와 희망의 꿈을 담았다. 이육사의 〈광야〉는 우주의 고독 속에서 언젠가 찾아 올 '초인'의 희망을 그렸고, 이상화의 〈빼앗긴 들에도 봄은 오는가〉는 우주의 순환처럼 반드시 돌아오는 봄을 통해 꺾이지 않는 자유의 의지를 상징했다.

한민족의 우주적 감성은 땅의 고난을 넘어 별빛처럼 밝게 비추는 희망을 남겼다. 자유와 희망은 우주와 인간 모두의 본질이기에, 어떤 위협과 억압으로도 꺾을 수 없다.

"가장 어두운 밤도 반드시 끝나고 태양은 떠오른다."
Even the darkest night will end and the sun will rise.
— 빅토르 위고 Victor M. Hugo, 프랑스 문학가

'블루 고스트', 민간 달 착륙

2025년 3월 2일, 미국 파이어플라이 에어로스페이스의 탐사선 '블루 고스트(Blue Ghost)'가 달의 마레 크리슘 지역에 착륙했다. 민간 기업이 탐사선을 성공적으로 달에 착륙시킨 것은 이번이 최초였다.

탐사선은 먼저 태양광 패널을 펼치고 달의 환경을 살폈다. NASA의 장비는 토양과 먼지의 반응을 관측하고, 방사선 속에서 장비의 성능과 항법 시스템을 점검했으며, 달 지평선의 모습을 담아 지구로 전송했다.

이 임무는 민간의 달 탐사임무 성공은 물론 민간 기업도 국가와 어깨를 나란히 하며 우주 탐사의 주체가 될 수 있음을 보여주었다. 또한 달이 이제 과학 연구의 무대를 넘어, 산업과 협력하는 새로운 공간으로 변모하였음을 알려주었다.

블루 고스트는 우리에게 힘주어 말한다. 이제 우주의 영역은 국가만의 것이 아니라, 민간인 우리 모두가 함께 나서야 할 새로운 길임을.

"우리는 민간 우주 탐사의 새로운 시대의 여명에 서 있다."
We are at the dawn of a new era in space exploration.

— 일론 머스크 Elon R. Musk, 미국 기업가

3월 3일

달을 가린 그림자

2026년 3월 3일, 오늘 하늘에서 개기월식이 펼쳐진다. 태양과 지구, 달이 일직선으로 정렬되며 지구의 그림자가 달을 완전히 가리는 순간, 달은 검게 사라지는 듯 보인다. 그러나 곧 지구 대기를 통과한 붉은 빛이 달에 닿아, 밤하늘에 '블러드 문(Blood Moon)'의 장관이 연출된다.

과거에 많은 사람들은 이 광경을 불길한 징조로 여겨졌지만, 고대 그리스인들은 이를 통해 지구가 둥글다는 사실을 증명하기도 했다. 오늘날 우리는 월식을 두려움이 아닌, 우주가 설계한 장엄한 예술로 감상한다.

달이 어둡게 가려지는 까닭은 달도, 태양 때문도 아니다. 지구가 스스로 그림자를 드리웠기 때문이다. 삶도 이와 같다. 우리의 두려움과 욕망이 빛을 잠깐 가릴 수는 있어도, 그 빛을 없앨 수는없다. 우리가 그림자를 걷어낼 용기를 낼 때, 무한한 빛의 세계를 만나게 된다.

"우리는 외부 환경을 바꿀 수 없지만, 어떻게 대응할지는 선택할 수 있다."
We cannot choose our external circumstances,
but we can always choose how we respond to them.

— 에픽테토스 Epictetus, 그리스 철학자

3월 4일

우주를 배우다

3월 초, 한국의 대학 교정은 개강으로 분주하다. 1947년 서울대학교 공과대학 항공조선공학과에서 시작된 항공교육은, 1989년 부산대학교의 항공우주학과 개설로 이어지며 본격적인 '우주를 가르치는 교실'의 역사를 열었다.

항공우주 교육은 단순한 산업 기술 훈련뿐만 아니라, 미래를 바라보는 눈을 기르는 일이다. 그러나 한국 사회에서 우주는 여전히 '돈이 되느냐'는 질문 앞에 철학적·문화적 의미를 쉽게 잃어버린다. 우주를 배우는 이유는 분명하다. 상상력이 기술을 낳고 기술이 산업을 키우기 때문이다.

우주를 배우는 학생들은 지식을 넘어 새로운 시대를 준비하고 있다. 우리 사회가 그들에게 도전할 환경과 상상력을 펼칠 기회를 줄 때, 비로소 더 넓은 우주가 우리에게 열릴 것이다.

"상상력은 지식보다 중요하다. 지식은 한계를 가지지만, 상상력은 세상을 품는다."
Imagination is more important than knowledge.
For knowledge is limited, whereas imagination embraces the entire world.

— 알베르트 아인슈타인 Albert Einstein, 독일출신 물리학자

3월 5일

경칩, 우주의 알람

3월 5일은 절기상 경칩(驚蟄), 겨울잠을 자던 개구리와 벌레들이 놀라 깨어나는 때다. 우리 사회는 전통적으로 탑돌이나 줄다리기를 하며 마을의 단합과 풍년을 기원했지만, 오늘날에는 주변을 정리하고 새로운 출발을 준비하는 날로 받아들인다.

경칩은 단순한 계절의 신호가 아니라, 우주가 우리에게 울려주는 알람과 같다. 개구리가 긴 동면에서 깨어나듯, 우리 역시 겨울의 쉼을 멈추고 다시 일어서야 한다. 집 안을 정리하는 손길 하나가 봄의 숨결을 삶 속으로 불러들이는 초대장이 된다.

"당신은 모든 꽃을 꺾을 수 있지만, 봄이 오는 것을 막을 수는 없다."
You can cut all the flowers but you cannot keep spring from coming.

— 파블로 네루다 Pablo Neruda, 칠레 시인

3월 6일

한국이 곧 하나의 우주

1883년 3월 6일, 조선은 '태극팔괘도'를 국기로 공식 제정했다. 지금의 태극기와 세부 모습은 다르지만, 그 근본은 같다. 깃발 한 장 속에 우주의 원리를 담아내려는 시도였다.

가운데의 태극은 음(陰)과 양(陽)의 조화를 뜻한다. 서로 다른 두 힘이 부딪히면서도 결국 하나로 어우러지는 원리, 이는 곧 우주 만물의 생성과 변화의 법칙이다. 네 모서리에 자리한 팔괘는 하늘·땅·물·불과 같은 자연의 근본 요소를 나타내며, 인간이 우주 속에서 어떤 관계를 맺고 살아야 할지를 알려준다.

태극기는 단순한 국가의 상징을 넘어 '한국이 곧 하나의 우주'라는 철학을 깃발 위에 드러낸 것이었다. 우리의 삶도 마찬가지다. 작아 보여도 가치의 중심을 세우는 순간, 그 삶은 흔들림 없는 우주를 걷게 된다.

"국기는 단순한 천 조각이 아니다. 그것은 우리의 역사와 희생, 그리고 이상을 상징한다."
It is not just a piece of cloth. It represents our history, our sacrifices, and our ideals.
― 드와이트 D. 아이젠하워 Dwight D. Eisenhower, 미국 제 34대 대통령

세일러 문

1992년 3월 7일, 일본에서 애니메이션 〈세일러 문〉이 첫 방영되었다. 달을 수호하는 마법소녀가 친구들과 함께 지구와 우주를 지키는 이야기는, 마법소녀의 판타지를 넘어 사회 전반에 영향을 미치는 새로운 문화 현상을 만들었다.

〈세일러 문〉은 '평범한 소녀가 달의 힘으로 변신한다'는 설정을 통해, 누구나 우주와 연결된 존재라는 상상력을 전파했다. 달은 오래도록 '신비'와 '여성'을 상징해왔고, 작품은 그 상징을 현대적으로 풀어내 어린이와 청소년들에게 우정과 성장, 그리고 실패를 두려워하지 않는 용기를 심어주었다.

〈세일러 문〉의 기억은 우리가 일상에서 넘어지더라도 다시 일어서는 그 순간, 이미 더 큰 세상을 향해 나아가고 있음을 알려준다.

"나는 용기란 두려움이 없는 것이 아니라, 두려움을 이겨내는 것임을 배웠다."
I learned that courage was not the absence of fear, but the triumph over it.
— 넬슨 만델라 Nelson R. Mandela, 남아공 대통령

3월 8일

세계 여성의 날

오늘은 3월 8일, '세계 여성의 날'이다. 20세기 초 여성 노동자들의 용기와 투쟁에서 비롯된 이날은, 오늘날에도 성 평등과 인권을 기리는 기념일로 이어지고 있다.

여성들의 용기와 투쟁 정신은 우주 도전의 역사에서도 찾아볼 수 있다. 1963년 6월 16일, 인류 최초의 여성 우주비행사 소련의 테레시코바는 약 71시간 동안 지구를 48바퀴 돌며 임무를 수행하였고, 그녀의 비행은 여성 또한 인류의 미래와 우주발전에 기여할 수 있음을 전 세계에 공표했다.

오늘 한국의 많은 여성들은 여전히 사회적 불공정과 장벽을 체감하고 있다. 그러나 테레시코바의 우주임무가 보여주듯, 여성의 개척적 용기만이 경계를 넘어 새로운 세계를 열 수 있다.

"인류의 발전은 여성의 해방 없이는 완성될 수 없다."
The future of humanity cannot be realized without the liberation of women.

— 코피 아난 Kofi A. Annan, 유엔 사무총장

별 보러 가자

2017년 3월 9일, 가수 적재의 「별 보러 가자」가 발매되었다. 이 노래는 별빛 아래 함께 걷는 순간을 동경하는 마음을 담아내며, 단순한 연애의 노래를 넘어 하늘을 올려다보는 낭만적 경험을 하나의 젊은 층 문화로 자리 잡게 했다.

이후 2020년 발매된 가수 중식이의 「나는 반딧불」은 우주적 상상을 일상의 감정과 잘 연결하였다. "나는 빛나는 별인 줄 알았어요"라는 가사는 청년 세대가 느끼는 현실적 좌절을 드러내지만, 동시에 "우주에서 무주까지 날아온"이라는 표현에서 보잘것없는 반딧불조차도 우주와 연결된 소중한 존재임을 알 수 있다.

현재 한국의 청년들은 너무 지치고 힘들어 보인다. 그들에게 들려주고 싶은 말이 있다. "여러분은 별에서 생겼으니 별이 맞습니다. 그리고 별에서 왔으니 고향인 별 보러 가야겠죠?"

"별을 향해 쏘아라. 설령 닿지 못해도 달에 이를 수 있다."
Aim for the stars, and if you miss, you may hit the moon.

— 헨리 데이비드 소로 Henry David Thoreau, 미국 사상가

3월 10일

이리 와서 나 좀 보세

1876년 3월 10일, 그레이엄 벨은 "왓슨, 이리 와서 나 좀 보세(Mr. Watson, come here, I want to see you)"라는 말을 전송하며 인류 최초의 전화 통화를 시작했다. 짧은 한 문장이었지만, 그것은 미래의 세상과 우주를 연결하겠다는 선언과도 같았다.

전화기의 발명은 단순한 편리함을 넘어 인간의 삶을 근본적으로 바꾸어 놓았다. 목소리가 공간을 넘어 전달되면서 사람과 사람의 간격은 좁아졌고, 사회와 산업의 모습도 달라졌다. 유선에서 무선으로, 아날로그에서 디지털로 이어진 발전은 오늘날 전 세계를 하나의 커다란 통신망으로 연결해 놓았다.

새로운 우주시대, 우리가 손에 쥔 스마트폰은 인공위성과 5G 통신을 통해 지구 어디서든 연결된다. 음성뿐 아니라 영상으로도 서로의 얼굴을 보며 대화할 수 있고, 이 기술은 달과 화성 탐사에도 활용되고 있다.

우리의 목소리가 앞으로 어디까지 이어질지는 아무도 알 수 없다. 하지만 언젠가 그 울림은 지구를 넘어 우주의 다른 세계에도 전달될 것이다. "이리 와서 지구 좀 보세"

"한 문이 닫히면 다른 문이 열린다."
When one door closes, another opens.
— 그레이엄 벨 A. Graham Bell, 미국 과학자

지구재난과 우주협력

2011년 3월 11일, 일본 도호쿠 지방을 강타한 규모 9.0의 지진과 쓰나미는 수많은 생명을 앗아가고, 후쿠시마 원전 사고로 이어졌다. 그날의 충격은 전 세계를 뒤흔들었다.

재난 직후, 세계는 자국의 위성 관측 자료를 공유하며 우주협력의 힘을 모았다. 미국의 Terra와 Aqua는 쓰나미로 잠긴 해안을 살폈고, 일본의 다이이치는 피해 현장을 비추었다. 유럽의 ENVISAT은 원전에서 퍼져 나가는 방사능 구름을 추적했으며, 인도의 위성은 구조와 복구를 위한 지도를 제공했다.

자연의 압도적 힘이 인간을 무너뜨렸지만, 우주에서 모인 협력과 나눔이 다시 인간의 희망을 일으켜 세웠다.

"우리는 바람의 방향을 바꿀 수는 없지만, 그 돛을 조정할 수는 있다."
We cannot change the direction of the wind, but we can adjust the sails.

— 존 F. 케네디 John F. Kennedy, 미국 제35대 대통령

3월 12일

우주의 순회 정비차

2002년 3월 12일, 우주왕복선 STS-109가 지구로 돌아왔다. 임무 기간 동안 우주비행사들은 허블 우주망원경에 새 태양전지와 고성능 카메라를 장착해, 먼 은하와 별의 탄생을 확인할 수 있게 만들었다.

허블의 정비 역사는 이미 1993년 STS-61에서 시작되었다. 발사 직후 주(主) 거울 결함으로 흐릿한 시력을 가졌던 허블은, 광학 장치를 교체한 뒤 비로소 제 기능을 발휘할 수 있었다. 이것이 인류 최초의 '우주 순회 서비스'였다.

2002년 STS-109는 단순한 정비가 아닌 허블의 재탄생을 도왔다. 허블이 정비를 통해 새로운 눈을 얻었듯, 우리도 때때로 멈춰 자신을 새롭게 해야 더 큰 세상을 바라볼 수 있다.

"성공이란 최종적인 것이 아니며, 실패가 치명적인 것도 아니다. 중요한 것은 계속해 나가는 용기다."
Success is not final, failure is not fatal: it is the courage to continue that counts.

— 윈스턴 처칠 Winston L. S. Churchill, 영국 총리

3월 13일

화성 식민지

2016년 3월 13일, 애니메이션 〈심슨 가족〉의 에피소드 〈마지의 화성 연대기〉(Marge-ian Chronicles)가 방영되었다. 딸 리사가 화성 식민지 프로젝트에 지원하는 이야기는, 우주 개척이 단순한 모험이 아니라 상업적 욕망과 가족의 갈등까지 불러올 수 있음을 보여주었다.

국가가 아닌 기업이 주도하는 식민지의 꿈은 아직 현실과 거리가 있지만, 언젠가 인류가 자원을 찾아 다른 행성을 향하게 될 때 피할 수 없는 질문으로 남는다. 우리는 경쟁 속에서 서로를 밀어낼 것인가, 아니면 협력 속에서 자원을 나누고 함께 살아갈 것인가.

우주 식민지의 환상 속에는 오늘의 우리 모습도 비친다. 새로운 세계를 향한 상상은 필요하다. 그러나 그것이 더 나은 공존의 길이 되려면, 우리는 욕망보다 책임을, 소유보다 나눔의 방법을 먼저 생각해야 한다.

"바다를 건너기 위해 필요한 것은 용기다. 해안을 떠나지 않고는 새로운 세계를 찾을 수 없다."
You can never cross the ocean unless you have the courage to lose sight of the shore.

— 크리스토퍼 콜럼버스 Christopher Columbus, 이탈리아 탐험가

3월 14일

뉴스페이스 시대 서막

2002년 3월 14일, 엘론 머스크는 불과 서른의 나이에 '스페이스X(SpaceX)'를 창립했다. 초기 인원은 약 20명에 불과했지만, 그의 비전은 거대했다. 민간 기업이 스스로 로켓을 만들고 쏘아 올릴 수 있다는, 당시로서는 무모해 보였던 꿈이었다.

이 도전은 곧 뉴스페이스(New Space) 시대의 서막이 되었다. 머스크의 집념은 재사용 로켓과 민간 우주여행이라는 파격적 발상으로 이어지며, 인류의 우주 접근 방식을 근본적으로 바꾸었다.

머스크의 선택은 우주를 바라보는 방식 자체를 바꾸려는 새로운 도전이었다. 그의 도전이 우주를 바라보는 방식을 바꾼 것처럼, 지금 우리에게 중요한 것은 각자가 어떤 비전을 세우고 용기 있게 나아가느냐이다.

"나는 실패한 적이 없다. 단지 맞지 않는 1만 가지 방법을 발견했을 뿐이다."
I have not failed. I've just found 10,000 ways that won't work.

— 토머스 에디슨 Thomas A. Edison, 미국 발명가

3월 15일

율리우스 시이저의 흔적

기원전 44년 3월 15일, 로마의 장군이자 정치가 율리우스 시이저는 원로원 회의장에서 브루투스를 비롯한 음모자들의 칼에 쓰러졌다. 이날은 로마력에서 '이듯(ides)'이라 불리던 3월의 중간 날이었고, 이후 "3월의 이듯을 경계하라(Beware the Ides of March)"는 말은 시이저의 최후를 떠올리게 하는 역사적 표현이 되었다.

시이저의 중요한 업적 중 하나는 율리우스력 개혁을 통해 정치권력과 종교 절기, 그리고 태양의 주기를 하나의 체계로 묶으며 새로운 달력을 정비한 것이다. 7월이 그의 이름을 따 '줄라이(July)'로 불리게 된 것은, 시간 속에 권력자의 흔적이 남은 대표적인 사례였다.

이후 천문학자들은 한 소행성에 '시이저'라는 이름을 붙였다. 그의 이름은 달력의 한 달에서 소행성의 이름까지, 땅과 하늘 모두에 남게 된 것이다.

우리는 시이저가 되기를 바라지 않는다. 다만 우리 인생의 흔적도 별빛처럼 아름답고 빛나기를 희망한다.

> "만물은 질서 속에서 서로 얽혀 있다. 모든 것은 신성한 섭리의 실로 엮여 있다."
> All things are interwoven with one another, and the bond is holy.
> — 마르쿠스 아우렐리우스 Marcus Aurelius, 로마 황제

3월 16일

국제로켓의 날

1926년 3월 16일, 미국 매사추세츠 오번에서 로버트 고다드가 세계 최초의 액체연료 로켓을 발사했다. 비행시간은 단 2.5초였지만, 인류가 처음으로 우주로 도약을 시도한 순간이었다. 오늘날 이 날을 '국제로켓의 날'로 기념하고 있다.

로켓은 단순한 발사체가 아니다. 지구의 중력을 넘어설 수 있는 유일한 수단이자, 인류가 우주를 탐사할 수 있게 한 핵심 도구다. 오늘날 우리가 누리는 위성 통신과 기후 관측, 행성 탐사도 모두 이 작은 시도로부터 이어져 왔다.

우리의 삶도 마찬가지다. 새로운 길을 열려면, 우리를 붙잡는 두려움과 한계를 넘어설 힘이 필요하다. 작더라도 그 힘을 얻으면, 더 넓은 세상을 향해 나아갈 수 있다.

"무엇이 불가능한지 말하기는 어렵다. 어제의 꿈은 오늘의 희망이며, 내일의 현실이 되기 때문이다."
It is difficult to say what is impossible,
for the dream of yesterday is the hope of today and the reality of tomorrow.

— 로버트 H. 고다드 Robert H. Goddard, 미국 과학자

3월 17일

별이 빛나는 밤에

　1969년 3월 17일, MBC 라디오 〈별이 빛나는 밤에〉가 첫 전파를 탔다. 반세기가 넘도록 이 프로그램은 밤마다 청취자 곁을 지켜왔다.

　오랜 시간을 이어져온 그 힘은 화려함이 아니라, 별이 소곤소곤 속삭이듯 전해지는 사연과 음악에 있었다. 듣는 이는 별빛 아래 혼자가 아님을 느끼며, 자신의 이야기도 우주에 닿는 듯한 위로를 받았다.

　우주의 별빛은 상상하기 어려운 거리와 시간을 날아와 위로를 아끼지 않는다. 우리도 살아가는 오랫동안 사랑하는 이들의 이야기를 별처럼 들어주자.

"별을 바라보라. 그리고 네가 그들과 함께 달려간다고 상상하라."
Watch the stars, and see yourself running with them.
— 마르쿠스 아우렐리우스 Marcus Aurelius, 로마 황제

3월 18일

최초 우주유영

1965년 3월 18일, 소련의 우주비행사 레오노프는 '보스크호드 2'호에서 나와 우주 공간에 직접 몸을 내맡겼다. 단 12분 남짓한 유영이었지만, 인간이 직접 우주를 체험한 첫 순간이었다.

그러나 곧 문제가 생겼다. 당시 우주복의 관절 부위 설계가 미흡하였고, 내외부 기압 차이로 우주복이 팽창하자 신체 부위를 구부릴 수 없는 상태가 되었다. 우주선의 좁은 입구로 들어갈 만큼 몸을 웅크릴 수가 없게 된 것이다.

절체절명의 순간 레오노프는 우주복의 배기 밸브를 열어 내부 압력을 낮추는 결단을 내렸다. 하지만 압력을 줄이는 과정에 산소가 부족해 의식을 잃을 수 있고, 혈액 속에 기포가 생겨 치명적인 손상을 입을 위험도 있었다. 그는 모든 위험을 감수했고, 성공적으로 복귀하여 우주시대의 발전을 이끌었다.

우리는 언제나 위험을 안고 살아간다. 그러나 그 위험을 넘어선 용기만이 새로운 길을 열 수 있다.

"위험이 없으면 위대한 업적도 없다."
There is no achievement without risk.

— 알렉세이 레오노프 Alexei A. Leonov, 소련 우주비행사

오스카, 별들의 축제

1953년 3월 19일, 아카데미 시상식이 역사상 처음으로 미국 전역에 TV 중계되었다. 1929년 작은 극장에서 시작된 행사가 전 국민이 함께 즐기는 대중적 축제로 자리 잡는 순간이었다.

하늘에 별이 무수히 많듯이, 우리 곁에도 스크린을 밝히는 수많은 스타들이 있다. 그들은 단지 화려한 배우가 아니라, 우리가 되고 싶은 꿈과 용기의 상징이다. 또한 아카데미는 시대의 변화를 반영해, 과거에는 주목받지 못했던 애니메이션, 다큐멘터리, 국제영화 같은 장르에도 상을 제정하며 영화 예술의 폭을 넓혀왔다. 그 흐름 속에서 〈기생충〉, 〈미나리〉 같은 한국 영화가 전 세계 관객의 사랑을 받을 수 있었다.

별은 어둠 속에서 빛날 준비를 하듯, 우리도 보이지 않는 곳에서 각자의 재능을 갈고닦아야 한다. 그리고 그 빛을 나눌 때, 비로소 우리는 누군가의 별이 된다.

"미래는 꿈의 아름다움을 믿는 사람들의 것이다."
The future belongs to those who believe in the beauty of their dreams.
— 엘리너 루스벨트 A. Eleanor Roosevelt, 미국 대통령 영부인

3월 20일

춘분, 낮과 밤의 균형

오늘은 춘분, 낮과 밤의 길이가 거의 같아지는 날이다. 태양이 적도를 비추며 계절은 새로운 국면을 맞는다.

옛사람들은 춘분을 하늘의 이치와 삶의 질서가 만나는 날로 여겼다. 조선시대에는 사한제(司寒祭)를 지내며 겨울에 저장한 얼음을 꺼내 신에게 감사드리고, 여름까지 무사히 보관되길 기원했다. 이스라엘에서는 이 시기 파스카 축제가 시작되었다. 이집트의 억압에서 해방된 순간을 기념하며, 공동체가 새로운 역사의 출발을 함께 기억하는 날이었다.

춘분은 이처럼 자연과 역사의 경계에 새겨진 시간이다. 얼음이 여름을 준비하듯, 해방의 기쁨이 미래를 열어주듯, 오늘의 균형은 내일을 준비하는 지혜로 이어진다.

"대립하는 것들이 결국 하나가 되고, 가장 아름다운 조화는 차이에서 생겨난다."
What opposes unites, and the finest harmony is composed of things at variance.

— 헤라클리토스 Heraclitus of Ephesus, 그리스 철학자

3월 21일　　　　　　　　　　　　　　　　　　　　　　98

여백 속의 넉넉함, 비움 속의 충만함

2023년 3월 21일, 뉴욕 크리스티 경매에서 조선의 백자 달 항아리가 약 456만 달러, 한화로 41억 원에 낙찰되며 한국 도자기 경매 사상 최고가를 기록했다. 세계가 주목한 것은 단순한 흰 도자기가 아니라, 그 안에 담긴 조선의 미학과 우주관이었다.

아래위 두 조각이 이어져 완성된 달 항아리는, 둥근 형태 속에 모든 것을 포용하는 우주의 조화와 달의 친근함을 함께 담고 있다.

달 항아리는 오늘 우리에게 평범한 여백 속에서 넉넉함이 드러나고, 비움 속에서 충만함이 달성된다는 오래된 지혜를 전한다.

"내가 배운 것은 이것이다. 단순하게 살아라."
Our life is frittered away by detail. Simplify, Simplify.
— 헨리 데이비드 소로 Henry David Thoreau, 미국 사상가

3월 22일

물, 생명과 만물의 근원

1992년 유엔은 3월 22일을 '세계 물의 날'로 정했다. 물은 단순한 자원이 아니라 생명의 근원이었다. 고대 그리스의 탈레스는 만물의 근원을 물이라 했고, 동양사상에서 오행의 순환은 물에서 시작해서 물로 끝난다.

현대 과학은 이 오래된 통찰을 다시 확인한다. 화성과 달, 먼 행성의 위성에서까지 물을 찾는 이유는 물이 곧 생명의 징표이기 때문이다. 또한 물을 찾는 일은 곧 우리가 머물 수 있는 자리를 찾는 일이기도 하다.

지구의 물은 오늘을 살게 하고, 우주의 물은 내일을 연다. 두 물길은 멀리 있어도 하나로 이어져 인류의 삶을 계속 흐르게 한다.

> "지극한 선은 물과 같다. 만물을 이롭게 하면서도 다투지 않는다."
> 上善若水, 水善利萬物而不爭
> ─ 노자, 『도덕경』 제8장

3월 23일

별들의 전쟁

1983년 3월 23일, 레이건 미국 대통령은 미사일 방어를 위한 전략방위구상(SDI), 이른바 '스타워즈 계획'을 발표했다. 위성과 레이저로 핵미사일을 요격한다는 발상이었지만, 과학기술의 한계와 소련의 붕괴로 현실화되지는 못했다.

50년이 지난 지금, 그 대상은 중국으로 바뀌었고 요격기술은 실제 무기가 될 만큼 발전했다. 우주의 무기화는 더 이상 미래의 구상이 아니라 눈앞의 현실이 되고 있다.

우주를 전쟁의 빛이 아닌 희망의 빛으로 가득 채우려면, 우리는 과거 아폴로 계획이 추구했던 도전과 협력의 정신을 다시금 생각해야 한다.

"지혜 없는 힘은 무모하고, 용기 없는 지혜는 무력하다."
Courage without wisdom is rashness, and wisdom without courage is useless.
— 플루타르코스 Plutarch of Chaeronea, 그리스 역사가

3월 24일

별들의 연합, 인공위성 네트워크

2019년 3월 24일, 스페이스X는 저궤도 위성을 이용한 인터넷망 구축을 본격적으로 시작했다. 수천 기의 작은 위성이 지구 궤도를 메우며, 어디서나 연결 가능한 새로운 시대가 열린 것이다. 이전에도 위성 연결망은 있었지만, '스타링크(Star Link)'는 '전 지구적 연결'을 현실로 만든 첫 작품이었다.

하늘을 가득 메운 이 별들의 연합은 사막과 바다, 전쟁으로 고립된 지역마저 이어준다. 그러나 이 거대한 망이 욕심과 통제의 도구가 된다면, 별빛은 곧 어둠으로 바뀔 것이다.

하늘의 별들이 별자리로 인간을 돕는 것처럼 인간이 만든 별들의 연합도 인간을 잇는 이로운 다리가 되어야 한다.

"우리는 기계에 책임을 전가할 수 없다. 그 책임은 오직 인간에게 있다."
We cannot delegate responsibility for our decisions to the machine.
The responsibility rests with man.

— 노버트 위너 Norbert Wiener, 미국 수학자

3월 25일

Moon Walk, 우주적 상상과 자유의 열망

1983년 3월 25일, NBC TV 스페셜 'Motown 25' 무대에서 마이클 잭슨은 '문워크(Moon Walk)'를 처음 선보였다. 뒤로 미끄러지듯 달의 무중력 걸음을 닮은 춤으로 세계를 놀라게 한 그는, 이후 몸을 수평으로 기울이는 '린(Lean) 댄스'로 관객들에게 또 한 번 경이로움을 선사했다.

그의 춤은 단순한 동작이 아니라 우주적 상상, 예술적 혁신, 그리고 문화적 충격이었다. 문워크는 춤이 세대와 국경을 넘어서는 보편적 언어임을 증명했고, 린 댄스는 인간의 몸조차 상상력 속에서 새롭게 정의될 수 있음을 보여주었다. 그 모든 장면은 현실의 중력처럼 우리를 붙잡는 한계를 넘어서는 인간의 자유와 열망의 의지를 드러냈다.

마이클 잭슨은 이제 하늘의 별이 되었지만, 그의 우주적 상상은 여전히 빛난다. 우리의 작은 변화의 한 걸음도, 빛나는 현실을 여는 출발점이 된다.

"오늘의 상상은 내일의 현실이다."
What is now proved was once only imagined.

— 윌리엄 블레이크 William Blake, 영국 시인

3월 26일

우주의 울림, 월광 소나타

1827년 3월 26일, 루트비히 판 베토벤은 세상을 떠났다. 청각을 잃어가던 그는 고통 속에서도 사랑하는 연인을 위해 '피아노 소나타 14번'을 남겼고, 이 곡은 훗날 '월광 소나타'로 불리며 더욱 빛났다.

'월광 소나타'라는 이름은 한 평론가가 곡을 듣고 "루체른 호수 위 달빛 같다"고 묘사한 데서 비롯되었다. 달빛이 어둠 속 호수를 비추듯, 베토벤의 선율은 인간의 내면을 밝혀 우주와 맞닿는 울림이 되었다.

청각을 잃어가던 베토벤은 직접 들을 수 없는 자신의 곡을 연주하면서, 손끝을 통해 피아노의 진동을 확인했다고 전해진다. 마치 달에서 공기가 없어 소리가 들리지 않지만, 달 표면을 걷는 우주인의 발자국이 진동으로 전해지는 것과 같다.

'월광 소나타'는 우리에게 크고 화려한 말보다, 마음의 울림이 중요함을 일깨워준다.

"음악은 인류를 연결하는 보편적 언어다."
Music is the universal language of mankind.
— 헨리 워즈워스 롱펠로 Henry Wadsworth Longfellow, 미국 시인

3월 27일

모아이 석상, 별을 바라보다

 1722년 3월 27일, 네덜란드 탐험가 야코프 로헤벤은 남태평양 외딴 섬을 발견했다. 부활절 무렵이었기에 '이스터 섬(Easter Island)'이라 불렀고, 현지 언어로는 라파누이(Rapa Nui)라 한다. 그러나 세계인의 시선을 사로잡은 것은 섬 곳곳에 서 있는 거대한 모아이 석상이었다.

 모아이 석상은 대체로 마을을 향해 세워져 조상이 후손을 지켜준다는 토속신앙의 성격이 강한 것으로 보이지만, 태양과 별의 움직임에 맞추어 놓아 우주적 질서를 반영하고 있다고 평가된다. 모아이 석상과 신전 건설, 그리고 토착사회의 몰락은 여전히 우리에게 풀리지 않은 수수께끼다. 그러나 분명한 것은 그들이 이 거대한 석상들을 통해 삶과 하늘을 연결하려 했다는 점이다.

 작은 섬 모아이 석상과 별의 이야기는, 하늘과 미래를 바라보지 못하고 현실에 급급해 살아가는 우리의 삶을 잠시 돌아보게 한다.

"밤하늘의 별은 인간의 영혼이 올려다보는 창문이다."
The stars are the openings in heaven where the light of the infinite shines through.

— 빅토르 위고 Victor M. Hugo, 프랑스 작가

우주로 간 쌍둥이

2015년 3월 28일, 미국의 우주비행사 스콧 켈리가 국제우주정거장(ISS)으로 향했다. 그의 쌍둥이 형 마크 켈리는 지구에 남아 있었고, 이들은 인류 역사상 최초의 쌍둥이 우주비행사 연구의 주인공이 되었다.

실험은 우주가 인간의 몸에 어떤 변화를 일으키는지를 밝히기 위한 것이었다. 스콧 켈리는 무중력과 방사선에 노출된 1년 동안의 데이터를 제공했고, 지구에 남은 마크 켈리와 비교되었다. 연구 결과 우주 체류는 유전자 발현, 면역 체계, 시력, 뼈와 근육에 변화를 일으켰으며, 일부는 지구 귀환 후 회복되었지만 어떤 것은 장기적인 영향을 남기기도 했다.

이 연구는 아인슈타인의 상대성 이론 속 쌍둥이 역설(twin paradox)을 떠올리게 한다. 우주에서 빠른 속도로 움직이는 쌍둥이는 지구에 남은 쌍둥이보다 늦게 늙는다. 다만 이번 실험은 빛에 가까운 속도가 아닌, 지구 저궤도에 머물러 노화 비교는 고려되지 않았다.

우주를 탐험한다는 것은 단순히 별을 향한 도전이 아니라, 인간 자신을 이해하는 또 다른 방법이다.

> "과거, 현재, 미래의 구분은 단지 환상일 뿐이다. 비록 그 환상이 매우 끈질기긴 하지만."
> The distinction between past, present and future is only a stubbornly persistent illusion.
> — 알베르트 아인슈타인 Albert Einstein, 독일 출신 물리학자

진도의 바닷길이 열리는 순간

한국 진도에서는 해마다 이맘때 바다가 갈라져 길이 열린다. 1975년 주한 프랑스 대사가 이를 '현대판 모세의 기적'이라 소개하며 세계에 알려졌고, 국가 명승 제9호로 지정됐다. 약 한 시간 동안 수많은 사람들이 바다 위를 걸으며 자연의 신비를 체험한다.

이 현상은 기적이 아니라, 지구와 달의 이끌림이 만든 조수간만의 차가 바다 속 길을 드러낸 것이다.

지구와 달처럼 우리도 서로를 이끌고 균형을 이룰 때 관계가 지속되며, 언젠가는 진도의 바닷길처럼 환한 미래를 맞이할 것이다.

> "사랑은 소유하려 하지 않는다. 오히려 자유를 준다."
> Love does not claim possession, but gives freedom.
> — 라빈드라나트 타고르 Rabindranath Tagore, 인도 시인

별 다방 이야기

1971년 3월 30일, 미국 시애틀에서 우리가 '별다방'이라 부르는 스타벅스(Starbucks)가 문을 열었다. 이름은 소설 《모비 딕》의 일등항해사 스타벅에서 따왔고, 로고에는 신화 속 뱃사람을 유혹하는 사이렌과 그들을 인도하는 별이 담겨 있다.

오늘날 스타벅스는 전 세계 수만 개 매장을 가진 브랜드로 성장했다. 그 성공의 비밀은 단순히 커피를 파는 것이 아니라, 집과 직장 사이에서 누구나 편히 머물 수 있는 '제3의 공간'을 제공했기 때문이다. 이곳에서 사람들은 커피 한 잔을 마시며 잠시 쉬고, 생각을 정리하여 미래를 설계한다.

옛날 항해사들이 폭풍우 속에서 한 줄기 별빛을 따라 길을 찾았듯이, 오늘 우리는 커피 한 잔의 휴식 속에서 삶의 방향을 다시 점검하는 것도 좋을 듯하다.

"별은 언제나 항해자의 길잡이다."
The stars are the guides of the seafarers.
— 호머 Homer, 그리스 시인

우리의 삶은 진짜일까?

1999년 3월 31일, 영화 〈매트릭스〉가 개봉되었다. 가상현실과 인간 존재를 다룬 이 작품은 단순한 오락을 넘어, "우리가 사는 현실은 진짜일까?"라는 질문을 던졌다.

영화 속 주인공 네오는 빨간 알약과 파란 알약 중 하나를 고른다. 파란 알약은 익숙한 세계에 머물러 안락함을 얻는 길이었고, 빨간 알약은 불확실하지만 진실을 향해 나아가는 선택이었다. 결국 네오는 빨간 알약을 집어 들었다. 그 결정은 진정한 자유가 편안한 환상 속에 머무는 것이 아니라, 불편하더라도 진실을 마주하려는 용기에서 비롯된다는 사실을 의미한다.

우리도 지구라는 안전한 울타리 안에 머물 수 있지만, 인류는 달 탐사, 화성 탐사, 블랙홀 연구와 같은 도전을 통해 스스로의 한계를 넘어왔다. 그 모든 선택은 두렵지만, 결국 더 큰 현실과 우주의 진실을 알아가는 과정이었다.

삶에서 중요한 건 편안함이 아니라, 진실을 향해 내딛는 작은 용기다. 그 용기가 있을 때 우리는 더 큰 세계와 연결된다.

"자유는 더 나은 사람이 되기 위한 기회다."
Freedom is nothing else but a chance to be better.

— 알베르 카뮈 Albert Camus, 프랑스 소설가

동양의 절기 구분에서

한 해의 넷째 달은 진월(辰月)로

용이 그 달을 상징한다.

4월 1일

화성 이주민 모집

2008년 4월 1일, 구글과 버진 그룹은 "화성 식민지 프로젝트, 버글(Virgle)"을 발표했다. 양사의 대표들이 직접 등장한 영상과 모집 웹사이트까지 공개되자, 사람들은 "정말 화성에 이주하는 건가?"라며 잠시 혼란에 빠졌지만 곧 만우절 농담으로 드러나 웃음을 자아냈다.

그러나 이 농담은 단순한 해프닝으로 끝나지 않았다. NASA는 현재 '아르테미스 프로그램(Artemis Program)'을 통해 화성 탐사의 발판을 마련하고 있으며, SpaceX는 '스타십(Starship)'을 시험하며 화성 이주 계획을 구체화하고 있다.

만우절은 남을 속이는 거짓말이 아니라 상상을 시험하는 날이다. 농담처럼 던진 상상이라도 우리의 진심을 담아 키워낼 때, 그것은 내일의 현실이 된다.

"상상력은 우리를 결코 존재하지 않았던 세계로 데려가곤 한다.
그러나 상상력이 없다면 우리는 어디에도 갈 수 없다."
Imagination will often carry us to worlds that never were.
But without it we go nowhere.

— 칼 세이건 Carl E. Sagan, 미국 천문학자

4월 2일

전기, 세상을 비추고 바꾸는 에너지

1801년 4월 2일, 영국의 화학자 험프리 데이비는 볼타전지를 이용해 물질을 분해하는 전기분해 실험에 성공했다. 이듬해 그는 아크램프를 시연하여 인류 최초로 전기를 눈에 보이는 빛으로 드러냈고, 이러한 발견은 훗날 우주로 나아가는 길을 밝히는 출발점이 되었다.

별빛의 도움을 받던 인류는 이 발견을 통해 스스로 빛을 만들어낼 수 있었고, 그 에너지는 우주 탐사의 핵심이 되었다. 인공위성의 신호, 우주선의 추진, 탐사선의 장비까지 모두 전기의 힘으로 움직인다.

전기는 빛으로 드러나는 에너지다. 그 빛은 어둠을 비추고 그 힘은 세상을 바꾼다. 우리가 삶에서 남을 비출 수 있는 빛을 만들 때 세상은 밝게 바뀐다.

"진리는 어둠 속에서도 빛을 발한다."
Truth is light, and it shines even in darkness.
— 갈릴레오 갈릴레이 Galileo Galilei, 이탈리아 천문학자

4월 3일

유선에서 무선으로

1973년 4월 3일, 모토롤라의 연구원 마틴 쿠퍼는 뉴욕 거리에서 세계 최초의 휴대전화 통화를 성공시켰다. 전선에 묶여 있던 목소리가 무선 전파로 흘러나온 순간, 인류 모두는 공간의 제약을 넘어서는 새로운 연결 도구를 손에 쥘 수 있게 되었다.

그 짧은 통화는 곧 우리 삶의 방식을 바꾸었고, 나아가 위성과 탐사선을 잇는 우주 통신의 토대가 되었다. 작은 휴대전화의 신호가 지구를 넘어 별과 이어지는 길을 열게 한 것이다.

오늘 통화를 하며 문득 나에게 질문을 던진다. "나는 이 사람과 더 나아가 세상 사람들의 마음을 환하게 연결하는 빛의 길을 열고 있는가?"

"인류의 진보는 발명에 의존한다."
The progressive development of man is vitally dependent on invention.
— 니콜라 테슬라 Nikola Tesla, 미국 발명가

4월 4일

징크스에서 탈출하기

오늘은 동양에서 종종 꺼리는 숫자 4가 겹치는 날이다. 특히 한·중·일 문화권에서는 '사(四)'의 발음이 '죽을 사(死)'와 같거나 비슷하다는 이유로, 병실 번호나 건물 층수, 심지어 선물의 개수에서도 기피되는 경우가 많다.

그러나 본래 4는 두려움의 수가 아니라, 우주와 인간의 기본 질서를 나타내는 상징이었다. 동서남북의 네 방향, 춘하추동의 사계절, 유교의 도덕을 이루는 사단(인의예지), 불교의 사무량심, 명리학의 사주까지. 4는 오히려 균형과 조화를 이루는 근본의 수였다.

서양에서 기피하는 숫자는 13이다. NASA는 공식적으로 숫자 기피를 인정하지 않았지만, 실제로 우주왕복선 임무에서 STS-13을 피하고 STS-41-C라는 명칭을 사용한 사례가 있었다. 인도의 ISRO 역시 로켓 번호에서 13을 건너뛴 적이 있다. 그러나 아폴로 13호는 실제로 발사되었고, 국제우주정거장에서는 13명의 우주인이 함께 체류한 기록도 있다.

특정 숫자를 기피하는 현상은 여전히 남아 있지만, 우주와 인생에 있어 길을 여는 것은 숫자가 아니라, 어려움 속에서도 도전을 이어가는 우리의 용기와 준비다.

"우리가 두려워해야 할 것은 두려움 그 자체뿐이다."
The only thing we have to fear is fear itself.

— 프랭클린 D. 루즈벨트 Franklin D. Roosevelt, 미국 제32대 대통령

청명, 우주의 숨결

4월 5일은 절기 청명(淸明), 하늘과 땅이 맑아지고 만물이 다시 숨을 고르는 날이다. 한국에서는 이 시기를 전후해 한식과 식목일이 겹치며, 조상 묘를 돌보고 나무를 심는 전통이 이어져 왔다.

옛말에 청명은 "부지깽이도 꽂으면 뿌리를 내린다" 했다. 그처럼 무엇을 심어도 생명이 돋는 때다. 작은 씨앗이 흙을 밀고 오르듯, 우리의 의지와 희망도 청명의 숨결 속에서 새로 움트며 우주와 함께 호흡한다.

청명이 주는 맑음은 단지 하늘빛만이 아니라 마음까지 투명하게 한다. 오늘 심는 한 그루의 나무가 언젠가 숲을 이루듯, 우리의 작은 희망과 다짐이 내일의 삶을 달라지게 한다.

"한 그루의 나무를 심는 것은 미래에 대한 믿음을 심는 것이다."
The creation of a thousand forests is in one acorn.
— 랠프 왈도 에머슨 Ralph Waldo Emerson, 미국 사상가

4월 6일

태양 되살리기

2007년 4월 6일, 영화 『선샤인(Sunshine)』이 개봉되었다. 대니 보일 감독이 연출한 이 작품은 인류의 생존을 다룬 SF 영화로, 태양과 인간의 관계를 극적으로 묘사한다.

영화 속 인류는 약해져 가는 태양을 되살리기 위해 거대한 핵폭탄을 실은 우주선을 태양으로 보낸다. 그것은 꺼져가는 불씨에 다시 불을 붙이듯, 인류가 마지막 희망을 걸어보는 시도였다. 이 여정은 단순한 우주 모험을 넘어, 인간이 생명의 근원 앞에서 겪는 두려움과 용기, 그리고 한계와 가능성을 동시에 보여준다.

실제 태양은 영화처럼 갑자기 식거나 꺼지지는 않는다. 약 50억 년 뒤 수소 연료가 다하면 태양은 크게 부풀어 올라 '적색거성'이 된 뒤, 결국 식어 작고 희미한 별의 잔해인 '백색왜성'으로 남게 될 것이다. 영화는 극적인 상상력을 통해 태양의 소중함을 일깨운다.

태양은 밝음과 따뜻함을 동시에 준다. 그 따스한 빛으로 우리의 삶은 결실을 맺고 내일을 향해 나아갈 수 있다.

"태양은 그 존엄과 힘으로 만물을 움직이는 중심이 되기에 충분하며, 신의 거처라 불릴 만큼 숭고하다."
The sun alone appears, by virtue of his dignity and power,
suited for this motive duty and worthy to become the home of God himself.

― 요하네스 케플러 Johannes Kepler, 독일 천문학자

4월 7일

세계 보건의 날

 1948년 4월 7일, 세계보건기구(WHO)가 설립되었고 이날을 '세계 보건의 날'로 지정했다. 이 날을 통해 '건강'은 모든 인류가 누려야 할 기본권으로 세계가 함께 노력해야할 과제임을 일깨워 준다.

 우주탐사에서 있어 우주비행사의 '건강'은 늘 큰 도전이었다. 무중력은 골다공증·근육 약화·시력 저하를 일으키고, 방사선은 암 위험을 높이며, 고립은 심리적 부담을 남겼다. 이러한 어려움을 극복하려는 노력 속에서 우주는 점차 인류 의학 발전의 실험장으로 변모하였다. 국제우주정거장에서는 근위축·골다공증 연구와 파킨슨병·당뇨병 신약 개발이 진행되며, 지구의 난치병 해결에 새로운 길을 열고 있다.

 '세계 보건의 날', 우주의학의 성과가 인류건강을 위한 세계보건기구의 노력과 함께 하기를 기원한다.

"진정한 부는 건강이지 금과 은이 아니다."
It is health that is real wealth and not pieces of gold and silver.

— 마하트마 간디 Mahatma Gandhi, 인도 독립운동가

4월 8일

초파일, 우주에 충만한 자비와 지혜의 빛

부처님은 4월 8일 네팔의 룸비니 동산에서 태어났다고 전해진다. 한국에서는 이날을 '초파일', 부처님 오신 날로 기념하며 연등을 밝히는데, 자비와 지혜의 빛이 어둠을 몰아낸다는 의미이다.

불교의 우주론은 단순히 한 세계만을 말하지 않는다. 끝없이 겹겹이 펼쳐진 삼천대천세계(三千大千世界)는 무한한 우주의 비유이자, 그 속에서 얽히고 영향을 주고받는 모든 존재의 관계를 설명한다. 이는 오늘날 과학이 말하는 은하의 무한함과도 닮아 있으며 그 속에서 우리의 작은 행동도 별빛처럼 퍼져 나아가, 누군가의 삶을 밝혀주는 힘이 될 수 있음을 의미한다.

초파일, 우리가 자비와 지혜로 스스로 밝아질 때 서로를 밝히며 완전한 우주를 이룬다.

"이것이 있으므로 저것이 있고, 이것이 생하므로 저것이 생한다."
此有故彼有, 此生故彼生.

— 『잡아함경』 中

4월 9일

한국의 별, 우주로 가다

2008년 4.8일(현지시각), 이소연 박사는 카자흐스탄 바이코누르 우주기지에서 소유즈 우주선에 탑승해 국제우주정거장(ISS)으로 향했다. 한국인 최초의 우주인이자, 세계 49번째 우주인으로 기록된 역사적 순간이었다.

그녀의 비행은 단순한 개인적 도전을 넘어 한국이 우주시대의 주역으로 동참하겠다는 의지를 밝힌 선언과도 같았다.

그러나 그 도전은 이후로 이어지지 못했고, 이소연 박사는 귀환 후 본래의 자리로 돌아갔다. 이는 한국 사회가 우주발전을 위한 여건이 완전히 성숙되지 않았음을 의미하기도 했다.

18년의 시간이 지난 지금, 그녀의 발자취는 우리에게 다른 의미로 다가온다. 이소연의 도전이 있었기에 준비된 우리는 더 멀리, 더 높이 나아갈 수 있다.

"잘못은 우리 별 속에 있는 것이 아니라, 우리 자신 속에 있다."
The fault, dear Brutus, is not in our stars, but in ourselves.
— 윌리엄 셰익스피어 William Shakespeare, 영국 극작가

블랙홀, 우주의 창조적 역설

2019년 4월 10일, 인류는 처음으로 블랙홀의 모습을 눈으로 확인했다. 전 세계 8개 전파망원경을 연결한 '이벤트 호라이즌 망원경(EHT)'이 포착한 이미지는, 거대한 별이 붕괴하며 만든 우주의 심연을 선명하게 드러냈다.

과학자들은 오랫동안 블랙홀의 존재를 이론과 방정식으로만 증명해왔지만, 이날 우리는 그것을 직접 바라보는 순간을 맞이했다.

블랙홀은 모든 것을 삼키는 공포의 상징이기도 하지만, 동시에 새로운 빛과 에너지를 탄생시키는 우주의 창조적 역설이기도 하다. 어둠을 응시할 용기를 낼 때, 우리는 그 속에서 새로운 빛을 발견한다.

"어두움을 응시하라, 그곳에서 빛이 태어난다."
Look into the darkness, and there the light is born.

— 요한 볼프강 폰 괴테 Johann Wolfgang von Goethe, 독일 문학가

4월 11일

아폴로 13호, 실패 속의 성공

1970년 4월 11일, 아폴로 13호는 인류의 세 번째 달 착륙을 목표로 우주로 향했다. 그러나 발사 이틀 뒤 산소 탱크가 폭발하며 달 착륙 계획은 무산되었고, 우주선은 생존조차 장담할 수 없는 위기에 빠졌다.

그럼에도 승무원들의 침착한 용기와 지상의 엔지니어·관제사들의 집념이 하나로 모였다. 산소는 줄어들고 전력은 최소한만 남았지만, 모두가 협력하여 끝내 귀환의 길을 만들어냈다. 전 세계는 아폴로 13호의 임무를 "실패 속의 성공"이라고 입을 모은다.

성공은 단지 목표를 이루는 데 있지 않았다. 위기 속에서도 서로를 믿고 끝까지 길을 찾아낸 그 자체가 진정한 성공인 것이다.

"실패란 단지 다시 시작할 기회일 뿐이다. 이번에는 더 현명하게."
Failure is simply the opportunity to begin again, this time more intelligently.
— 헨리 포드 Henry Ford, 미국 기업가

4월 12일

선을 넘어설 용기, 긴 여정의 출발

1961년 4월 12일, 소련의 우주비행사 유리 가가린은 보스토크 1호에 탑승해 인류 최초로 지구 궤도를 돌았다. 불과 108분의 비행이었지만, 인류에게 큰 발자취를 남긴 시간으로 기록되었다.

가가린의 우주비행은 인류가 지구를 넘어선 존재임을 확인시킴과 동시에 긴 우주 여정의 출발을 알리는 신호였다. 냉전 중의 서방에게 큰 충격이었으나, 곧 선의 경쟁을 통해 우주개발을 촉진하는 결과를 낳았다.

4월 12일, 국제 우주인의 날은 우리 모두에게 묻는다. "나는 오늘 내 삶의 어떤 선을 넘어설 용기를 내고 있는가?"

"지구는 인류의 요람이지만, 인류가 영원히 요람에 머물 수는 없다."
Earth is the cradle of humanity, but one cannot live in the cradle forever.
— 콘스탄틴 치올콥스키 Konstantin E. Tsiolkovsky, 러시아 과학자

4월 13일

별빛과 나를 찾아서

매년 4월 13일경, 세계 곳곳에서는 '국제 암흑 하늘 주간(International Dark Sky Week)'이 열린다. 이 기간은 과도한 인공조명으로 인한 빛 공해를 줄이고, 인류가 잃어버린 밤하늘의 별빛을 되찾자는 다짐의 시간이다.

인류는 불빛으로 어둠을 몰아냈지만, 그 불빛은 별을 가렸다. 빛 공해는 매년 9.6%씩 늘어나며 생태계와 인간의 건강을 위협하고, 불필요한 조명은 에너지 낭비와 지구 온난화를 부추긴다. 사실 우리는 맨눈으로 우주의 참모습을 보기 어려운 시대에 살고 있다.

별빛은 인류가 오래도록 꿈을 품고, 상상을 펼치며, 스스로의 길을 찾을 수 있도록 한 동반자였다. 오늘 밤 별빛을 되찾는 일은 문명에 지친 우리를 되찾는 일이다.

"별은 우리에게 길을 보여준다."
The stars know the way.

— 칼 세이건 Carl E. Sagan, 미국 천문학자

4월 14일

세계 양자의 날

매년 4월 14일은 '세계 양자의 날(World Quantum Day)'이다. 양자역학을 널리 알리고, 그것이 인류의 현재와 미래에 가져올 의미를 함께 생각하기 위해 제정된 날이다.

양자역학은 눈에 보이지 않을 만큼 작은 세계를 다루지만, 그 발견은 우주를 이해하는 방식까지 바꾸어 놓았다. 양자세계에서는 하나의 입자가 동시에 여러 곳에 있기도 하고(중첩), 멀리 떨어져 있어도 서로 즉시 연결되는 듯한 일(얽힘)이 일어난다. 이는 현실이 단 하나로 고정된 것이 아니라, 여러 가능성이 겹쳐 있음을 보여준다. 그래서 과학자들은 우리가 사는 우주 또한 무수한 우주 중 하나일 수 있다고 말한다.

우주 속 우리의 미래는 하나로 정해져 있는 것이 아니다. 겹겹이 놓인 가능성 중에서, 오늘의 선택이 우리가 살아갈 단 하나의 현실을 만든다.

"양자역학을 처음 접하고 충격을 받지 않았다면, 당신은 그것을 이해하지 못한 것이다."
If quantum mechanics hasn't profoundly shocked you, you haven't understood it yet.

— 닐스 보어 Niels H. D. Bohr, 덴마크 물리학자

4월 15일

스페이스X의 로켓 재착륙

2023년 4월 15일, 스페이스X는 Transporter-7 미션을 통해 51개의 소형 위성을 지구 저궤도에 올린 뒤, Falcon 9 로켓의 1단 부스터를 발사 장소로 무사히 귀환시켰다. 전 세계인들은 로켓이 바다로 사라지지 않고 다시 수직으로 착륙하는 장면을 목격한 것이다.

Falcon 9의 재착륙은 단순한 기술 시범을 넘어 재사용 로켓 시대를 열었다. 이 혁신은 우주 탐사의 비용을 크게 낮췄고, 국가가 주도하던 개발 방식에서 민간주도의 '뉴 스페이스 시대'로 전환을 가져왔다.

우주로 날아올랐다가 다시 돌아오는 로켓처럼, 우리 삶도 언제든 새로운 출발이 가능하다. 우주의 기운을 모아 외친다. 청년에게는 실패를 극복하는 재도전의 용기!, 장년과 노년에게는 멋진 제2의 인생 출발!

> "실패는 여기서 선택지다. 만약 실패하지 않는다면, 당신은 충분히 혁신하지 않는 것이다."
> Failure is an option here. If things are not failing, you are not innovating enough.
>
> ─ 일론 머스크 Elon R. Musk, 미국 기업가

4월 16일

중요한 것은 꺾이지 않는 우리의 마음

2007년 4월 16일, 국제우주정거장(ISS)에서 미국의 우주비행사 서니타 윌리엄스는 보스턴 마라톤 시작과 함께 러닝머신 위 42.195km를 달려 완주하는 특별한 기록을 세웠다.

지상에서 열린 보스턴 마라톤과 나란히 진행된 이 도전은, 지구와 우주는 아득히 떨어져 있어도 서로 이어진 하나의 공간임을 보여주었다.

마라톤이 인간의 끈기와 한계를 시험하는 것처럼, 서니타는 무중력 속에서 몸을 러닝머신에 묶은 채 완주하며 인간 정신이 어떤 제약 속에서도 꺾이지 않음을 증명했다.

지금 우리가 위치한 자리에서 멈추지 않고 계속 달리면, 결국 우리만의 우주를 완주하게 된다.

"마라톤을 완주하는 것은 언제나 정신적인 싸움이다. 우주라고 해서 다르지 않았다."
Running a marathon is always a mental challenge. Space was no different.

— 서니타 윌리엄스 Sunita L. Williams, 미국 우주비행사

유성우에 소원 빌기

매년 4월 17일경이면 북반구 북서쪽 밤하늘에서 지구로 별똥별(유성)이 비처럼 내리는 장관이 펼쳐진다. 이것이 바로 인류가 2,600년 전부터 기록해온 가장 오래된 유성우, 리리드(Lyrids) 유성우다.

우주에는 오래전 혜성이 태양을 돌며 부서져 남게 된 먼지와 얼음 조각들이 떠있다. 지구가 가까이 스쳐 지나갈 때, 작은 조각들이 지구의 대기와 부딪혀 불타오른다. 그 순간 우리의 눈에는 밤하늘에 유성들이 비처럼 내리게 된다.

과거 사람들은 이런 광경을 신의 경고나 불운을 알리는 징조로 두려워했다. 그러나 현대의 우리는 그것을 '우주 쇼'라고 부르며 잠시 일상의 어둠을 잊게 하는 기쁨과 희망의 신호로 받아들인다.

별똥별이 떨어질 때 하나의 소원을 말했다면, 유성우가 내릴 때는 우린 어떻게 해야 할까?

"별은 우리가 더 큰 세상을 향한 존재임을 일깨워 준다."
The stars remind us that we were made for another world.
— C.S. 루이스 Clive Staples Lewis, 영국 작가

보현산 천문대, 천문 관측의 중심지

　보현산 천문대는 한국 최초의 본격적인 대형 광학천문대로, 1996년 4월 18일경 경상북도 영천 보현산 정상에 준공되었다. 이후 국내 최대 규모인 1.8m 반사망원경과 태양 플레어 망원경을 갖추며, 한국 천문 관측의 중심지로 자리 잡았다.

　보현산 천문대의 준공으로 우리는 처음으로 한국 하늘에서 직접 별빛을 포착하고 연구할 수 있게 되었고, 나아가 소행성에 관한 국제 공동관측과 블랙홀의 자체 연구를 수행하는 수준으로 성장할 수 있었다.

　천문학은 오랜 기다림의 학문이다. 흐린 밤을 견디며 별빛 하나를 얻는 그 끈기 속에서, 보현산 천문대는 한국이 별을 향해 품은 열망이 현실이 될 수 있음을 보여주었다.

　우리에게도 작은 성과와 기다림이 쌓일 때, 마침내 별빛처럼 찬란한 순간이 찾아온다.

"하늘을 바라보라. 그대의 영혼도 별처럼 빛날 수 있다."
Look at the stars. The soul of man, too, can shine like them.
— 요한 볼프강 폰 괴테 Johann Wolfgang von Goethe, 독일 문학가

4월 19일

작은 날개 짓, 새로운 화성의 미래

2021년 4월 19일, NASA의 작은 헬리콥터 '인제뉴어티(Ingenuity)'가 화성의 하늘로 떠올랐다. 고도 3미터, 비행시간 40초 남짓의 짧은 비행이었지만, 인류가 다른 행성에서 동력 비행에 성공한 역사적 첫 순간이었다.

화성의 대기는 지구의 1%에 불과해 비행은 불가능하다고 여겨졌다. 그러나 초경량 구조와 초고속 회전 날개로 설계된 인제뉴어티는 인류가 화성에서도 비행할 수 있음을 처음으로 입증했다.

인제뉴어티의 비행은 우주 항공시대의 새로운 문을 열었고, 화성 탐사 및 수송, 거주지에 이르기까지 새로운 방식의 설계 가능성을 보여주었다.

작은 헬리콥터의 날개 짓이 우주 풍경을 바꾸듯이, 우리의 오늘 작은 움직임이 미래를 결정한다.

"그것을 이루어내기 전까지는 항상 불가능해 보인다."
It always seems impossible until it's done.
— 넬슨 만델라 Nelson R. Mandela, 남아공 대통령

4월 20일

곡우, 자연과 인간의 조화

오늘은 24절기 중 여섯 번째인 곡우(穀雨)다. 곡우는 곡식을 기름지게 하는 비라는 뜻으로, 오래전부터 "곡우에 비가 오면 풍년이 든다"는 말이 전해져 왔다.

곡우는 자연과 인간이 조화로운 모습을 보여주는 절기이다. 하늘은 봄비를 내려 곡식에 숨결을 불어넣고, 농부들은 못자리를 가꾸며 볍씨에 생명을 틔운다.

오늘 곡우가 땅에 생명을 틔우듯, 서로를 위한 우리의 사랑도 사회에 새로운 숨결로 스며들기를 소망한다.

"자연과 함께 걸어라. 그러면 훨씬 더 많은 것을 얻을 수 있다."
In every walk with nature one receives far more than he seeks.

— 존 뮤어 John Muir, 미국 자연주의자

4월 21일

우주 장례식

1997년 4월 21일, 행성지질학의 선구자 '유진 슈메이커'의 유해 일부가 작은 캡슐에 담겨 달 탐사선에 실렸다. 임무를 마친 탐사선이 달 표면에 충돌하면서 그의 유해는 달에 뿌려졌고, 그는 평생 그리워하던 달의 일부가 되었다.

1998년 같은 날, 24명의 유해가 담긴 작은 캡슐이 다시 우주로 향했는데, 그 가운데는 우주의 상상을 화면에 담아낸 〈스타트렉〉의 제작자 '진 로든베리'도 있었다. 발사된 캡슐은 지구궤도를 돌다 귀환하는 도중에 대기 속에서 불타 우주에 흩어졌다.

오늘 밤 별들은 유난히 반짝이며 우리 기억으로부터 오래된 사람들의 그리움을 불러낸다.

"별들은 우리가 사라진 뒤에도 계속 빛난다."
The stars will continue to shine when we are gone.
— 에밀리 디킨슨 Emily E. Dickinson, 미국 시인

지구의 날

1970년 4월 22일, 미국에서 시작된 '지구의 날(Earth Day)'은 산업화로 병들어가는 지구를 지키자는 시민들의 외침에서 비롯되었다. 오늘날 190여 개국, 수억 명이 참여하는 세계적 기념일이 되었으며, 저녁에는 불필요한 불을 끄는 '어스 아워(Earth Hour)' 캠페인으로 지친 지구를 위로한다.

한국은 1990년부터 지구의 날을 기념했고, 2009년부터는 '기후변화주간'으로 지정해 탄소중립 실천을 강조하고 있다. 단순한 기념일을 넘어 우리의 생활을 바꾸며, 지속 가능한 미래를 여는 실천으로 이어지고 있다.

지구를 살리는 일은 우주에서 유일한 생명의 터전을 지키는 길이며, 우리의 후손들이 건강하게 살아갈 미래를 보장하는 길이다.

"우리가 하는 모든 행동은 변화를 만든다. 어떤 변화를 만들지는 우리가 선택해야 한다."
What you do makes a difference, and you have to decide
what kind of difference you want to make.

— 제인 구달 Dame J. M. Goodall, 영국 동물학자

4월 23일

화성과 금성의 거리

1992년 4월 23일 출간된 존 그레이의 책 『화성에서 온 남자, 금성에서 온 여자』는 남성과 여성의 차이를 우주적 은유로 풀어낸 베스트셀러다. 이 책은 40여 개 언어로 번역되어 전 세계에서 1,500만 부 이상 팔리며, 인간관계와 사랑에 대한 새로운 화두를 던졌다.

화성은 전쟁과 행동의 별로 묘사되며, 남자는 문제 해결과 성취를 중시하는 존재로 비유된다. 반대로 금성은 사랑과 아름다움의 별로 나타나고, 여자는 관계와 감정을 중시하는 존재로 그려진다. 두 행성이 본래 다른 모습을 한 것처럼, 남녀의 차이 역시 자연스러운 것이라 강조한다.

현대 사회, 우주처럼 먼 거리감을 가진 사람들 사이에도, 차이를 인정하며 소통과 공감이라는 다리를 놓을 때 우리는 더 깊이 서로 연결될 것이다.

"진정한 소통은 먼저 이해하려는 데서 시작된다."
Seek first to understand, then to be understood.
— 스티븐 코비 Stephen R. Covey, 미국 경영컨설턴트

4월 24일

허블 우주망원경

1990년 4월 24일, 우주왕복선 디스커버리호는 허블 우주망원경을 지구 궤도에 올려놓았다. 대기권 밖에서 별빛을 직접 관찰할 수 있는 인류 최초의 대형 광학 망원경이 등장한 순간이었다.

허블 우주망원경은 은하의 탄생과 소멸, 블랙홀의 존재, 우주의 가속 팽창까지 수많은 발견을 이루며 현대 천문학의 지평을 넓혔다. 무엇보다도 대기의 방해 없이 촬영된 선명한 우주 이미지는 일반인들에게 우주를 가까이 느끼게 했고, 우주에 대한 인식과 관심을 크게 높였다. 이러한 성과는 제임스 웹 우주망원경으로 이어져, 이제 우리는 우주의 기원과 생명의 흔적까지 직접 관찰할 수 있는 단계에 다가섰다.

에드윈 허블은 우주의 팽창을 밝혀내며 현대 우주론의 지평을 열었고, 허블 우주망원경은 그 이름을 이어받아 우주의 심연을 우리에게 보여주었다. 우리가 살아가면서 더 멀리에 있는 더 많은 것을 보려는 것은 더 본질을 이해하고 더 발전하기 위한 것임을 알고 있다.

"우리가 멀리 바라볼수록, 우리는 더 멀리 과거를 본다."
The farther we look into space, the further we look back in time.

— 에드윈 허블 Edwin P. Hubble, 미국 천문학자

4월 25일

펭귄은 평화로운 남극에! 인류는 평화로운 우주에!

매년 4월 25일은 '세계 펭귄의 날(World Penguin Day)'이다. 남극 맥머도 기지의 과학자들이 아델리 펭귄의 이동 시기를 관찰하며 시작한 이 날은, 이제 전 세계가 함께 펭귄과 지구 생태계를 돌아보는 환경 기념일이 되었다.

펭귄은 기후 변화와 해빙 감소로 생존이 위협받고 있으며, 그 개체 수의 증감은 해양 생태계의 건강을 보여주는 공식 지표(Indicator species)다. 펭귄 보호는 남극의 바다를 살리고, 지구 기후를 보존하는 일과 긴밀히 연결되어 있다.

펭귄의 서식지 남극은 '남극조약'을 통해 군사적 이용이 금지되고, 평화적 연구와 협력의 공간으로 지켜지고 있다. 이는 우주를 인류 공동의 자산으로 규정한 '우주조약'과 닮아 있으며, 남극을 지키는 약속이 펭귄의 삶을 지켜주듯, 우주를 협력의 공간으로 지키는 노력은 인류의 미래를 지켜준다.

"나는 살아가고자 하는 생명이며, 살아가고자 하는 모든 생명과 함께 존재한다."
I am life that wants to live, in the midst of life that wants to live.

— 알베르트 슈바이처 Albert Schweitzer, 독일 의사

4월 26일

허셜, 우주의 지평을 넓히다

1781년 4월 26일, 윌리엄 허셜은 망원경으로 관측한 새로운 별이 행성임을 공식 발표했다. 그것은 태양계의 일곱 번째 행성, 천왕성이었다. 인류는 2천 년 넘게 토성을 태양계의 끝이라 믿어왔지만, 허셜의 발견은 그 경계를 넘어선 새로운 세상을 보여주었다.

더 나아가 허셜은 망원경으로 우주의 성운(星雲)을 연구하여 그것들이 단순한 가스가 아니라, 우리 은하 밖 또 다른 별 무리일 수 있다고 주장했다. 이는 오늘날 우리가 우주를 무수한 은하의 집합체로 이해하는 기초가 되었다.

허셜의 우주경계 확장관련 업적은 그의 헌신적 연구와 함께 망원경이라는 새로운 기술이 큰 역할을 했다. 동시에 망원경의 개발과 활용은 충분한 경제적 지원이 있었기 때문에 가능하였다. 오늘날 우리의 우주 연구개발 노력과 예산을 함께 살펴야 하는 이유가 여기에 있다.

"발견이란 새로운 땅을 찾는 것이 아니라, 새로운 눈으로 보는 것이다."
The real voyage of discovery consists not in seeking new landscapes, but in having new eyes.

― 마르셀 프루스트 Marcel Proust, 프랑스 소설가

4월 27일

한미 항공우주협력 협정

2016년 4월 27일, 대한민국과 미국은 '민간과 평화적 목적의 항공·대기권 및 외기권 탐사와 이용에 관한 기본협정'을 체결했다. 이는 미국이 아시아 국가와 맺은 첫 항공·우주 분야 정부 간 협정으로, 기술 이전, 과학자 교류, 통관 절차 간소화 등 실제 협력의 기반을 법적으로 마련한 역사적인 날이었다.

이 협정은 한국에 특별한 의미를 지닌다. 세계 우주 최강국인 미국과 손잡음으로써 단기간에 지식과 기술을 축적할 수 있는 기회를 얻었고, 이미 군사안보, 경제통상, 인적교류 등에서 긴밀히 협력해온 한·미 동맹의 토대 위에서 우주 분야 협력도 한층 수월하게 추진될 수 있기 때문이다.

그러나 이 협정은 출발점에 불과하다. 중요한 것은 우주라는 거대한 꿈 앞에서 하나의 미래를 바라볼 수 있도록, 서로 간의 신뢰와 협력을 꾸준히 쌓아가는 일이다.

"우주의 탐험은 단일 국가가 아닌, 모든 나라가 함께해야 한다."
Space exploration should be carried out not by one nation, but by all nations together.
— 존 F. 케네디 John F. Kennedy, 미국 제35대 대통령

4월 28일

최초의 우주관광

2001년 4월 28일, 미국의 기업가 데니스 티토는 러시아 소유즈 우주선을 타고 국제우주정거장(ISS)에 도착하여 인류 최초의 우주 관광객이 되었다. 그는 8일 동안 우주에 머물며 "관광"이라는 이름으로 지구 밖을 경험한 첫 민간인이 되었다.

티토의 우주관광은 우주가 국가의 독점 영역에서 민간의 시장으로 변화된다는 신호이기도 했다. 이후 우주 관광은 버진 갤러틱, 블루 오리진, 스페이스X와 같은 민간 기업들이 우주산업에 진출하는 씨앗이자 촉매제가 되었다.

최근 재사용 로켓의 개발 덕분에 그 꿈은 점점 더 현실에 가까워지고 있다. 오늘 밤 달을 보며 상상의 전화를 걸어본다. "나 여기 달인데, 지구에 별일 없지?"

"내가 그곳에서 보낸 8일은 내 인생 최고의 8일이었다."
My eight days there were the best eight days of my life.

— 데니스 티토 Dennis A. Tito, 미국 사업가

수성, 가깝고도 어려운 별

2015년 4월 29일, NASA의 탐사선 '메신저(Messenger)'는 마지막 임무를 마치고 수성 표면에 충돌하며 활동을 종료했다. 인류 최초로 수성 궤도에 진입한 메신저는 11년 동안 수성의 자기장, 표면 조성, 극지방의 얼음 가능성까지 밝혀내며 행성 탐사의 새로운 지평을 열었다.

고대인들에게 수성은 태양 곁을 빠르게 오가는 신비로운 별이었다. 짧게 나타났다 사라지는 까닭에 로마 신들의 전령 메르쿠리우스, 그리스의 헤르메스로 불리며 날쌤의 상징이 되었다.

수성은 태양에 가장 가까우며 지구로부터도 비교적 가까운 위치에 있다. 그러나 탐사 난이도는 태양계에서 가장 높은데, 태양의 강한 중력과 극심한 온도 차(600°C), 대기의 부재로 인해 탐사선 운용이 까다로워 목성이나 명왕성보다도 더 큰 난제로 꼽힌다.

수성처럼 가까운 것이 오히려 더 어려울 때가 있다. 곁에 있는 사람과 일들을 소중히 여길 때, 우리는 진실한 삶에 더 가까워질 수 있다.

> "멀리 있는 사람들을 사랑하는 것은 쉽다.
> 그러나 가까이 있는 사람들을 사랑하는 것은 언제나 쉽지 않다."
> It is easy to love the people far away. It is not always easy to love those close to us.
>
> — 마더 테레사 Mother Teresa, 인도 수녀

WWW, 우주를 공유하다

1993년 4월 30일, '유럽입자물리연구소(CERN)'는 월드와이드웹(World Wide Web)의 핵심 소프트웨어와 프로토콜을 누구나 무료로 사용할 수 있도록 공개했다. 오늘날 우리가 인터넷 주소 앞에 당연하게 기입하는 'WWW'는 바로 이때 세상에 열린 것이다. 애초 웹은 전 세계 물리학자들이 우주의 기원과 입자의 비밀을 연구하며 방대한 데이터를 공유하기 위해 고안된 도구였다.

그 개방은 단순한 기술 공개가 아니었다. 인류가 처음으로 정보라는 또 다른 우주를 자유롭게 탐험하게 된 순간이었으며, 지식과 데이터의 공유는 곧 우주 탐사의 길을 여는 열쇠가 되었다. 국제 협력과 연구 성과는 이 보이지 않는 네트워크를 통해 퍼져 나가며, 우리는 함께 더 먼 우주를 향할 수 있게 되었다.

웹이 세상에 열렸던 그날처럼, 우리도 마음의 문을 열어야 한다. 가장 큰 가치와 가능성은 혼자가 아니라, 서로 나누고 연결할 때 비로소 드러난다.

"내가 더 멀리 볼 수 있었다면, 그것은 거인들의 어깨 위에 서 있었기 때문이다."
If I have seen further, it is by standing on the shoulders of giants.

— 아이작 뉴턴 Isaac Newton, 영국 물리학자

동양의 절기 구분에서

한 해의 다섯째 달은 사월(巳月)로

뱀이 그 달을 상징한다.

창의적 사고와 우주

2000년 5월 1일, 미국 정부는 군사용으로 제한되던 위성항법시스템 GPS(Global Positioning System)를 민간에 개방했다. 이전까지 GPS는 위치 오차가 커서 민간 활용에 한계가 있었지만, 이 결정 이후 자동차 내비게이션, 항공과 해상 운송, 스마트폰 지도 등 삶의 모든 영역에서 정밀한 위치 정보를 활용할 수 있게 되었다.

GPS는 단순히 길을 알려주는 장치가 아니다. 위성 신호에는 초정밀 시계가 담겨 있어, 세계의 금융 거래와 통신망까지 같은 기준에 맞춰 움직이게 한다. 즉, GPS는 방향을 잡아주는 나침반이자 세계를 함께 움직이게 하는 시계다.

이처럼 GPS가 인류의 생활 기반이 된 것은 기술 공개라는 직접적 이유가 있었지만 보다 중요한 것은 군사적 보호보다 인류 전체의 편익을 택한 창의적 사고에서 찾을 수 있다.

우리 모두는 독점이 아니라 공유와 개방의 창의성을 택할 때, 비로소 더 먼 길을 함께 걸어갈 수 있다.

"창의성은 아이디어들을 연결하는 것이다."
Creativity is just connecting things.
— 스티브 잡스 Steven P. Jobs, 미국 기업인

5월 2일

우주의 온도를 듣다

1965년 5월 2일, 미국 벨연구소의 젊은 물리학자 아르노 펜지어스와 로버트 윌슨은 거대한 혼(horn) 안테나로 하늘을 관측하다 정체불명의 잡음을 발견했다. 그들은 장비를 조정하고, 안테나를 청소하며, 원인을 추적해 나갔지만 신호는 사라지지 않았다.

사실 그 잡음은 우주 전체에 가득한 마이크로파였다. 빅뱅 직후 발생한 뜨거운 빛이 우주 팽창과 함께 식어 지금은 영하 270도의 마이크로파로 남아 안테나에 들려오고 있었던 것이다. 이 발견으로 인류는 처음으로 우주의 평균 온도를 알게 되었고, 빅뱅 우주론은 강력한 증거를 얻게 되었다.

작은 잡음을 무시하지 않고 끝까지 파고든 두 사람의 관찰은 결국 인류가 우주의 기원을 이해하는 열쇠가 되었다. 우리 주변 작은 소리와 움직임에도 세상을 새롭게 보는 방법이 숨어 있을 수 있다.

"우주는 시작이 있었다."
The universe had a beginning.

— 아르노 펜지어스 Arno Al. Penzias, 미국 물리학자

우주에서 맛 본 에스프레소

2015년 5월 3일, 국제우주정거장에서 이탈리아의 우주비행사 사만타 크리스토포레티가 인류 최초로 우주용 커피머신 'ISSpresso'로 내린 에스프레소를 맛보았다. 파우치의 액상이 아닌, 실제 커피 향이 피어오른 순간이었다.

무중력 상태에서 커피 한 잔을 끓이는 일은 간단치 않았다. 뜨거운 물과 압력을 안전하게 다루기 위해 이탈리아 우주국과 커피 회사 라바짜가 협력해 특별한 커피머신을 개발해야 했고, 작동과정에 세심한 주의가 필요했다.

이 한 잔은 단순한 음료가 아니라, 우주에서도 인간답게 살고자 하는 의지의 상징이었다. 또한 우주를 '탐사와 연구의 공간'에서 '생활의 공간'으로 바꿔가는 인류의 첫 걸음이 되었다.

오늘 아침 창가에 내려놓은 커피 한 잔에 햇빛을 타고 온 우주 에스프레소의 향이 내려앉는다.

"커피는 문명 세계가 가장 좋아하는 음료다."
Coffee is the favorite drink of the civilized world.
— 토머스 제퍼슨 Thomas Jefferson, 미국 제 3대 대통령

5월 4일

포스가 함께하는 날

5월 4일은 전 세계가 즐기는 스타워즈 데이다. 영어로 "포스가 함께 하길(May the Force be with you)"이라는 영화 속 인사가 날짜 표기 May the Fourth(5월 4일)와 발음이 비슷해 팬들이 농담처럼 사용하기 시작했고, 지금은 세계적인 기념일이 되었다. '포스(The Force)'는 스타워즈 세계관에서 우주를 관통하는 '절대 힘'이다.

스타워즈는 1977년 첫 작품이 개봉된 이후, 오늘날까지 9편의 본편 영화와 수많은 외전으로 이어졌다. 40년 넘게 이어진 이 시리즈는 단순한 오락을 넘어, 인류의 상상력과 문화에 깊은 흔적을 남겼다. 광선검, 드로이드, 우주 전쟁 같은 상상력은 실제로 과학자와 탐험가들에게 연구와 도전의 영감을 주기도 했다.

갑자기 폐 형광등을 들고 광선검 놀이를 하던 어린 시절 모습이 거실 천장에 어리며, 잠시 추억에 젖어든다.

"인생에서 가장 놀라운 것은 단순한 것들이다. 다만 현명한 사람만이 그것을 이해할 수 있다."
It's the simple things in life that are the most extraordinary.
Only wise men are able to understand them.

— 파울로 코엘료 Paulo Coelho, 브라질 작가

5월 5일

여름과 미래의 출발

오늘은 절기상 입하(立夏), 여름이 시작되는 날이다. 햇살은 뜨거워지고 신록은 무성해지며, 농작물은 크게 성장한다. 잡초와 해충도 늘어나 올해의 농사가 잘되려면 이때부디 세심한 보살핌이 필요하다. 오늘은 어린이날이기도 하다. 아이들의 웃음과 호기심, 그리고 상상력은 우리의 내일을 여는 힘이다. 어린이날은 그 성장을 함께 지켜내고 키워가자는 다짐의 날이다.

입하의 자연이 스스로 자라면서도 농부의 손길이 더해져야 풍성한 결실을 맺듯, 아이들은 자유롭고 건강한 성장과 함께, 어른들의 보살핌이 더해질 때 온전히 꽃필 수 있다. 마치 작은 씨앗이 자라 지구의 숲이 되듯, 아이들의 용기와 상상력은 언젠가 우주로 뻗어나가 새로운 세계를 열 것이다.

입하의 농부처럼 서로를 보살피고, 호기심 가득한 어린이처럼 함께 꿈을 키우는 오늘 하루를 소망한다.

"어른은 한때 어린아이였다. 하지만 그 사실을 잊은 채 살아간다."
Adults are only ex-children who have forgotten.
— 에리히 케스트너 Erich Kästner, 독일 아동문학가

5월 6일

힌덴부르크 호의 참사

1937년 5월 6일, 독일의 초대형 비행선 '힌덴부르크 호'가 미국 뉴저지 레이크허스트에 착륙하던 중 화염에 휩싸였다. 불과 1분 만에 선체는 붕괴했고, 97명 중 36명이 목숨을 잃으며 "하늘의 궁전" 비행선 시대는 비극으로 막을 내렸다.

당시 여객기가 개발되어 있었지만, 비행선은 호화로운 객실과 장거리 비행능력으로 여전히 각광받았다. 그러나 미국의 대독일 헬륨 수출 금지로 가연성 수소를 사용해야 했고, 작은 불꽃이 치명적 화재로 이어졌다.

오늘날 힌덴부르크의 영광을 되살리려는 시도로, 13km 고도까지 상승하는 신형 관광 비행선이 개발되고 있다. 그러나 구조적 한계로 인해 우주에 근접하지 못한다. 반면 풍선기구는 이미 성층권 20~30km, 일부는 40km 이상 올라가 둥근 지구와 우주의 어둠을 체험하는 관광에 활용되고 있다.

오늘 경부고속도로를 빠르게 달리는 많은 차량들을 보면서, 우주와 땅을 잇는 하늘에서 우주탐사와 우주관광을 위해 몰려드는 비행물체들이 겹쳐 보이는 것은 나만의 기우일까…

"지혜로운 사람은 신중하며 미래의 어려움에 대비한다."
A wise man is cautious and prepares for future difficulties.

— 토머스 풀러 Thomas Fuller, 영국 역사가

제5원소, 사랑이라는 힘

    1997년 5월 7일, 프랑스에서 영화 「제5원소」가 개봉되었다. 서양의 전통적 우주관인 4대 원소(흙·물·불·공기)에 영화는 다섯 번째 원소로 사랑을 더하며, 인류와 우주를 구원하는 힘은 기술이 아니라 인간성임을 선언했다.

    동양의 우주관은 음양과 오행(木火土金水)으로 세계를 설명한다. 오행은 단순한 물질이 아니라 생명의 비유였다. 목(木)은 생장을, 화(火)는 에너지를, 토(土)는 생명의 터전을, 금(金)은 구조와 질서를, 수(水)는 생명의 근원을 나타냈다. 즉, 오행은 인간과 우주가 상생하고 생멸하는 순환을 근본으로 한다.

    현대 과학은 우주의 작동 원리를 정밀하게 설명하지만, 그것을 올바른 방향으로 이끄는 힘은 무엇보다 사랑과 조화다. 오늘 그 유행가 가사가 내 머리에서 맴돈다. "우리가 저마다 힘에 겨운 인생의 무게로 넘어질 때 그 순간이 바로 우리들의 사랑이 필요한 거죠"

> "태양과 다른 별들을 움직이는 것은 사랑이다."
> The love that moves the sun and the other stars.
> ─ 단테 알리기에리 Dante Alighieri, 이탈리아 문학가

5월 8일

우주의 아버지들

오늘은 어버이날이다. 인간의 삶을 지탱하는 뿌리이자, 세대와 세대를 이어주는 힘은 부모의 사랑이다. 우주의 탐험 또한 부모와 같은 선구자들의 헌신 속에서 길을 열어왔다.

우주비행의 아버지로 불리는 콘스탄틴 치올콥스키는 로켓 방정식을 통해 인류가 지구를 떠날 수 있음을 이론으로 증명했다. 우주 프로그램의 아버지라 불린 베르너 폰 브라운은 새턴 V 로켓을 설계해 인류를 달에 보내는 데 핵심 역할을 했다. 우주천문학의 아버지인 에드윈 허블은 은하의 팽창을 밝혀내 인류의 시야를 무한히 넓혔다. 이들은 단순한 별칭이 아니라, 학계와 역사 속에서 실제로 인정받는 '아버지'라는 칭호를 얻은 인물들이었다.

우리는 평소 이 사람들을 잘 몰랐다. 이들의 업적은 부모의 사랑처럼 보이지 않는 곳에서 인류의 미래를 키워냈다. 오늘 어버이날을 맞아 우주 아버지들의 사랑과 헌신에 고개 숙여 감사드린다.

"우리는 거인의 어깨 위에 앉아 있는 난쟁이와 같다."
We are like dwarfs sitting on the shoulders of giants.
— 버나드 드 샤르트르 Bernard de Chartres, 프랑스 철학자

5월 9일

'도지코인', 우주를 향해 가다

 도지코인은 2013년 장난처럼 태어난 밈(Meme) 코인이었다. 그러나 일론 머스크의 지지를 받으며 우스갯소리는 현실의 무대 위로 올려졌다. 그리고 2021년 5월 9일, 달을 향한 작은 위성 'DOGE-1'의 발사비가 전액 도지코인으로 지불되며, 인류 최초의 우주 암호화폐가 되었다.

 이 사건은 도지코인이 단순한 유희를 넘어 실질적 결제수단이 될 수 있음을 보여주었고 SpaceX는 이를 우주 상업 거래의 새로운 가능성으로 평가했다.

 이제 미국의 스테이블(stable) 코인 법제화로 제도적 토대가 마련되면서, 도지코인은 단순한 과거 이야기가 아니라 우주 발전을 뒷받침하는 상징적 코인으로 자리 잡는 날이 올지도 모르겠다.

> "미래를 예측하는 가장 좋은 방법은 그것을 창조하는 것이다."
> The best way to predict the future is to create it.
> ― 피터 드러커 Peter F. Drucker, 미국 경영학자

5월 10일

'더스트 보울', 사라진 하늘

1934년 5월 10일을 전후해 미국 대평원 지역은 거대한 먼지 폭풍에 휩싸였다. 낮에도 태양이 보이지 않을 정도로 하늘이 검게 가려졌고, 흙먼지는 동부와 대서양 연안까지 날아갔다. 수년간 이어진 극심한 가뭄 속에서 대평원은 거대한 먼지 바구니로 변했고, 이 참혹한 광경은 '더스트 보울(Dust Bowl)'이라 불리며 20세기 최대의 기상재해로 기록되었다.

이 재앙은 장기간 이어진 가뭄과 무분별한 경작이 겹쳐 발생했다. 풀뿌리가 사라진 대평원은 바람에 그대로 노출되었고, 작은 바람도 흙먼지를 일으켰다. 일상에서 숨쉬기조차 쉽지 않았고, 많은 사람들이 생활의 터전을 잃으면서 미국 사회는 극심한 혼란에 빠졌다.

오늘날 토양 보전 기술과 농업 개선 덕분에 미국에서 극심한 먼지 폭풍은 발생하지 않는다. 그러나 우리가 자연을 소홀히 하면 하늘이 사라지는 그날은 다시 올 수 있다.

> "과거를 기억하지 못하는 사람은 그것을 반복할 운명에 처한다."
> Those who cannot remember the past are condemned to repeat it.
> ─ 조지 산타야나 George Santayana, 스페인 철학자

인공지능과 함께 살아가기

   1997년 5월 11일, IBM의 AI 딥 블루는 체스 세계 챔피언 가리 카스파로프를 꺾었다. 이 승리는 AI가 인간의 지적 영역에 도전할 수 있음을 처음으로 보여준 역사적 사건이었다.

   2016년 3월 9일, 구글 딥 마인드의 알파고는 바둑 기사 이세돌 9단과 대결해 4승 1패를 거두었다. 알파고는 기존 데이터와 강화학습을 통해 인간이 두지 않던 전략적 패턴을 선보였고, 이는 AI가 단순 계산을 넘어 사고와 전략의 영역으로 발전했음을 보여주었다.

   오늘날 AI는 우주 망원경의 데이터 분석, 탐사 로버의 자율 주행, 외계 행성 탐색 등 우주 연구에 깊숙이 활용되고 있다. AI 윤리와 통제에 대한 우려도 존재하지만, 중요한 것은 AI가 인류와 함께 별을 향해 나아가도록 만드는 것, 그것이 우리의 책임이자 미래다.

"지능은 변화에 적응하는 능력이다."
Intelligence is the ability to adapt to change.
— 스티븐 호킹 Stephen W. Hawking, 영국 물리학자

5월 12일

우주 뮤직비디오

2013년 5월 12일, 국제우주정거장(ISS)에서 캐나다 우주비행사 크리스 해드필드가 데이비드 보위의 명곡 〈Space Oddity〉를 부른 뮤직비디오가 유튜브에 공개되었다. 이는 인류 최초로 우주에서 촬영된 뮤직비디오였다.

창문 너머로 푸른 지구가 선명히 비치는 국제우주정거장의 좁은 실내에서, 해드필드는 둥둥 떠다니기도 하면서 기타를 연주하고 노래를 불렀다. 그 순간 우주는 단지 과학 실험의 공간을 넘어, 문화와 감성이 머무는 무대가 될 수 있음을 보여주었다. 영상이 공개된 직후 수천만 명이 '공유'와 '좋아요'를 눌렀다.

한국의 음악그룹들이 우주에서 K-Pop 뮤직비디오를 촬영하는 날을 기대하면서 누가 최초가 될지 괜한 고민을 해 본다.

"음악은 영혼의 보이지 않는 세계를 드러낸다."
Music reveals the invisible world of the soul.

— 플라톤 Plato, 그리스 철학자

5월 13일

알퐁소 도데의 "별"

1840년 5월 13일, 프랑스 작가 알퐁스 도데가 태어났다. 훗날 그는 단편 「별(L'Étoile)」을 통해, 들판에서 양을 지키는 목동이 별빛을 바라보다 우연히 만난 소녀와 나누는 순수한 교감을 그려냈다. 그는 거대한 서사보다 평범한 밤하늘 아래에서 태어나는 작은 감정의 떨림을 따뜻하게 묘사했다.

도데가 그린 별은 단순한 빛나는 점이 아니라, 인간의 마음을 이어주고 감정을 비추는 등불이었다. 오늘날 우리는 망원경과 우주선으로 별의 본모습을 과학적으로 탐구하지만, 소설이 건네는 별빛은 여전히 감성과 꿈의 언어로 남아 있다.

오늘 밤 유난히 밝은 별들이 우리에게 묻는다. "당신 마음속에도 여전히 반짝이는 별이 있습니까?"

"우리는 별의 영향을 받지만, 우리의 운명은 우리 손에 달려 있다."
It is not in the stars to hold our destiny but in ourselves.
— 셰익스피어 William Shakespeare, 영국 극작가

5월 14일

아르테미스 계획

2019년 5월 14일, 미국 NASA는 새로운 달 탐사 계획 '아르테미스(Artemis)'를 발표했다. 그리스 신화 속 달의 여신 이름을 딴 이 프로그램은, 인류를 처음 달에 보낸 아폴로 이후 다시 시작된 도전으로, 여성 우주인의 참여와 국제 협력을 핵심 가치로 두고 있다.

아르테미스 계획의 목표는 단순히 다시 달에 가는 데 그치지 않는다. 아르테미스를 통해 달에 지속 가능한 기지를 세우고, 그 경험을 바탕으로 화성 탐사로 나아가려 한다. 특히 한국을 포함한 여러 나라가 참여하는 아르테미스 협정(Accords)은, 우주를 평화적이고 지속가능하게 활용하기 위한 국제 규범의 기반이 되고 있다.

아폴로가 인류의 "최초의 발자국"을 남겼다면, 아르테미스는 인류의 "지속적인 터전"을 꿈꾼다. 그리고 그 터전은 우리 모두가 함께 설계하는 미래 우주의 모습일 것이다.

"우리는 전 인류의 평화를 위해 달에 왔다."
We came in peace for all mankind.
— 버즈 올드린 Buzz Aldrin, 미국 우주비행사

5월 15일

하늘을 열어준 임금님

　5월 15일은 조선의 위대한 군주, 세종대왕의 탄신일이다. 그는 정치와 문화뿐 아니라 천문과 역학에도 깊은 관심을 기울여, 하늘의 이치를 백성과 나라의 삶에 연결한 지도자였다.

　그는 집현전을 중심으로 학자들을 모아 천문 관측기구와 역법을 정비했다. 장영실과 함께 혼천의·간의·앙부일구 같은 관측 도구를 제작하게 하고, 칠정산(七政算)을 편찬하여 조선 고유의 역법을 세웠다. 이는 중국과 아라비아의 천문학 지식을 융합해 우리 하늘에 맞게 새롭게 정리한 체계였다. 이러한 업적은 정확한 농사달력과 일치된 시간을 제공하여 농사에 큰 도움을 주었고, 백성들의 삶의 질을 높이는 데 기여했다.

　세종의 천문학은 백성을 위한 농사와 생활의 실용에서 출발했지만, 조선의 과학 발전을 이끌어 오늘날 우리가 하늘과 우주를 이해하는 토대가 되었다. 우리가 유인 우주탐사선을 발사한다면 세종대왕의 사상을 기려 세종호로 명명하면 좋겠다는 생각이 든다.

"천문은 백성의 일상과 직결되니, 하늘의 이치를 밝히는 것은 곧 백성을 위하는 일이다."
— 『세종실록』 16년 12월 25일

세종대왕과 장영실

어제 5월 15일은 세종대왕의 탄신일이었다. 그렇기에 오늘은 그 곁에서 조선의 과학을 꽃피운 장영실을 떠올리지 않을 수 없다. 세종은 그에게 기술 연구와 천문 기계 제작을 맡김으로써, 하늘의 이치를 백성과 나눌 수 있게 되었다.

장영실은 분명 뛰어난 재능을 지녔으나, 신분제 사회에서 홀로 천문의 길을 걸을 수 없었다. 세종의 신뢰와 후원이 있었기에 그는 관노 출신임에도 3품의 자리에 오르고 방대한 연구를 해낼 수 있었다.

서양의 경우, 윌리엄 허셜은 제화공의 아들로 태어났지만 음악가로서 기반을 닦은 뒤 천문학에 몰두했다. 그가 천왕성을 발견하자 영국 국왕 조지 3세가 후원에 나섰고, 대형 망원경 제작과 지속적인 은하 연구가 가능하게 되었다.

장영실과 허셜의 여정은, 별을 바라보는 순간 길은 열릴지라도, 그것이 현실이 되기까지는 시대와 사회의 뒷받침이 필요함을 보여준다. 곽곽한 삶의 한가운데서도 잊지 말자. 우리의 손길이 누군가의 열정과 발전을 위한 소중한 도움이 될 수 있음을.

"어느 누구도 그 자체로 완전한 섬이 아니다."
No man is an island, entire of itself.

— 존 던 John Donne, 영국 성직자

5월 17일

칸트의 질문, 우주에 대한 인간의 한계

1781년 5월, 임마누엘 칸트의 대표작 『순수이성비판』이 세상에 알려지기 시작했다. 이 책은 "인간의 이성이 무엇을 알 수 있고, 어디까지 알 수 없는가"라는 물음을 던지며, 근대 철학의 새로운 지평을 열었다.

칸트는 우리가 별과 은하를 바라볼 때, 그것을 있는 그대로 알 수 있는 것이 아니라 인간의 인식 구조를 통해서만 이해할 수 있다고 보았다. 즉, 우주를 향한 우리의 지식은 무한한 외부 세계와 그것을 인식하는 인간 내부의 틀 사이의 협력 속에서 성립한다는 것이다.

이러한 사유는 오늘날 우주 탐사에도 맞닿아 있다. 망원경과 관측 장비가 아무리 정밀해도, 우리가 보는 것은 인간의 인식과 도구가 걸러낸 하나의 세계일뿐이다. 과학은 끊임없이 우주의 베일을 벗기지만, 동시에 인간 인식의 한계도 함께 드러낸다.

별을 향한 길은 끝없는 탐험이자, 동시에 인간의 경계를 돌아보는 일인지도 모른다. 칸트는 오늘 우리에게 묻는다. "우리는 어디까지 알 수 있으며, 그 너머는 어떻게 맞이해야 하는가?"

"언제나 나를 경탄하게 하는 두 가지가 있다.
머리 위의 별빛 가득한 하늘, 그리고 내 마음속의 도덕 법칙이다."
Two things fill the mind with ever new and increasing admiration and awe:
the starry heavens above me and the moral law within me.

— 임마누엘 칸트 Immanuel Kant, 독일 철학자

5월 18일

헬리 혜성의 공포

1910년 5월 18일, 헬리 혜성의 중심이 지구에서 약 2,250만 km 떨어진 곳을 지나가고, 멀리 뻗은 꼬리 부분은 지구의 대기를 잠시 스쳐갔다. 혜성이 올 무렵 한 천문학자가 꼬리에 청산가리 기체(CN)가 있다는 관측 결과를 발표했고, 언론은 이를 과장해 지구 멸망의 공포를 퍼뜨렸다. 사람들은 방독면을 준비하거나 해독 약품을 찾으며 불안을 감추지 못했다.

그러나 다른 천문학자들은 혜성 꼬리에 포함된 유독성 기체는 지구에 아무런 영향을 주지 못한다고 설명했다. 과학적 해명이 공유되면서 불안은 점차 가라앉았고, 인류는 무사히 그날을 지나갔다.

우리는 일어나지 않을 대부분의 일에 대해 통상적으로 걱정부터 시작한다. 정확한 내용과 사실을 확인한 다음 믿음과 용기로 나아가는 삶의 자세가 필요할 것이다.

"우리는 종종 두려움으로 고통받지만, 그것은 무지를 깨닫지 못하기 때문이다."
We are more often frightened than hurt; and we suffer more from imagination than from reality.

— 미셸 드 몽테뉴 Michel de Montaigne, 프랑스 철학자

달 로봇 경진대회

매년 5월 19일 즈음, NASA는 플로리다 케네디 우주센터에서 대학생들이 참가하는 '루나보틱스 챌린지(Lunabotics Challenge)' 본선이 열린다. 이 대회에서 참가팀들은 직접 설계·제작한 로봇을 이용해, 달 토양을 모사한 경기장에서 흙을 파내고 운반·적치하는 과제를 수행한다. 주어진 시간 안에 얼마나 많은 흙을 안정적이고 효율적으로 옮기느냐가 승부의 핵심이다.

참가자들은 먼저 대회의 규칙에 맞는 로봇을 자신들이 직접 설계하고 제작한다. 그리고 그 로봇을 대회 과제에 미리 적용하는 과정에서 수많은 문제에 부딪히게 된다. 이런 상황은 NASA가 우주선을 개발할 때와 동일한 모습으로, 문제를 단계별로 분석하고, 계획을 세운 뒤 시험하며, 실패하면 수정하는 과정을 반복한다. 참가자들은 이런 경험 속에서 실제 달기지 건설에 필요한 기술과 협업, 그리고 도전 정신을 배우게 된다.

2024년 문을 연 한국의 항공우주청은 당면한 초기 우주발전 과제 해결에 여념이 없을 것이다. 그러나 이러한 교육방식을 고민하고 활용할 때, 우리의 미래 우주는 더 밝게 열릴 것이다.

"교육은 세상을 변화시킬 수 있는 가장 강력한 무기다."
Education is the most powerful weapon which you can use to change the world.
— 넬슨 만델라 Nelson R. Mandela, 남아공 대통령

5월 20일

아멜리아 이어하트

1932년 5월 20일, 아멜리아 이어하트는 단발 엔진 비행기를 타고 캐나다 뉴펀들랜드를 이륙했다. 그녀는 약 15시간에 걸쳐 대서양을 단독 횡단하며, 여성 최초로 대서양 단독 비행의 기록을 세웠다.

이보다 앞선 1927년 5월 20일, 찰스 린드버그는 뉴욕에서 파리까지 대서양을 단독 횡단하며 항공기술의 발전과 도전정신을 상징적으로 보여주었다. 그로부터 5년 뒤 이어하트의 횡단은 또 다른 의미가 있었다. 그녀는 "여성은 남성과 같은 방식으로 도전하고, 위험을 감수할 수 있다"라는 신념을 실제 비행으로 증명했다.

1937년, 그녀는 세계 일주 비행에 나섰다가 태평양 하울랜드 섬 부근에서 교신이 끊겼다. 미국 역사상 최대의 수색이 벌어졌지만 흔적은 발견되지 않았고, 그녀의 도전은 중단되는 것처럼 보였다. 그러나 1963년, 인류 최초의 여성 우주비행사 테레시코바가 탄생하면서 그녀가 뿌린 도전의 씨앗이 우주에서 꽃으로 피어남을 알 수 있었다.

"행동하기로 결심하는 것이 가장 어렵다. 나머지는 그저 끈기일 뿐이다."
The most difficult thing is the decision to act, the rest is merely tenacity.

— 아멜리아 이어하트 Amelia M. Earhart, 미국 비행사

5월 21일

소만, 부족을 극복하는 삶의 지혜

5월 21일은 24절기 중 여덟 번째, 소만(小滿)이라 한다. 곡식의 이삭이 여물기 시작해 조금씩 차오르지만 아직은 가득 차지 않은 상태, 햇볕이 길어지고 바람은 따뜻해지며 농부들은 모내기를 서두른다. 이 시기는 여름을 향한 문턱이자 풍요의 약속이 시작되는 시기였다.

하지만 옛날에는 이 무렵을 '보릿고개'라 불렀다. 추수했던 곡식은 떨어지고 여름 곡식은 아직 익지 않아, 푸른 들판과 달리 밥상은 빈곤했던 시기였다.

우리는 보릿고개에서 부족하지만 조금씩 나누고 채워가며 살아낸 시간이 있었기에, 오늘 풍요의 밥상을 누리고 있다. 작은 차오름이 모여 큰 충만함이 되었듯, 삶도 그렇게 채워지는 법이다.

"자연은 서두르지 않지만, 모든 것은 이루어진다."
自然不疾而速, 不行而至

— 노자, 『도덕경』 제64장

5월 22일

지진, 우주 비밀의 열쇠

1960년 5월 22일, 칠레 발디비아에서 규모 9.5의 최대 강진이 발생했다. 거대한 지각의 움직임은 태평양 전역에 쓰나미를 일으켜 약 1만 6천 명이 목숨을 잃고 수백만 명이 이재민이 되었다.

지진은 단지 땅속의 일이 아니다. 지구 자체가 태초의 우주에서 태어난 산물이기에, 그 내부의 뜨거운 에너지는 여전히 별의 기원을 품고 있다. 달과 태양의 인력은 조석처럼 바다와 지각을 흔들며 때로는 지진의 방아쇠가 되기도 한다.

달에는 달진, 화성에는 화진, 태양에는 거대한 진동이 있다. 땅속 깊은 울림이 지구의 속을 드러내듯, 다른 천체의 떨림도 그 내부를 보여주는 신호가 된다. 그 울림을 해석하며 우리는 별과 행성의 구조와 역사를 조금씩 알아간다.

1960년 칠레의 떨림은 엄청난 비극이었지만, 인류는 그 울림을 읽어내며 지구의 내부를 더 깊이 이해하고자 했다. 우리는 고통의 연속인 삶을 살고 있지만 그 고통의 의미를 찾으려는 현명함이 필요하다.

"지진파는 지구 내부 구조를 밝히는 열쇠다."
Seismic waves are the key to understanding the structure of the Earth.

— 리처드 올드햄 Richard D. Oldham, 영국 지진학자

5월 23일

태양 폭풍과 레이더

1967년 5월 23일, 강력한 태양 폭풍이 지구를 강타했다. 북극권의 조기 경보 레이더가 일제히 마비되며, 미군은 이를 소련의 전자 공격으로 오인하고 핵무기 항공기 출격 준비에 돌입했다. 다행히 NORAD의 태양 활동 관측팀이 신속히 폭풍을 식별하면서, 대응은 즉각 중단되었고 인류는 전쟁 직전에서 벗어날 수 있었다.

태양 폭풍은 태양에서 분출된 플라즈마와 자기장이 지구의 자기권을 강타하는 현상이다. 통상적으로 전파 교란, 위성 장애, 전력망 손상 등의 피해를 야기하지만, 1967년의 폭풍은 특히 강력하여 군사 레이더까지 마비시켰다.

오늘날 통신, 위성, 전력망 등이 과거에 비해 훨씬 발전했지만 여전히 이러한 자연 현상에 취약하다. 한국은 비교적 영향권에서 벗어나 있지만 태양 활동을 실시간으로 관측하고, 사전 대비책을 함께 준비하는 것이 우주시대의 정신이라 생각할 수 있다.

"자연은 신중하지만 악의를 품고 있지는 않다."
Nature is subtle but it is not malicious.
— 아인슈타인 Albert Einstein, 독일 출신 물리학자

5월 24일

모스 부호, 인류를 넘어 우주로

1844년 5월 24일, 미국 국회의사당에서 새뮤얼 모스가 보낸 신호가 60km 떨어진 볼티모어에서 수신되었다. "신이 이루셨도다(What hath God wrought)." 인류 최초의 장거리 전신 통신이었다. 그 순간부터 목소리와 생각은 전선을 따라 흐르며 세상을 연결하기 시작했다.

이 작은 신호는 곧 전화, 라디오, 인터넷, 위성, 그리고 우주 통신으로 이어졌다. 점과 선의 단순한 부호가 인류 전체를 잇는 거대한 길의 출발점이 된 것이다.

그리고 1962년, 소련은 금성을 향해 모스 부호 메시지를 발신했다. 짧고 단순한 실험이었지만, 그것은 아직 만나지 못한 외계 문명에게 건넨 인류의 첫 인사였다.

우리는 언제나 서로 신호를 주고받으며 산다. 그러나 부정적 신호가 넘쳐나는 오늘, 나의 신호가 상대방에 빛을 밝히는 긍정적 신호가 되기를 기대해본다.

"대화는 지식보다 이해를 가져온다."
Conversation brings understanding, not just knowledge.

— 헨리 데이비드 소로 Henry David Thoreau, 미국 사상가

5월 25일

낯선 생명과의 만남

1979년 5월 25일, 영화 〈에일리언〉이 개봉되었다. 우주선 속 미지의 생명체는 극한의 공포를 불러일으키며, 인류가 외계 생명과 만날 경우 어떤 위험에 직면할 수 있는지를 보여주었다. 이후 이 이야기는 속편·프리퀄·스핀오프까지 이어지며 40년 넘게 꾸준히 제작되었다.

실제로 스티븐 호킹 박사는 "외계 문명을 만난다면, 그것은 콜럼버스가 아메리카에 도착했을 때 원주민들에게 일어난 일과 같을 수 있다"고 경고했다. 즉, 우주에서의 조우는 결코 일방적인 '축복'이 아닐 수도 있다는 것이다.

그러나 우리가 두려움만으로 우주를 바라볼 수는 없다. 외계 생명체는 적일 수도 있지만, 친구일 수도 있다. 혹은 우리가 아직 상상하지 못한 제3의 방식으로 존재할 수도 있다. 중요한 것은 가능성을 열어 놓는 것이다.

〈에일리언〉이 우리에게 남긴 것은 단순한 공포가 아니라 '만남'이 가진 무게였다. 우리에게 필요한 것은 만남의 무게를 긍정적으로 이겨낼 수 있는 조화로운 마음이다.

"우주는 우리가 상상하는 것보다 훨씬 크고, 우리가 상상할 수 있는 것보다도 훨씬 이상하다."
The universe is not only stranger than we imagine, it is stranger than we can imagine.

— 아서 S. 에딩턴 Arthur S. Eddington, 영국 천체물리학자

영화 〈E.T.〉

1982년 5월 26일, 스티븐 스필버그의 영화 〈E.T.〉가 미국에서 개봉되었다. 작은 외계인과 소년의 우정을 그린 이 작품은 단순한 SF 오락물이 아니라, 낯선 존재와의 만남이 두려움이 아닌 따뜻한 감정으로 이어질 수 있음을 보여주며 전 세계 관객의 마음을 사로잡았다.

〈E.T.〉의 울림은 이질적인 존재와도 감정적 교감이 가능하다는 사실에 있었다. 외계인은 침략자가 아니라 친구일 수 있었고, 서로 다른 세계에서 온 존재와도 마음을 나눌 수 있다는 희망을 전했다. 이는 우리가 서로 다른 문화를 가진 사람들을 대하는 태도에도 깊은 성찰을 남겼다.

영화는 인간이든 외계인이든, 진정한 사랑은 이해와 존중에서 비롯된다는 점을 시사하고 있다. 우리가 서로를 먼저 이해하고 의견을 나눌 때 사랑의 사회는 비로소 토대가 마련된다.

"우리는 모두 다를 수 있지만, 결국 인류라는 한 가족이다."
We may have all come on different ships, but we're in the same boat now.
— 마틴 루터 킹 주니어 Martin Luther King Jr., 미국 인권운동가

한국의 우주 컨트롤타워

2024년 5월 27일, 한국우주항공청(KASA)이 공식 출범했다. 과학기술정보통신부 산하에 신설된 중앙행정기관으로, 우주·항공 분야의 정책·연구개발·산업·국제협력을 총괄하는 우주항공 분야의 컨트롤타워 역할을 맡게 되었다.

미국 NASA는 1958년 설립 이후 달 착륙, 우주 왕복선, 화성 탐사 등 탐사와 과학 연구 중심의 역사적 성과를 쌓아왔다. 반면 한국우주항공청(KASA)은 출범과 동시에 산업과 민간을 결합한 미래형 우주 생태계 구축을 핵심 목표로 내세운다. 한쪽이 '우주 탐사의 상징'이라면, 다른 한쪽은 '우주 산업의 허브'를 지향하는 셈이다.

KASA는 누리호에 이은 착륙선·재사용 발사체 개발, '한국형 위성항법시스템' 구축, 2032년 달 착륙, 2045년 화성 상륙 목표 등 미래형 우주 로드맵을 제시하며, 세계 5대 우주강국 도약을 향한 비전도 밝혔다.

그러나 이 모든 계획의 출발점은 거대한 로켓이 아니라, 하늘을 향해 품은 작은 상상력이다. 우리는 오늘 우주 상상력의 나무를 심고 키워야한다.

"새로운 날은 새로운 힘과 새로운 생각을 가져온다."
With the new day comes new strength and new thoughts.
— 엘리너 루스벨트 A. Eleanor Roosevelt, 미국 대통령 영부인

5월 28일

최초의 생환 원숭이

1959년 5월 28일, 미국은 주피터 로켓에 두 마리 원숭이 애이블과 베이커를 태워 발사했다. 이들은 약 480km 상공까지 올라가 16분 동안 우주를 비행했다. 애이블은 귀환 후 수술 과정에서 마취 합병증으로 사망했지만, 다람쥐원숭이 베이커는 건강하게 돌아와 인류 역사상 최초로 우주에서 생환한 원숭이가 되었다.

미국은 인류와 유사한 생명체 원숭이의 중력, 무중력, 방사선 속에서 생존 가능 여부를 검증했으며, 그 결과 인류도 우주환경에서 생존할 수 있다는 자신감을 갖게 되었다.

당시 미국과 소련은 유인 우주탐험이라는 최종 목표는 같았지만 접근 과정은 달랐다. 소련은 주로 개를 이용해 기본적인 생리 데이터 확보와 대중 선전에 치중하였다. 반면 미국은 인간과 유사한 원숭이를 선택해 실제 행동과 과제 수행 능력을 시험함으로써 유인 비행에 대한 모두의 믿음을 확보하고자 했다.

인류의 우주 탐사 준비과정에서 작은 생명들의 수많은 희생이 이어졌다. 우리가 한 단계 더 우주로 나아가면, 그 희생은 더욱더 반짝일 것이다.

> "우리가 오늘 여기에 있는 것은 어제 희생한 이들 덕분이다."
> We are here today because they sacrificed for us yesterday.
> ― 마틴 루터 킹 주니어 Martin Luther King Jr., 미국 인권운동가

5월 29일

별빛이 휘다

1919년 5월 29일, 아프리카 프린시페 섬과 브라질 소브랄에서 관측된 개기일식은 인류 과학사에 전환점을 만들었다. 영국의 아서 에딩턴이 이끄는 탐사대가 촬영한 사진 속에서, 태양 가장자리의 별빛은 아인슈타인이 예측한 대로 휘어져 있었다. 그날, 일반 상대성 이론은 처음으로 실험적 입증을 받은 셈이었다.

이 관측은 단순한 검증 이상의 의미를 지녔다. 뉴턴 이후 200여 년간 절대적이라 믿어온 시간과 공간의 개념이 무너지고, 우주는 더 이상 고정된 무대가 아니라 휘어지고 변하는 장(場)이라는 새로운 세계관이 열렸다. 언론은 이를 "과학의 혁명"이라 불렀고, 아인슈타인은 순식간에 시대의 상징이 되었다.

그로부터 100년이 지난 지금도 많은 이들이 여전히 뉴턴적 시각에 머물러 있다는 사실은 우리에게 깊은 성찰을 하게 한다. 현재 우리의 과제는 상대성 이론의 세계를 넘어, 양자역학이 그려내는 더 넓은 우주로 우리의 사유와 상상력을 확장해야 하기 때문이다.

"자연은 우리가 상상할 수 있는 것보다 훨씬 더 상상력이 풍부하다."
Nature is far more imaginative than we can imagine.

— 리처드 파인만 Richard P. Feynman, 미국 물리학자

우주의 미래와 가치를 묻다

2020년 5월 30일, 스페이스X의 유인 우주선 '크루 드래곤(Crew Dragon)'이 미국 플로리다 케네디 우주센터에서 발사되었다. 이는 민간 기업이 만든 우주선에 실제 사람이 탑승해 임무를 수행한 인류 최초의 사건이었다.

그날의 의미는 단순한 발사 이상으로, 민간 기업이 사람의 생명과 안전까지 책임질 수 있음을 입증하며, 우주가 더 이상 국가만의 영역이 아님을 보여주었다. 이는 곧 민간 참여의 본격화를 알리고, 우주가 연구와 경쟁의 무대를 넘어 인류의 생활과 산업이 확장될 새로운 공간이 될 수 있음을 드러냈다.

결과적으로 크루 드래곤은 인류가 이 우주의 미래를 누구에게, 어떤 가치에 맡길 것인지 스스로에게 던진 질문이었다. 이제는 우리 모두가 어떤 세상을 만들어갈지 함께 대답해야 할 차례이다.

"스페이스X의 목표는 인류를 다행성 종족으로 만드는 것이다."
The goal of SpaceX is to make life multiplanetary.

― 일론 머스크 Elon Reeve Musk, 미국 기업가

푸른 도나우 왈츠

2003년 5월 31일, 유럽우주국(ESA)은 '세계 우주의 해'를 기념해 오스트리아 빈에서 요한 슈트라우스 2세의 〈푸른 도나우 왈츠〉를 딥 스페이스 안테나를 통해 우주로 송출했다.

1867년에 발표된 이 곡은 프로이센-오스트리아 전쟁의 패배로 침체된 빈 시민들에게 희망과 활력을 불어넣은 작품이었으며, 20세기 우주영화의 대표작 〈2001: 스페이스 오디세이〉에서는 우주적 상상력을 상징하는 곡으로 쓰였다.

〈푸른 도나우 왈츠〉의 송출은 심우주 통신 장비의 성능을 시험하는 목적이외에도 인류의 문화와 감성까지도 우주 공간에 새긴다는 의미가 있었다.

만약 우주에 그 누군가가 〈푸른 도나우 왈츠〉를 듣게 된다면, 품격 있는 인간의 감성과 문화를 이해할 수 있지 않을까 기대해본다.

"과학은 사실을, 예술은 가치를 다룬다."
Science deals with facts, art deals with values.
— 막스 플랑크 Max Planck, 독일 물리학자

June

동양의 절기 구분에서

한 해의 여섯째 달은 오월(午月)로

말이 그 달을 상징한다.

케슬러 신드롬

 1978년 6월, NASA 과학자 도널드 케슬러는 지구 궤도에 닥칠 수 있는 위험한 미래를 제시했다. 인공위성이 충돌하며 파편을 만들고, 그 파편이 또 다른 충돌을 일으켜 궤도가 파편으로 가득 차는 연쇄적 상황, 바로 '케슬러 신드롬'이었다.

 당시 지구 궤도에서 실제로 운용 중인 인공위성은 600~700여 기에 불과했다. 하지만 그보다 훨씬 많은 수천 개의 잔해가 이미 떠돌고 있었고, 케슬러는 바로 그 상황에서 연쇄 충돌의 위험을 경고했다. 오늘날에는 운용 중인 위성만 7,000기를 넘고, 1cm 이상 크기의 파편만도 100만 개에 달한다. 그때의 경고는 이제 심각한 현실로 다가와 있다.

 '케슬러 신드롬'은 부주의한 행동 하나하나가 결국 전체 시스템을 위협할 수 있음을 일깨우는 경고와 같다. 삶에 있어서도 잘못된 임시방편 하나가 중요한 순간 우리의 전체 계획을 그르칠 수 있음을 생각해 보아야 한다.

"서로 연결된 세계에서, 작은 행동이 큰 결과를 낳을 수 있다."
In an interconnected world, small actions can have large consequences.

— 에드워드 로렌즈 Edward N. Lorenz, 미국 기상학자

6월 2일

서베이어, 달에 착륙하다

1966년 6월 2일, 미국의 무인 탐사선 '서베이어 1호(Surveyor 1)'가 달에 안정적으로 착륙했다. 탐사선은 토양의 상태를 시험하고 11,000여 장의 사진을 전송해 아폴로 계획의 기반을 마련했다.

그보다 몇 달 앞선 2월 3일, 소련의 무인 루나 탐사선은 인류 최초로 달에 착륙해 열 장 남짓한 사진을 지구로 보내며 달의 모습을 세상에 공개했다. 그러나 서베이어의 접근 방식은 달랐다. 달 표면 위에 장시간 머물며 흙의 상태를 직접 확인했고, 11,000장의 데이터 사진을 촬영하여 아폴로 계획의 실질적인 토대를 마련하였다.

인류의 역사에서 최초 혹은 화려한 성과가 많은 사람들의 시선을 집중시킨다. 하지만 무인 서베이어 탐사선의 안정된 착륙이 아폴로의 유인 달 착륙으로 이어졌듯이, 우리의 삶에서도 성급한 성취보다 꾸준한 성장이 큰 도약을 이루어낸다.

"위대한 것은 갑자기 이루어지지 않는다."
No great thing is created suddenly.
— 에픽테토스 Epictetus, 그리스 철학자

6월 3일

운동의 미학, 건강과 발전

2018년 6월 3일, 유엔은 이날을 '세계 자전거의 날(UN World Bicycle Day)'로 지정했다. 자전거는 인류가 만들어낸 가장 단순하면서도 지속 가능한 교통수단으로, 환경 보호와 건강 증진, 그리고 사회적 평등의 상징으로 평가받는다.

국제우주정거장(ISS) 안에는 자전거 형태의 운동 장비(CEVIS)가 설치되어 있다. 무중력에서는 뼈와 근육이 빠르게 약해지기 때문에, 우주인들은 하루 두 시간 이상 운동을 해야 한다. 그 가운데 자전거 페달을 밟는 동작은 심폐 기능을 유지하고 뼈 밀도 감소를 막는 가장 중요한 훈련 중 하나다. 지구에서 자전거가 친환경적 이동 수단이라면, 우주에서는 생존을 지켜주는 작은 체육관이자 약국인 셈이다.

우주와 지구에서 멈추지 않고 꾸준히 이어가는 작은 반복이 내일의 힘을 만든다.

"움직임은 삶의 원리다."
Movement is the principle of life.

— 레오나르도 다 빈치 Leonardo da Vinci, 이탈리아 화가

6월 4일

한국 최초의 태양광 발전소

1980년 6월 4일, 강화도 아차분교 옥상에 최초 태양광발전소가 만들어졌다. 당시에는 아직 실험적 규모였지만, 석유 파동을 겪은 이후 새로운 에너지 전환의 출발점으로 주목을 받았다.

태양광 발전을 단순한 대체 에너지로 한정해서는 안 된다. 태양은 지구 생명과 문명을 가능하게 하는 근원적 에너지이자, 인류가 우주로 나아가는 길에서도 가장 신뢰할 수 있는 자원이다.

국제우주정거장(ISS)은 이미 태양전지를 통해 자체 전력을 공급하고 있으며, NASA와 JAXA 등은 지구 궤도 위 거대 태양광 위성(SPS, Solar Power Satellite)을 띄워 에너지를 지구로 전송하는 개념을 연구 중이다.

머지않아 태양광은 지구뿐 아니라 우주에서도 생존의 중요한 에너지원으로 자리 잡을 것이 예상된다.

"우리는 태양의 자식들이다. 태양이 없다면 생명도 없다."
We are children of the sun; without it, there is no life.

— 칼 세이건 Carl E. Sagan, 미국 천문학자

6월 5일

금성의 그림자

2012년 6월 5일, 전 세계에서 보기 드문 천문 현상인 '금성식(Transit of Venus)'이 관측되었다. 금성이 태양 앞을 지나가며 태양 원반 위에 작고 검은 점으로 보이는 이 현상은 지구에서 한 세기에 두 번 정도만 일어나며, 다음 관측은 2117년에 가능하다.

18·19세기 전 세계 천문학자들은 이 현상을 관측해 지구와 태양 사이의 거리(천문단위, AU)를 계산하려고 했다. 태양까지의 거리를 알아내는 것은 곧 우주의 크기를 측정하는 첫 발걸음이었고, 우리가 속한 우주의 좌표를 수치로 확인하는 방법이었다.

이 관측을 위해 전 세계가 움직였다. 영국은 제임스 쿡 선장을 타히티로 파견했고, 프랑스와 러시아 역시 학자들을 아프리카, 인도양, 아시아 곳곳으로 보냈다. 이렇게 흩어진 관측 결과들은 훗날 함께 비교·활용되면서 태양까지의 거리를 정밀하게 산출하는 데 기여했다.

금성식처럼 한 점의 작은 그림자에도 우주의 질서와 과학자들의 노력이 숨어 있다는 사실에서 우리는 경외감과 존경심을 표할 수밖에 없다.

"자연의 법칙은 신의 수학적 사유에 불과하다."
The laws of nature are but the mathematical thoughts of God.

— 요하네스 케플러 Johannes Kepler, 신성 로마 천문학자

6월 6일

망종, 미래의 씨를 뿌리다

망종(芒種)은 24절기 중 아홉 번째 절기로, 곡식의 까끄라기(芒, 망)가 여물어가며 본격적으로 씨앗을 뿌릴 시기를 알리는 날이다. 과거 농가에서는 이 무렵에 보리를 베고 모내기를 시작했으며, "보리는 망종 전에 베어야 한다"는 말처럼 제때에 맞는 일손이 농사의 성패를 갈랐다.

오늘날 대부분의 사람들이 농사를 직접 짓지 않지만, 삶의 씨앗을 뿌린다는 맥락에서 여전히 그 전통은 이어진다. 작은 텃밭을 가꾸거나 꽃을 심으며 계절의 리듬을 느끼고, 제철 식재료로 식탁을 채우며 일 년 내내 건강을 지켜가는 것이 현대적 망종의 모습이다.

예나 지금이나 망종은 우리에게 무엇이든 때에 맞는 뿌림이 있어야 풍요로운 결실이 가능하며, 자연의 흐름을 존중하고 삶의 리듬을 지키는 것이 일상을 건강하고 충만하게 만드는 것임을 알려준다.

"미래는 당신이 오늘 무엇을 하느냐에 달려 있다."
The future depends on what you do today.
— 마하트마 간디 Mahatma Gandhi, 인도 독립운동가

6월 7일

큐리오시티

2018년 6월 7일, NASA는 탐사 로버 '큐리오시티(Curiosity)'가 화성 대기에서 계절에 따라 변하는 메탄 신호와 화성 암석 속 복잡한 유기 화합물을 탐지했다고 발표했다. 큐리오시티의 임무는 화성의 환경을 정밀 분석하고 생명체의 흔적을 찾는 것이며, 이번 성과는 화성이 지구와 닮은 화학적 요소를 간직한 세계일 수 있음을 보여주었다.

이후 메탄 연구는 뚜렷한 진전을 보이지 못했지만, 유기물 탐사에서는 성과가 있었다. 큐리오시티는 화성 암석 속에서 오랫동안 보존된 복잡한 탄화수소 분자를 찾아냈고, 이는 화성에 생명과 관련된 기본 재료가 실제로 존재한다는 증거로 인정된다.

화성에서 발견된 작은 분자들은 아직 최종 답이 될 수 없지만, 우리가 질문의 끈을 놓지 않는다면 언젠가 우주와의 연결지점을 분명히 발견할 수 있을 것이다.

"어딘가에는 무언가가 알 수 없이 놀라운 모습으로 기다리고 있다."
Somewhere, something incredible is waiting to be known.

— 칼 세이건 Carl E. Sagan, 미국 천문학자

6월 8일

Big Brother, 우주의 파수꾼

1949년 6월 8일, 조지 오웰의 소설 『1984』가 출간되었다. 이 작품은 전체주의 사회가 어떻게 개인의 삶을 지배하는지를 그리며 큰 충격을 안겨주었다. 특히 "빅브라더(Big Brother)"라는 개념은 권력의 감시와 통제를 뜻하며, 오늘날에도 통제사회를 설명할 때 자주 인용된다.

냉전시대에는 위성이 군사적 목적으로 활용되며 서로를 감시하고 불신을 키운 측면이 있었다. 오늘날에도 그 그림자는 사라지지 않았다. 위성과 디지털 인프라는 통신과 기후 관측, 내비게이션 등 인류에게 큰 혜택을 주지만, 동시에 해킹과 개인정보 유출, 국가적 감시로 개인의 자유를 위협하는 사례가 늘어나고 있다. 기술은 인류의 안전을 위한 파수꾼이 될 수도 있고, 거대한 감시망으로 변질될 수도 있는 양면성을 지니고 있다.

우주와 인공지능을 기반으로 하는 빅브라더가 두려움의 이름으로 남을지, 인류의 안전과 번영을 지켜주는 도구가 될지는 우리 스스로가 선택해야 한다.

"본질적인 자유를 포기하고 잠깐의 안전을 얻으려는 사람은 자유도 안전도 가질 자격이 없다."
Those who would give up essential Liberty,
to purchase a little temporary Safety, deserve neither Liberty nor Safety.

— 벤저민 프랭클린 Benjamin Franklin, 미국 정치가

화성에 간 도널드 덕

1934년 6월 9일, 애니메이션 《The Wise Little Hen》에 처음 등장한 도널드 덕은 익살스러운 성격과 좌충우돌 모험으로 전 세계인의 사랑을 받았다. 이 날은 지금도 '도널드 덕의 생일'로 기념된다.

1937년 이탈리아 잡지에 실린 도널드 덕 만화 《Donald Duck and the Secret of Mars》에서는 도널드가 우연히 로켓에 올라타 화성에 도착하고, 그곳에서 기상천외한 모험을 벌인다. 즐거운 상상의 이야기였지만, 독자들에게 "언젠가 우리도 우주로 떠날 수 있지 않을까?"라는 기대를 가지게 했다.

오늘날 우리는 실제로 화성 탐사선과 로버를 보내 화성의 지형을 촬영하고, 대기를 분석하며, 생명체의 흔적을 찾고 있다. 도널드 덕이 만화 속에서 화성을 여행했던 장면이, 이제는 과학자들의 손에서 현실로 옮겨지고 있는 셈이다.

상상은 종종 유머와 과장에서 시작되지만, 과학과 만날 때 세상을 바꾸는 힘이 된다.

"유머는 인류가 가진 가장 위대한 축복이다."
Humor is mankind's greatest blessing.
— 마크 트웨인 Mark Twain, 미국 작가

6월 10일

스트로베리 문

    2025년 6월 10일 밤, 하늘에는 붉은빛을 띠는 특별한 보름달이 떠올랐다. 사람들은 이 달을 '스트로베리 문(Strawberry Moon)'이라 부른다. 하지에 가까운 이 시기의 보름달은 다른 계절보다 낮은 궤도를 따라 지평선 가까이 떠오르기 때문에, 달빛이 지구 대기의 두꺼운 층을 통과하면서 푸른빛은 산란되고, 붉고 황금빛만이 강하게 남아 하늘을 아름답게 물들인다.

    북미 원주민들은 이 시기를 딸기 수확철로 여겨 '스트로베리 문'이라 불렀고, 유럽에서는 장미가 한창 피는 계절이라 하여 '로즈 문(Rose Moon)'이라 불렀다. 이름은 다르지만, 모두 자연의 순환과 풍요를 상징했다.

    달은 낮은 곳에서 떠오르더라도, 풍요와 아름다움을 세상에 쏟아낸다. 우리도 사회의 어떤 위치에 있든, 본분을 다하고 주변을 비출 수 있는 자세를 가질 때 진정한 삶의 의미와 가치가 실현될 것이라 믿는다.

"어둠을 탓하기보다 촛불 하나를 켜라."
It is better to light a candle than to curse the darkness.

— 국제 앰네스티 공식 표어

6월 11일

체리 스프링스

2007년 6월 11일, 미국 펜실베이니아의 체리 스프링스 주립공원은 '국제 다크 스카이 파크'로 지정되었다. 해발 700m 고원 숲에 자리한 이곳은 도시 불빛에서 멀리 떨어져, 은하수가 그림자를 드리울 만큼 선명한 밤하늘을 간직하고 있다. 매년 이맘때 이곳에서는 수백 명의 아마추어 천문학자들이 모여 체리 스프링스 스타 파티를 연다. 숲의 고요와 깊은 어둠 속에서, 사람들은 별빛을 직접 마주한다.

플로리다 겨울의 바닷가에서 열리는 윈터 스타 파티가 추위를 피해 모여드는 공동체적 축제라면, 체리 스프링스의 축제는 정반대다. 숲속의 깊은 어둠을 찾아 모여드는 자리를 통해, 사람들은 은하수가 쏟아지는 하늘 아래서 고독 속의 경이를 경험한다. 두 축제는 서로 다른 조건 속에서도 별을 향한 인간의 열망이 어떻게 다른 울림을 만들어내는지를 보여준다.

체리 스프링스의 하늘이 말해주듯, 우리의 고독한 삶 속에서도 어둠을 두려워하지 않고 마주할 때, 우리는 더 깊은 빛을 발견하게 된다.

"별들은 항상 빛나지만, 어둠이 있어야만 보인다."
Stars always shine, but it takes darkness to see them.
— 드미트리 쇼스타코비치 Dmitri D. Shostakovich, 러시아 작곡가

6월 12일

고흥, 높이 오르고 기쁘게 나아간다

2009년 6월 12일, 전라남도 고흥군 외나로도의 나로우주센터가 실제 운영에 돌입하였다. 이로써 한국은 자체 발사 시설과 발사 통제, 시험·조립·연소 설비를 한 자리에서 운영할 수 있는 독립적 발사 인프라를 갖추게 되었다.

이후 한국은 나로호(KSLV-Ⅰ)로 첫 발사를 시도했고, 그 운용 경험을 토대로 누리호(KSLV-Ⅱ)를 100% 국내 기술로 개발·발사했다. 한국이 해외 의존을 벗어나 자체 우주 발사 능력을 확보하였음을 전 세계에 공표한 쾌거였다.

나로우주센터는 고흥(高興)군에 위치한다. '높이 오르고 기쁘게 나아간다'는 뜻을 품은 지명 위에 우주센터가 자리했다는 사실은, 마치 오래전부터 이곳이 우주로 향하도록 예정된 땅이었던 것 같다는 느낌마저 들게 한다.

우주 시대 강국의 꿈은 빌려오는 기술로 달성되지 않는다. 우리의 손으로 만들어 고흥에서 비상할 때 비로소 세계의 경쟁을 넘어 우주로 나아갈 수 있다.

"별을 바라보되, 발은 땅에 두어라."
Keep your eyes on the stars, and your feet on the ground.
— 시어도어 루스벨트 Theodore Roosevelt, 미국 제 26대 대통령

최초의 우주선 설계 보고서

1948년 6월 13일, 미국의 싱크탱크 RAND 연구소가 역사적인 보고서를 발간했다. 제목은 「실험용 지구 궤도 우주선의 예비 설계」였다. 인류 역사상 처음으로 구체적인 우주선 설계를 담은 공식 보고서였으며, 냉전이 시작되던 시기 우주를 향한 상상이 본격적으로 군사 전략과 과학기술의 영역으로 옮겨가고 있었다.

이 보고서는 단순한 상상을 넘어 실현 가능한 우주선 설계를 제시했다. 우주선을 지구 궤도 위성으로 정의하고, 로켓 추진 방식과 연료 계산, 궤도 진입 방법을 체계적으로 설명했다. 더 나아가 위성의 활용 가능성까지 전망하면서, 훗날 인공위성과 유인 우주선 개발의 밑거름이 되었다.

RAND 보고서가 던진 한 장의 설계도가 결국 인류의 우주 도전장인 것처럼, 오늘 우리가 머릿속에 정리한 계획 하나가 삶의 강력한 도전장이 될 수 있다.

"미래를 예측하는 가장 좋은 방법은 그것을 발명하는 것이다."
The best way to predict the future is to invent it.

— 앨런 케이 Alan C. Kay, 미국 컴퓨터 과학자

6월 14일

성조기의 날

1777년 6월 14일, 미국 대륙회의는 새로운 국기를 채택했다. 13개의 줄무늬는 독립을 선언한 주를, 별은 새로운 연방의 평등한 결속을 의미한다. 이 날을 기념해 매년 6월 14일은 '성조기 기념일(Flag Day)'로 지켜지고 있다.

이 깃발은 훗날 미국 국가(國歌) ⟨The Star-Spangled Banner⟩의 주제가 되었다. 성조기는 전쟁터에서, 개척지에서, 그리고 달에 발을 디딘 순간에도 함께했다. 그렇게 성조기는 땅 위의 나라를 대표하는 동시에, 우주에 닿은 순간부터는 별들과 어깨를 나란히 하는 상징이 되었다.

우리도 언젠가, 성조기가 달에 꽂혔던 순간처럼 우주를 뜻하는 태극기를 들고 우주에 서는 그날을 기대한다.

"국기는 우리의 통합, 우리의 힘, 우리의 사상, 그리고 미국의 역사가 담긴 상징이다."
The flag is the symbol of our unity, our power, our thought, and the story of America is written upon it.

— 드와이트 아이젠하워 Dwight D. Eisenhower, 미국 제34대 대통령

6월 15일

우주에서 샤워하기

1973년 5월 25일부터 6월 22일까지, 미국의 '스카이랩 2호(Skylab 2)' 임무가 진행되었다. 이 임무에는 독특한 장비가 실험적으로 도입되었는데, 바로 우주용 샤워실이었다. 무중력 상태에서도 물을 사용해 몸을 씻을 수 있도록 특별히 설계된 공간이었다.

그러나 실제 사용 후 우주비행사 찰스 "피트" 콘래드는 임무 리포트에서 "너무 번거로워 다시는 쓰고 싶지 않다"라는 솔직한 평가를 남겼다. 준비와 정리에만 긴 시간이 필요했고, 물방울을 흡수하고 정리하는 과정은 기대 이상으로 복잡했기 때문이다. 이 불편함 때문에 우주 샤워실은 더 이상 사용되지 않았고, 국제우주정거장(ISS)에는 설치조차 되지 않았다.

현재 우주에서의 청결은 편의뿐만 아니라 제한된 자원의 효율적 사용을 위해, 물수건과 무수(無水) 샴푸, 간단한 세정 티슈가 사용된다. 우주샤워의 실패는 우리가 지구에서 당연하게 누리던 관습에 대해 다른 시각의 접근을 요구하고 있다.

> "우리의 삶은 사소한 것들에 낭비된다. 단순화하라, 단순화하라."
> Our life is frittered away by detail. Simplify, Simplify.
> — 헨리 데이비드 소로 Henry David Thoreau, 미국 사상가

이슬람력 새해

2026년 6월 16일, 오늘은 이슬람력 새해를 맞이하는 시점이다. 이슬람력은 초승달 관측에 따라 달이 시작되므로, 지역에 따라 새해 첫날을 6월 16일로 보기도 하고 6월 17일로 보기도 한다. 이 달력은 달의 주기를 따르는 순수 음력으로, 한 해가 354~355일이기에 매년 태양력 기준으로 약 열흘가량씩 앞당겨진다.

이슬람력은 622년 무함마드의 메디나 이주(히즈라)를 기원으로 한다. 따라서 새해는 단순히 시간이 바뀌는 것보다 공동체와 신앙의 새로운 출발을 기념하는 의미가 더 크다. 종교 의식의 모든 주기가 달의 움직임에 따라 정해진다는 점에서, 달력 자체가 곧 신앙의 리듬을 상징한다.

이슬람력에서 대표적인 의례인 라마단은 새해의 아홉 번째 달에 해당한다. 초승달이 보이는 순간부터 한 달 동안 낮에는 금식하고, 밤에는 가족과 공동체가 함께 모여 음식을 나눈다. 다시 초승달이 뜨는 날, 한 달의 금식을 마친 기쁨은 축제로 이어진다.

이슬람력의 새해가 시작되듯, 우리도 새해를 새롭게 맞이하는 기분으로 다시 힘찬 출발을 해야 한다.

"앞서 나아가는 비결은 시작하는 것이다."
The secret of getting ahead is getting started.
— 마크 트웨인 Mark Twain, 미국 작가

6월 17일

픽사 애니메이션 《Lightyear》

2022년 6월 17일, 픽사의 애니메이션 영화 《Lightyear》가 개봉되었다. 남녀노소 누구나 즐길 수 있는 이 작품은 《토이 스토리》의 캐릭터 버즈 라이트이어가 어떻게 우주 영웅이 되었는지를 보여주는 이야기다.

영화는 우주의 광활함을 스크린에 담고, 상대성 이론의 시간 팽창을 통해 인간관계와 도전의 의미를 투영한다. 버즈는 임무를 이어가는 동안 변하지 않지만, 동료들은 수십 년이 흘러 늙어 버린다. 이 설정은 과학적 사실을 넘어 시간이 우리의 선택과 관계에 어떤 영향을 주는지 잘 보여준다.

실패와 시간의 장벽 앞에서도 멈추지 않고 다시 날아오르는 버즈의 모습은, 우리 모두에게 잠들어 있던 삶의 도전의식을 불러일으킨다.

"우주는 이해하는 데 충분히 멋지고, 그것을 이해하려는 우리의 마음 또한 위대한 것이다."
The universe is not only beautiful enough to be understood,
but also our minds that try to understand it are great.

— 리처드 파인만 Richard P. Feynman, 미국 물리학자

6월 18일

고흐의 《별이 빛나는 밤》

1889년 6월 18일경, 고흐는 프랑스 남부 생레미의 정신병원 창문에서 바라본 하늘을 바탕으로 걸작 〈별이 빛나는 밤〉을 그렸다. 격렬한 붓놀림으로 소용돌이치는 하늘과 빛나는 별들을 화폭에 담아냈다.

이 작품 속 소용돌이는 단순한 상상력이 아니라, 실제 성운과 은하의 난류 패턴과 놀라울 만큼 닮아 있다. 나사는 허블 망원경이 촬영한 성운 이미지를 고흐의 그림과 비교하며, 그의 예술적 직관이 우주의 질서를 시각적으로 포착했다고 평가했다.

가수 돈 맥클린(Don McLean)은 노래 〈Vincent〉에서 "…별이 빛나는 밤, 화가의 눈 속에 타오르는 영혼을 보네."라고 별밤의 모습을 표현했다. 고흐의 그림이 단순히 밤하늘을 표현한 것이 아니라, 인간의 불안과 고독, 희망과 빛을 함께 담았음을 알려준다.

고흐의 〈별이 빛나는 밤〉은 우리에게 삶의 소용돌이와 혼란 속에서도 빛의 공간을 만들어 내는 용기를 가지라고 격려하는 것 같다.

"나는 내 그림 속에서 나 자신을 찾는다."
In my painting, I find myself.

— 빈센트 반 고흐 Vincent van Gogh, 네덜란드 화가

6월 19일

단오, 긍정의 우주 기운을 받는 날

오늘은 단오다. 음력 5월 5일에 지내는 단오는 예로부터 설·한식·추석과 함께 우리 민족의 4대 명절로 꼽혔다. 씨름과 그네, 창포에 머리 감기, 수리취떡과 쑥부적 같은 풍습을 즐기며, 사람들은 본격적인 여름을 맞아 더위를 이기고 풍년과 건강을 기원했다.

오늘날 단오는 그 의미가 진화되어 개인적 차원의 웰빙과 힐링의 날로 활용된다. 창포나 약쑥 같은 단오의 상징물은 예전에는 액막이였지만, 지금은 기분 전환과 에너지 보충을 위한 치유의 의미가 크다.

사회적으로는 단오의 공동체적 의미를 새롭게 발전시키고 있는데 강릉 단오제가 대표적으로 2005년 유네스코 인류무형문화유산으로 등재되었다.

오늘 우리 전통을 되살리고 우주의 기운을 받아 치유와 재충전이 될 수 있도록 단오의 현장에 직접 나가보는 것은 어떨까?

"옛것을 익혀 새것을 안다."
溫故而知新

— 공자, 『논어』 中

6월 20일

세계 난민의 날

6월 20일은 '세계 난민의 날'이다. 전쟁, 박해, 재난으로 삶의 터전을 잃은 사람은 전 세계적으로 1억 명이 넘으며, 이들은 거의 100여 개 나라에 흩어져 있다. 이날은 우리가 그들의 현실을 떠올리고, 인류공영의 책임을 생각하게 한다.

옛날 유대 민족은 출애굽의 길에서 별빛을 따라 약속의 땅을 향했고, 폴리네시아인들은 은하수를 나침반 삼아 태평양 어딘가 보금자리 섬들을 찾아냈다. 미국의 흑인 노예들은 북극성을 따라 자유로 향하는 북쪽 길을 걸었다. 별빛은 언제나 길 잃은 이들의 희망이자 새 삶의 이정표였다.

오늘의 난민은 국경을 넘어 살 곳을 찾지만, 언젠가 인류 전체가 지구의 한계를 마주할 때 우리는 별빛을 따라 우주로 나아가야 할지도 모른다. 그때도 역시 별빛이 우리의 미래를 비출 것이다.

난민을 지킨다는 것은 오늘의 위기를 넘어 인류의 품격을 세우는 일이다. 타인의 방황을 외면하지 않을 때, 언젠가 우리 자신이 낯선 하늘 아래 서게 되더라도 당당함과 희망을 이어갈 수 있을 것이다.

> "우리는 같은 하늘 아래 살고 있지만, 같은 지평선을 바라보는 것은 우리의 선택이다."
> We all live under the same sky, but we don't all have the same horizon.
> ― 콘라트 아데나워 Konrad Adenauer, 독일 초대 연방총리

6월 21일

하지, 빛의 절정에서 질문을 던지다

6월 21일은 하지(夏至), 북반구에서 낮이 가장 길고 밤이 가장 짧은 날이다. 태양은 1년 중 가장 높이 떠오르고, 세상은 가장 오랜 시간 동안 햇빛에 잠긴다. 인류는 오래전부터 이날을 풍요와 생명의 절정으로 기념해왔다.

요즈음 하지는 또 다른 의미를 가진다. 자외선은 강해지고 낮이 길어지면서 건강관리가 중요해진다. 피부를 지키고 충분히 수분을 섭취하는 일, 그리고 장마가 시작되는 시기를 현명하게 준비하는 것이 필요하다. 하지의 태양은 우리에게 빛의 절정 속에서 어떻게 삶을 돌볼지를 묻는다.

하지만 가장 긴 낮은 곧 어둠의 시작이기도 하다. 빛이 절정을 지나면 어둠은 서서히 길어지듯, 자연은 언제나 순환 속에서 균형을 일깨운다.

하지는 오늘 우리에게 이렇게 말을 건넨다. "지금 가장 긴 빛이 주어졌을 때, 어떤 삶을 선택할 것인가? 그 대답이 내일의 어둠을 두려워하지 않는 길이 될 것이다."

"낭비한 시간은 다시 돌아오지 않는다."
Lost time is never found again.
― 벤저민 프랭클린 Benjamin Franklin, 미국 정치가

6월 22일

우주도전, 우리도 할 수 있다

2004년 6월 21일(정확한 날짜), 민간 우주비행의 역사가 열렸다. 테스트 파일럿 마이클 멜빌은 '스페이스십 원(SpaceShipOne)'에 올라 고도 약 100km, 우주의 경계를 넘어 최초 민간 상업 우주비행사가 되었다.

멜빌이 탑승한 스페이스십 원은 발사 전부터 불안정했다. 민간 자금으로 제작된 기체는 충분한 시험을 거치지 못했고, 기술적 신뢰성도 떨어졌다. 발사 직후에는 기체가 제어되지 않고 급격히 흔들렸으며, 멜빌은 백업 시스템을 작동시켜 간신히 회복했다. 그 순간은 생존과 추락 사이의 갈림길이었다.

민간의 작은 팀이 제한된 자원과 실험적인 기술로 도전에 나섰기에, 위험은 국가 기관의 비행보다 훨씬 더 크게 느껴졌다. 하지만 멜빌의 비행은 민간인도 우주의 문을 열 수 있다는 사실을 세계에 보여준 상징적 사건이 되었다.

우주 도전은 여전히 어렵고 두렵지만, 두려움을 극복하면 우리도 할 수 있다!

"크게 실패할 용기를 가진 사람만이 크게 성취할 수 있다."
Only those who dare to fail greatly can ever achieve greatly.
― 로버트 F. 케네디 Robert F. Kennedy, 미국 상원의원

6월 23일

유엔 공공봉사의 날

2003년 유엔은 6월 23일을 '유엔 공공봉사의 날(UN Public Service Day)'로 지정했다. 이날은 공공 부문의 혁신과 봉사의 가치를 기리고, 시민들에게 직접적인 도움을 주는 제도와 기술의 발전을 촉진하기 위한 날이다.

우주 기술 역시 인류를 위한 공공 봉사의 중요한 도구가 되고 있다. 유엔은 우주기반 정보 활용 재난관리 플랫폼(UN-SPIDER)을 운영하며, 위성 데이터를 통해 홍수와 지진 같은 재난에 신속히 대응하고, 기후 변화 감시와 지속가능발전목표(SDGs) 달성에 기여한다. 또한 농업에서는 작물 생육과 토양 상태를 분석해 식량 안보를 돕고, 보건·통신 인프라에서는 위성을 통해 의료와 교육 서비스를 오지와 분쟁 지역까지 전달하고 있다.

우주 기술이 인류 전체의 안전과 복지를 위한 '보이지 않는 공공 서비스'가 된 지 오래다. 인류문명의 혜택을 어떻게 좀 더 나누고 활용할지는 우리 모두의 의지와 선택에 달려 있다.

> "우리는 공동의 운명을 공유하고 있으며, 오직 함께 맞설 때만 그것을 극복할 수 있다."
> We share a common destiny, and we can only overcome it together.
> — 코피 아난 Kofi A. Annan, 유엔 사무총장

6월 24일

잉카의 태양 축제

오늘 페루에서는 잉카 제국의 가장 큰 축제, 인티 라이미(Inti Raymi)가 열린다. '태양의 축제'라는 뜻의 이날은 잉카인들에게 절대적인 존재였던 태양신 인티(Inti)에게 바치는 제례다.

잉카인들에게 태양은 인간과 자연, 신을 하나로 묶는 우주의 중심이었고, 인간의 삶과 번영을 좌우하는 절대적 힘이기도 했다.

그래서 매년 남반구의 동지(冬至, 6월 하순), 낮이 가장 짧아지는 순간에 태양의 부활을 기원하며 춤과 음악, 제례를 올렸다. 스페인 정복으로 오랫동안 사라졌던 제례 의식은 오늘날 쿠스코(Cusco)에서 화려하게 복원되어 수만 명이 축제로 즐기고 있다.

남반구에서 낮이 가장 짧고 밤이 가장 긴 날, 태양의 귀환을 기다린 잉카인의 축제는 오늘 북반구 낮이 가장 긴 시점에 있는 우리에게도 알려준다. "희망은 언제나 어둠의 가장 깊은 자리에서 태어난다."

"오, 햇빛이여! 지구에서 찾을 수 있는 가장 귀한 황금이로다."
Ô, Sunlight! The most precious gold to be found on Earth.

— 로맹 롤랑 Romain Rolland, 프랑스 작가

심(深)우주 시계

2019년 6월 25일, NASA는 플로리다에서 팔콘 헤비 로켓을 발사했다. 그 안에는 '심우주 원자시계(Deep Space Atomic Clock)'가 실려 있었는데, 이는 우주선이 지구의 계산에 의존하지 않고 스스로 위치를 계산할 수 있게 하는 첫 번째 시계였다.

지금까지 우주선은 지구와 신호를 여러 번 주고받아야만 자신의 위치를 계산할 수 있었다. 하지만 심우주 원자시계가 실리면, 지구에서 오는 신호를 한 번 받는 것만으로도 우주선은 스스로 위치와 속도를 계산할 수 있다. 또한 모든 관측과 사건에 정확한 시간을 기록해, 통신이 끊기더라도 나중에 데이터를 다시 분석할 수 있다.

이것은 단순한 기술 개선이 아니라 미래 탐사의 방식을 바꾸는 출발점이다. 지구의 계산을 기다리지 않고 즉시 항로를 정할 수 있게 되면서, 달과 화성에 자체 항법망을 세울 수 있고, 동시에 여러 탐사선을 운영하는 것도 가능해진다. 심우주 시계는 인류가 더 멀리, 더 자유롭게 우주를 탐험할 수 있도록 길을 열어 준 것이다.

우리의 삶에서도 시간은 방향을 정하는 기준이 된다. 오늘 시간을 어디에 쓰느냐에 따라 내일 우리가 서 있을 자리가 달라진다.

"시간은 인간이 쓸 수 있는 가장 소중한 것이다."
Time is the most valuable thing a man can spend.

— 테오프라스토스 Theophrastus, 그리스 철학자

6월 26일

한국 SF의 새로운 빛

2019년 6월 하순, 김초엽 작가의 첫 소설집 『우리가 빛의 속도로 갈 수 있다면』이 발간되었다. 과학기술과 우주를 배경으로 하면서도 인간의 감정과 관계를 섬세하게 담아낸 이 작품은, 출간과 동시에 한국 SF 문학에 새로운 가능성을 열며 큰 반향을 불러일으켰다.

표제작 〈우리가 빛의 속도로 갈 수 있다면〉을 비롯해, 〈순례자들은 왜 돌아오지 않는가〉, 〈관내분실〉, 〈감정의 물성〉 등은 우주와 인간의 삶을 연결하는 독창적 시도로 주목을 받았다. 작품 속 설정은 첨단과학을 바탕에 두고 있지만, 결국 독자가 마주하는 것은 이별과 사랑, 선택과 후회라는 보편적 주제였다.

문학평론가들은 김초엽의 소설집을 과학과 감성의 경계를 잇는 다리라 평가했다. SF가 한국에서도 충분히 '인간의 이야기'가 될 수 있음을 보여주었고, 이후 신진 작가들의 활약에도 중요한 자극이 되었다.

이 책은 우리에게 우주를 향한 상상이 결코 먼 이야기가 아님을 깨닫게 한다. 별과 행성을 향한 질문은 곧 우리 안의 외로움과 희망, 그리고 사랑의 의미를 비추는 또 하나의 거울이 된다.

> "SF는 미래를 예언하지 않는다. 다만 우리가 무엇을 두려워하고, 무엇을 희망하는지를 비춘다."
> Science fiction does not predict the future. It shows us what we fear and what we hope for.
> — 어슐러 K. 르 귄 Ursula K. Le Guin, 미국 작가

6월 27일

한국전쟁의 별, F-80 슈팅 스타

1950년 6월 27일, 한국전쟁 발발 사흘 만에 미 공군의 제트 전투기 'F-80 슈팅 스타'가 한반도 상공에 나타났다. 한국전쟁에 처음 투입된 제트기로, 이는 단순한 지원을 넘어 전쟁의 하늘에 새로운 '별'이 떠오른 역사적 순간이었다.

F-80은 2차 세계대전 말에 개발된 미국 최초의 실전 제트 전투기로, 당시 전투 양상을 근본적으로 바꾸었다. 북한군 항공력은 압도적인 속도와 화력 앞에 초기에 제압되었고, 제트엔진의 굉음은 한국인들에게 전쟁에서 승리를 확신하게 만들었다.

당시 사람들은 이 낯선 전투기를 '호주기'라 불렀다. 이승만 대통령의 영부인 프란체스카 여사가 가져온 것이라는 소문이 돌았기 때문이다. 또 날카롭게 울려 퍼지는 소리를 흉내 내어 '쌕쌕이'라고 부르기도 했다. 전쟁의 긴장 속에서도 붙여진 별명에는 두려움뿐 아니라, 일상을 지켜내려는 사람들의 유머와 감성이 스며 들어 있었다.

우리가 기억해야 할 것은, 당시 빛나던 이 전투기가 보여준 기술의 힘이 곧 삶의 희망이자 공포였다는 사실이다. 전쟁은 별을 무기로 만들었지만, 우리의 내일은 평화를 비추는 별로 채워져야 한다.

"하늘을 지배하는 자가 세계를 지배한다."
He who holds supremacy in the air holds the supremacy of the world.

— 빌리 미첼 Billy Mitchell, 미국 공군 장군

6월 28일

천리안 1호

2010년 6월 28일, 한국은 자체 개발한 첫 정지궤도 위성 천리안 1호의 정식 운용을 시작했다. 이로써 한국은 세계 7번째로 독자적인 정지궤도 위성을 보유하고 운영하는 국가가 되었다. 천리안 1호는 기상, 해양, 통신을 아우르는 다목적 위성이었다.

천리안의 운용은 한국이 처음으로 자체적인 기상·해양 관측 능력을 갖추게 되었다는 의미를 지닌다. 태풍과 황사, 집중호우 예보는 더욱 정밀해졌고, 해양 환경 감시와 기후변화 연구도 새로운 전기를 맞았다.

또한 천리안 1호는 일본의 '히마와리', 미국의 'GOES', 중국의 '펑윈' 위성과 자료를 공유하며 동아시아와 전 세계 기상 관측망의 한 축으로 자리 잡았다. 각국 위성이 연결됨으로써 태풍의 경로와 기후 변화는 더욱 정확하게 예측될 수 있었다.

우리는 기상위성의 우주 협력이 단순한 데이터 교환을 넘어, 모든 인류와 지구환경을 보호하는 핵심가치라는 사실을 깊이 인식할 필요가 있다.

"지구를 지키는 일은 어느 한 나라의 임무가 아니라 인류 전체의 책임이다."
Protecting the Earth is not the task of one nation, but the responsibility of all humanity.

— 반기문, 유엔 사무총장

6월 29일

갤럭시, 내 손안의 작은 우주

2007년 6월 29일, 애플의 아이폰이 세상에 등장했다. 단순한 휴대전화가 아니라 음악, 인터넷, 카메라까지 한 손에 담은 혁신적인 기기였다. 사람들은 처음으로 '주머니 속 작은 컴퓨터'를 일상에서 경험했고, 우리의 생활 방식은 근본적으로 달라지기 시작했다.

2009년 6월 29일, 삼성은 갤럭시 스마트폰을 선보였다. 이름부터가 '은하'를 뜻하는 갤럭시는, 손안에서 우주를 펼쳐 보이겠다는 꿈을 담고 있었다. 작은 화면 속에서 우리는 뉴스를 읽고, 지도를 펼치며, 심지어 밤하늘의 별자리까지 확인할 수 있게 되었다. 우주와 우리의 거리가 손바닥만큼 좁혀진 순간이었다.

스마트폰은 이제 단순한 기계를 넘어, 현대인의 분신이자 우주로 향하는 창이 되었다. 그러나 그것은 각자를 자기만의 작은 우주에 고립시키는 벽이 아니라, 서로의 우주를 긍정적으로 이어주는 다리가 되어야 한다.

"연결은 단순히 통신이 아니라, 서로의 세계를 나누는 일이다."
Connection is not just communication, but the sharing of worlds.

— 팀 버너스리 Tim Berners-Lee, 영국 컴퓨터 과학자

6월 30일

소유즈 11호의 비극

1971년 6월 30일, 소련의 소유즈 11호 귀환 캡슐에서 사고가 발생했다. 지상으로 무사히 귀환하는 듯 보였지만, 착륙 후 캡슐을 연 구조대는 세 명의 우주비행사가 모두 숨져 있는 것을 발견했다.

사인은 우주 환경에서 발생하는 급격한 감압 현상, 이른바 '우주 보일링(ebullism)'이었다. 우주선 내부 압력이 무너지면 체액과 혈액 속에 녹아 있던 기체가 정상 체온에서도 끓어오르며 거품을 형성한다. 이는 다이버가 깊은 바다에서 급격히 떠오를 때 겪는 잠수병과 원리가 비슷하지만, 우주에서는 훨씬 더 빠르고 치명적이다.

유사사례로 1965년 NASA 진공 챔버 실험에서 기술자가 우주복 장비의 고장으로 진공에 노출되어 혈액 속 기체가 거품처럼 변하는 보일링 현상을 겪었으나, 신속한 구조로 살아남았다. 2018년 국제우주정거장에서는 선체에 난 작은 구멍으로 공기가 빠져나가 압력이 급격히 떨어졌지만, 승무원들이 즉시 밀봉해 더 큰 사고를 막을 수 있었다.

세상살이도 마찬가지이다. 주변의 압력이 우리를 흔들 때, 순간의 분노로 끓어오르지 않고 깊은 바다처럼 침잠하며 차분히 대처해야 한다.

> "군자는 그 마음을 고요히 하여 흔들리지 않는다."
> 「君子泰而不驕」
>
> ― 공자, 『논어』 中

동양의 절기 구분에서

한 해의 일곱째 달은 미월(未月)로

양이 그 달을 상징한다.

우주발사센터, 우주개발의 심장부

1962년 7월 1일, NASA는 플로리다 메리트 아일랜드에 발사 운영 센터를 세우며 새로운 시대를 열었다. 이곳은 이듬해 케네디 대통령의 이름을 받아 '케네디 우주센터'로 거듭났다. 머큐리와 제미니, 아폴로 우주선이 차례로 이곳에서 날아올라 인류는 마침내 달에 도착했다.

케네디 센터가 플로리다에 자리 잡은 이유는 적도에 가까워 지구 자전 속도를 활용할 수 있고, 발사체 궤적이 대서양으로 향해 실패 시 위험을 줄일 수 있었기 때문이다. 또한 넓은 해안과 개발 여지가 풍부한 남부 지역은 대규모 시설 건설을 가능케 하여 미국 우주개발의 심장으로 성장했다.

같은 맥락에서 한국의 나로 우주센터도 최남단 외나로도에 세워졌다. 남해 방향으로 발사할 수 있어 안전성이 확보되고 궤도 선택의 자유도 커졌지만, 섬이라는 특성상 시설 확장이 어렵고 여러 인프라가 부족해 발사 및 연구 환경에 제약이 존재한다.

우주발사센터는 각 나라 우주개발의 심장부와 같다. 나로 우주센터가 우리의 심장이라면, 건강한 심장을 위해 국민의 성원과 실질적인 지원이 꼭 필요하다.

"과학의 위대한 성취는 국민의 신뢰와 지원 속에서 자란다."
Great scientific achievements grow in the trust and support of the people.
— 프랭클린 D. 루스벨트 Franklin D. Roosevelt, 미국 제32대 대통령

우주와 바다의 네트워크

1967년 7월 2일, 인류는 인공위성과 해저 케이블을 연결해 대서양을 건너는 최초의 글로벌 통신망을 열었다. 미국과 유럽의 전화와 방송이 우주와 바다를 통해 실시간 이어지는 완벽한 네트워크가 구성된 것이다.

당시 해저 케이블이 필요했던 이유는 위성만으로는 안정적 전송이 어려웠기 때문이다. 위성은 지구와 멀리 떨어져 있어 지연 시간이 크고 신호 손실도 잦았다. 반면 해저 케이블은 광섬유를 통해 대용량 데이터를 빠르고 안정적으로 반대편 대륙의 기지국까지 직접 전달할 수 있었다. 위성이 멀리 신호를 중계하면 케이블이 그것을 이어받아 다른 대륙으로 운반하는 방식으로, 두 기술은 서로의 한계를 보완했다.

지금도 국제 통신의 대부분은 해저 케이블이 담당한다. 저궤도 위성망 같은 차세대 기술이 성장하고 있지만 속도와 용량 면에서 케이블을 대체하기 어려워 가까운 미래에도 해저 케이블은 세계를 잇는 중요한 역할을 수행할 것이다.

"지구를 '땅'이라고 부르는 것은 적절하지 않다. 사실 지구는 '바다'이기 때문이다."
How inappropriate to call this planet Earth when it is quite clearly Ocean.

— 아서 C. 클라크 Arthur C. Clarke, 영국 과학자

백 투 더 퓨처

1985년 7월 3일, 로버트 저메키스 감독의 영화 〈백 투 더 퓨처〉가 미국에서 개봉되었다. 청소년 마티와 괴짜 발명가 브라운 박사의 시공간을 넘나드는 모험을 그린 이 영화는 단숨에 전 세계 관객을 사로잡으며 SF 대중문화의 새로운 이정표가 되었다.

영화 속 타임머신은 아인슈타인의 상대성이론과 연결된다. 시간은 절대적이지 않고 속도와 중력에 따라 달라질 수 있으며, 빛의 속도에 가까워질수록 더 느리게 흐른다. 〈백 투 더 퓨처〉는 이러한 과학적 상상력을 '과거로의 여행과 미래로의 도약'이라는 이야기로 풀어냈다.

타임머신의 매개체로 등장한 드로리언 DMC-12 스포츠카는 영화 흥행과 함께 청춘의 아이콘이 되었다. 걸윙 도어와 미래적인 디자인은 관객의 상상력을 자극했고, 단종된 지 오래였지만 영화 덕분에 전 세계적 유행을 일으켰다.

〈백 투 더 퓨처〉의 시간 여행은 상상 속에서 가능하지만, 진짜 모험은 바로 지금 이 순간을 성공적으로 살아내는 것이다.

"시간여행은 가능할지도 모른다. 하지만 실용적이지는 않다."
Time travel may be possible, but it is not practical.

— 스티븐 호킹 Stephen W. Hawking, 영국 물리학자

7월 4일

우주성 시력 저하

2011년 7월 4일, NASA는 장기간 국제우주정거장(ISS)에 머문 우주비행사들이 귀환 후 시력 저하를 겪는다는 최초 보고를 발표했다. 달 착륙 이후 반세기 넘게 이어진 유인 우주비행에서 처음 공식적으로 제기된 '우주성 시력 저하 증후군(SANS)' 문제였다.

이 현상은 무중력 상태에서 체액이 머리 쪽으로 몰리며 안압이 높아지고, 그 결과 안구 뒤쪽이 눌리면서 시신경과 망막이 변형되는 데서 비롯된다. 단순한 불편함을 넘어, 장기 탐사와 행성 탐사에 반드시 해결해야 할 생리적 장벽으로 떠오른 것이다.

우주비행사의 시력 저하는 인류의 장기 탐사를 가로막는 의학적 난제다. 이를 해결하기 위해 NASA는 하체 음압 장치, 안압을 완화하는 약물과 장비, 인공 중력 환경 구현 등 다양한 연구를 진행하고 있다. 결국 우주 개척의 미래는 로켓 기술뿐 아니라 인간의 몸을 지켜낼 의학적 해법에 달려 있으며, 그 성과가 쌓일 때 인류는 더 멀리에서, 더 오래 머무를 수 있을 것이다.

"탐험은 우리로 하여금 한계를 초월하게 한다."
Exploration allows us to transcend our limits.

— 스콧 켈리 Scott J. Kelly, 미국 우주비행사

세상을 묶는 힘

　1687년 7월 5일, 아이작 뉴턴은《자연철학의 수학적 원리》를 세상에 내놓았다. 이 책은 만유인력의 법칙과 세 가지 운동 법칙을 체계적으로 제시하며 근대 과학의 기초를 놓았고, 인류가 자연을 이해하는 방식을 근본적으로 바꾸어 놓았다.

　뉴턴은 모든 물체가 서로를 끌어당기며, 그 힘이 질량에 비례하고 거리의 제곱에 반비례한다는 사실을 밝혔다. 이 단순한 원리는 사과가 땅으로 떨어지는 이유와 달이 지구를 돌고 행성이 태양을 도는 궤적을 하나로 설명했다. 이전까지는 하늘과 땅이 다른 질서로 움직인다고 여겨졌지만, 그는 그것들이 같은 법칙 아래 있음을 보여준 것이다.

　뉴턴의 발견은 과학이 더 깊은 차원으로 나아가는 토대가 되었다. 오늘날 물리학은 그의 이론과 조금 다른 길을 걷고 있지만, 변함없는 사실은 우주가 하나의 질서 속에 있다는 점이다.

"나의 목표는 단순하다. 우주가 왜 이런 모습이며 왜 존재하는지 완전히 이해하는 것이다."
My goal is simple. It is a complete understanding of the universe, why it is as it is and why it exists at all.

— 스티븐 호킹 Stephen W. Hawking, 영국 물리학자

프리다 칼로

1907년 7월 6일, 멕시코 여류화가 프리다 칼로가 태어났다. 사고와 병으로 평생 고통을 겪었지만, 그녀는 그 고통을 자화상 속에 담아 인간과 자연, 그리고 우주를 아우르는 독창적 세계를 그려냈다.

한때 그녀의 남편이었던 디에고 리베라는 태양과 대지를 주제로 거대한 벽화를 남기며 멕시코 민중의 삶과 희망을 그렸다. 반면 칼로는 자신의 몸과 아픔을 그림 속에서 자연과 우주의 이미지로 바꾸어 표현했다. 대표작 〈우주 시간의 포옹〉에서 그녀는 대지와 우주, 여성의 몸과 생명을 하나의 거대한 원으로 감싸 안으며, 고통과 삶이 분리된 것이 아니라 서로 맞물린 질서 속에 있음을 보여주었다. 그녀는 별, 땅, 하늘, 나무의 뿌리 같은 상징을 통해 고통을 단순한 불행이 아닌 삶과 연결된 더 큰 의미로 승화시켰다.

칼로가 그림 속에서 자신의 몸을 우주와 연결했듯, 오늘날 우주비행사들은 실제로 몸을 우주에 던져 인간의 한계를 시험한다. 예술과 과학은 모두 인간과 우주의 관계를 탐구하는 여정인 것이다.

> "나는 나만의 현실을 그린다.
> 내가 아는 것은 단 하나, 나는 그릴 필요가 있어서 그림을 그린다는 것이다."
> I paint my own reality. The only thing I know is that I paint because I need to.
>
> ― 프리다 칼로 Frida Kahlo, 멕시코 화가

7월 7일

소서, 여름의 터닝 포인트

7월 7일경은 24절기 가운데 열한 번째 절기인 소서(小暑)다. 작은 더위라는 뜻을 지닌 이 날은 장마가 끝나고 본격적인 여름 더위가 다가오는 전환점으로, 예로부터 농경사회에서 중요한 시기로 여겨졌다.

전통적으로 소서는 모내기 이후 김매기를 하는 적기로 농사일에 중요한 기준점이었다. 또한 더위를 이기기 위해 창포탕에 몸을 씻거나, 계곡과 냇가에 발을 담그며 건강을 돌보는 풍습도 널리 행해졌다. 절기는 단순한 날짜가 아니라, 농사와 생활의 지혜가 담긴 시간이었다.

오늘날 소서는 개인건강과 휴식에 많은 비중을 둔다. 사람들은 팥빙수를 먹으며 열을 식히고, 복날과 연계하여 삼계탕 등 보양 음식을 찾기도 한다. 전통이 자연의 흐름 속에서 몸을 지키는 방식이었다면, 현대의 문화는 일상의 즐거움과 건강을 함께 챙기는 모습을 보여준다.

극한의 자연 현상은 피할 수 없는 것이며, 소서 또한 예외가 아니다. 오늘 소서는 본격적으로 시작되는 폭염에 대비한 우리의 준비와 마음자세를 묻고 있다.

"우리는 자연에 따라 살아야 한다."
We should live according to nature.
— 세네카 Lucius A. Seneca, 로마 철학자

7월 8일

바람과 달, 별의 시

1792년 7월 8일, 영국의 낭만주의 시인 퍼시 비시 셸리(Percy Bysshe Shelley)가 태어났다. 그는 바람과 달, 별을 노래하며 인간의 이상을 자연과 연결하고, 그것을 다시 우주의 질서 속에서 바라본 우주시인이다.

그의 대표작 〈서풍에 부쳐〉에서 바람은 죽음과 새로운 시작, 그리고 낡은 질서를 무너뜨리는 혁명의 힘으로 나타나며, 자연의 변화 속에서 인간과 우주가 공존함을 그려냈다. 〈달에게〉에서는 외로이 하늘을 오르는 달빛 속에 인간 영혼의 쓸쓸함을 투영했고, 〈별에게〉에서는 영원히 꺼지지 않는 별빛을 통해 인간 존재의 덧없음과 우주의 영속성을 대조했다.

셸리의 시는 오늘 우리에게 말을 건다. "너는 대자연의 우주 속에서 어떤 존재로 살아가고 싶어?"

"자연을 깊이 들여다보라. 그러면 모든 것을 더 잘 이해하게 될 것이다."
Look deep into nature, and then you will understand everything better.
— 알베르트 아인슈타인 Albert Einstein, 독일 출신 물리학자

7월 9일

콜라, 우주로 날아오르다

1985년 7월 9일, 스페이스 셔틀 챌린저호에는 코카콜라와 펩시가 실렸다. 두 회사는 단순한 홍보를 넘어, 무중력 상태에서 콜라를 마실 수 있는지를 시험하며 경쟁했다. 지상에서는 맛의 우열을 다투었지만, 우주에서는 콜라를 마실 수 있는지 여부가 도전 과제였다.

이를 위해 코카콜라는 압력 장치가 달린 디스펜서형 캔을, 펩시는 스프레이캔식 발포 구조의 캔을 개발했다. 그러나 무중력에서는 탄산이 액체와 섞이지 않아 음료가 제대로 흘러나오지 않거나, 마신 뒤 위(胃) 역류현상이 발생했다. 결국 승패는 나지 않았지만, 이 실험은 지극히 일상적인 행동조차 우주에서는 새로운 도전이 된다는 사실을 보여주었다.

콜라의 우주 실험은 인류가 첨단 기술로 우주를 여는 순간에도, 끝내 놓지 못하는 것은 작은 일상의 기쁨, '소확행'임을 우리에게 말해준다.

"삶의 가치는 수명이 아니라 삶의 질에 달려 있다."
It is not length of life, but depth of life.
— 랄프 왈도 에머슨 Ralph Waldo Emerson, 미국 철학자

텔스타, 민간 우주 통신의 시작

1962년 7월 10일, 세계 최초의 민간 통신 위성 '텔스타 1호'가 케이프커내버럴에서 발사되었다. AT&T가 주도하고 NASA가 협력한 이 위성은 전화, 텔레비전, 팩시밀리 신호를 직접 중계하며, 우주 통신 시대의 첫 장을 열었다.

텔스타의 등장은 통신의 범위를 단숨에 넓혔다. 당시 해저 케이블은 제한된 회선으로 원거리 통화는 가능했지만, 대규모 실시간 통신이나 텔레비전 방송은 불가능했다. 텔스타는 처음으로 대륙 간 실시간 영상과 음성을 전달하며 지구가 하나의 대화 공간이 될 수 있음을 보여주었고, 비록 하루 약 20분만 연결되고 용량도 제한적이었으나 그 상징성은 대단했다.

텔스타의 발사는 전 세계적으로 큰 관심을 모았고, 그 이름은 음악과 대중문화 속에도 스며들었다. 영국 밴드 더 토네이도스의 연주곡 〈Telstar〉는 전 세계적으로 히트하며, 우주 기술이 대중의 상상력과 희망을 자극했음을 보여주었다.

오늘날 국제 전화와 영상 통화는 일상적이지만, 1962년의 텔스타는 그 모든 것의 시작을 알린 혜성과 같은 존재였다.

"소통은 공동체를 만든다."
Communication leads to community.

— 롤로 메이 Rollo R. May, 미국 심리학자

7월 11일

외계 존재와의 접촉

1997년 7월 11일, 미국에서 로버트 저메키스 감독의 영화 '콘택트(Contact)'가 초연되었다. 조디 포스터는 외계 지성체의 신호를 추적하는 과학자 엘리 애로웨이 역을 맡아, 인간이 우주를 향한 근원적 갈망을 어떻게 해결하는지를 보여주었다.

이 작품은 단순한 외계 탐사 이야기를 넘어, 과학과 종교, 개인의 경험과 집단의 이해, 정치와 권력이 얽히는 과정을 그렸다. 외계 존재와의 접촉은 곧 인류가 어떤 가치와 원칙을 내세울 것인가라는 질문으로 확장되며, 이는 냉전 이후 세계가 안고 있던 불신과 새로운 질서의 갈망을 반영하기도 했다.

우리가 영화와 동일한 질문을 받으면 여전히 답을 망설이게 될 것이다. 그것은 우리의 공통된 가치와 책임에 대한 자기 확신에서 답이 시작되기 때문이다.

"믿음이란 보이지 않는 것을 믿는 것이다."
Faith is to believe what you do not see.
— 아우구스티누스 Aurelius Augustinus, 로마 신학자

7월 12일

인공위성의 아름다운 퇴장

2005년 7월 12일, NASA는 1984년 발사된 '지구방사선 균형 탐사위성(ERBS)'의 임무 종료를 공식 선언했다. 이후 위성은 궤도에 머물다가 정상적인 폐기 절차에 따라, 2023년 1월 8일 대기권에 재진입해 불타 소멸하며 긴 여정을 마쳤다.

위성의 퇴역은 국제 지침에 따라 진행된다. 잔여 연료를 소진해 폭발 위험을 줄이고, 대기권 재진입을 통해 대부분을 연소시키거나, '그레이브야드 궤도'로 이동시켜 충돌을 예방한다. ERBS는 이러한 절차를 준수한 대표적 사례로, 언론은 이를 '인공위성의 장례식'이라 불렀다.

ERBS의 마지막은 단순한 폐기가 아니라 책임 있는 마무리였다. 우리는 책임 있는 마무리가 항상 더 나은 시작을 위한 것임을 잘 알고 있다.

"위대한 것은 시작의 예술이지만, 더 위대한 것은 끝맺음의 예술이다."
Great is the art of beginning, but greater is the art of ending.

— 헨리 워즈워스 롱펠로 Henry Wadsworth Longfellow, 미국 시인

7월 13일

달 암석을 훔친 인턴

2002년 7월 13일, NASA의 한 인턴이 동료들과 함께 플로리다 케네디 우주센터에서 아폴로 임무로 가져온 달 암석 표본을 훔쳤다. 수백만 달러 이상의 가치를 지닌 이 암석들은 호텔 금고에 숨겨졌다가 곧 FBI에 의해 압수되었고, 관련자들은 법정에서 중형을 선고받았다.

이 사건은 단순한 절도를 넘어 과학적 신뢰와 인류 공동 자산을 훼손한 행위로 남아 있다. 달 암석은 전 인류의 연구·교육 자산임에도 개인의 욕심에 의해 도난을 당하였고, 이후 우주 탐사 성과의 보존과 공유라는 사회적 과제가 부각되었다.

달에서 가져온 작은 돌은 단순한 표본이 아니라, 인류가 처음 우주에 남긴 발자취다. 그것을 지켜내는 일은 우리가 함께 쌓아온 꿈과 기억을 존중하는 태도에서 출발한다.

"큰 업적에는 큰 책임이 따른다."
The price of greatness is responsibility.
— 윈스턴 처칠 Winston L. S. Churchill, 영국 수상

7월 14일

바스티유, 혁명의 별빛을 비추다

1789년 7월 14일, 파리 시민들은 절대왕정의 억압을 상징하던 바스티유 감옥을 습격했다. 이 사건은 프랑스 혁명의 도화선이 되었으며, 자유와 평등, 시민 주권을 향한 근대 사회의 문을 열었다. 이후 프랑스는 이날을 국경일로 지정해 매년 기념하고 있다.

당시의 프랑스의 예술과 문학 속에서 별과 빛은 자유와 희망을 상징하는 도구로 등장했으며, 바스티유의 함락은 억압된 하늘에 별빛을 다시 밝힌 역사적 순간이었다.

우주에도 혁명적 전환이 있었다. 스푸트니크의 발사는 우주 진입의 혁명이었고, 아폴로 11호의 달 착륙은 천체 도달의 혁명으로 기록된다. 민간기업의 재사용 로켓 성공은 산업 구조의 혁명이었으며, 허블망원경과 외계행성 발견은 우주 인식의 혁명을 가져왔다.

바스티유 감옥의 습격은 새로운 세상을 향한 집단적 상상력의 분출이었다. 그 힘은 오늘날 인류가 우주의 벽을 하나씩 넘어 별을 향해 나아가는 도전의 용기와 같다.

"인간은 자유롭게 태어났으나, 어디서나 쇠사슬에 매여 있다."
Man is born free, and everywhere he is in chains.
— 장 자크 루소 Jean-Jacques Rousseau, 프랑스 철학자

7월 15일

일본의 '오본'

7월 15일은 일본의 대표적인 전통 명절 오본(お盆)의 절정에 해당하는 날이다. 불교의 《우란분경》에 뿌리를 둔 이 의례는 조상 영혼이 이승으로 돌아온다고 믿으며, 등을 밝히고 제를 올려 그들을 맞이하는 전통에서 비롯되었다.

오본은 단순히 제사의 형식에 그치지 않는다. 음력 보름달에 맞추어 진행되는 이 의례는 달의 주기, 빛과 어둠의 교차, 생과 사의 윤회라는 불교적·우주적 질서와 맞닿아 있다. 즉 오본은 지구와 하늘, 인간과 영혼을 잇는 우주적 시간의식 속에서 탄생한 행사다.

현대 일본에서 오본은 가족이 귀향해 조상의 묘를 돌보고, 공동체가 본오도리 춤과 등불 행렬로 어우러지는 명절로 자리 잡았다. 종교적 엄숙함은 여전히 남아 있지만, 문화적 축제의 성격이 더해져 사회적 유대와 화합의 장으로 발전하였다.

오본의 조상을 기리는 등불은 우주 속에서 현재의 우리를 성찰하여 밝은 미래로 가려는 마음의 모습인 것이다.

> "자신들의 과거, 기원, 문화를 모르는 민족은 뿌리 없는 나무와 같다."
> A people without the knowledge of their past history, origin and culture is like a tree without roots.
> — 마커스 가비 Marcus M. Garvey, 자메이카 정치가

7월 16일

파괴와 협력, 그리고 새로운 선택

1945년 7월 16일, 미국 뉴멕시코 사막에서 인류 최초의 핵실험인 '트리니티(Trinity)' 실험이 이루어졌다. 태양보다 밝게 빛난 폭발은 인류에게 전혀 새로운 시대의 문을 열었고, 그 힘을 다루기 위해 발전된 로켓 기술은 훗날 우주 탐사의 토대가 되었다. 과학은 그날, 파괴와 탐험이라는 두 얼굴을 동시에 드러냈다.

그로부터 30년 뒤인 1975년 같은 날, 미국의 아폴로와 소련의 소유즈가 궤도에서 도킹했다. 냉전기의 두 강대국이 우주에서 손을 맞잡은 이 장면은, 대립의 하늘이 협력의 공간으로 바뀔 수 있음을 보여주었다.

오늘날 우주는 다시 경쟁의 무대가 되고 있다. 여러 나라가 인공위성 요격 실험으로 군사적 능력을 과시하며, 협력의 상징이던 우주가 갈등의 불씨를 낳고 있다.

우주는 언제나 인간의 욕망을 비추는 거울이다. 협력을 택하면 밝은 미래를, 파괴를 택하면 깊은 어두움을 보여줄 것이다.

"적과 평화를 이루고 싶다면, 그와 함께 일해야 한다."
If you want to make peace with your enemy, you have to work with your enemy.

— 넬슨 만델라 Nelson R. Mandela, 남아공 대통령

7월 17일

디즈니랜드와 우주의 꿈

　1955년 7월 17일, 미국 캘리포니아 애너하임에 세계 최초로 디즈니랜드가 문을 열었다. 그날은 단순한 놀이공원의 개장이 아니라, 대중이 미래와 우주에 대한 상상을 직접 체험할 수 있는 새로운 장이 열린 순간이었다.

　당시 개장한 투모로우 랜드는 '1986년의 미래'를 주제로, 로켓 투 더 문, 거대한 TWA 문라이너 로켓, 오토피아와 과학 전시관 등을 갖추고 있었다. 이곳은 우주 시대의 도래를 예고하며, 미래 도시와 과학기술을 눈앞에 구현한 공간이었다.

　이후 디즈니는 《토이 스토리》의 버즈 라이트이어, 《스타워즈》의 은하 세계, 《가디언즈 오브 갤럭시》와 《릴로와 스티치》에 이르기까지 다양한 우주 캐릭터를 선보였다. 우주는 디즈니 상상력의 원천이자, 문화적 자산으로 자리 잡았다.

　우주를 향한 상상은 인간이 현실을 넘어 더 큰 내일을 준비하게 하는 힘이다. 오늘 집을 나서며 우리의 유쾌한 미래를 한번 상상해보면 좋을 것 같다.

"인간이 상상할 수 있는 것은 언젠가 반드시 실현된다."
Anything one man can imagine, other men can make real.

— 쥘 베른 Jules G. Verne, 프랑스 소설가

7월 18일

상하이 플라네타리움

2021년 7월 18일, 중국 상하이에 세계 최대 규모의 플라네타리움이 문을 열었다. '상하이 천문관(上海天文)'이라 불리는 이 시설은 단순한 전시장이 아니라, 인류가 우주를 어떻게 이해하고 체험할 수 있는지를 보여주는 미래형 과학관으로 기획되었다.

상하이 플라네타리움은 3만8천m^2의 방대한 공간에 최신식 돔 극장, 가상현실(VR) 체험관, 태양 관측소, 우주 탐사 시뮬레이터 등을 갖추고 있다. 전시는 단순한 모형 관람을 넘어, 인터랙티브 기술과 몰입형 디지털 연출을 통해 관람객이 실제로 우주를 여행하는 듯한 경험을 제공한다.

이 개관은 중국의 '우주굴기' 전략과도 맞닿아 있다. 우주를 미래 경쟁력의 핵심으로 삼는 국가적 의지가 반영된 것이며, 동시에 대중이 우주와 가까워지도록 하는 교육적 역할을 한다. 어린이와 청소년에게는 호기심과 상상력을 길러주는 공간이 되고, 국제적으로는 중국이 우주 강국을 지향한다는 메시지를 선명히 드러낸다.

오늘, 우리는 어린이와 청소년을 우주에 한 걸음 더 다가가게 하는 해리 쏘너의 마술봉이 어디에 있는지 찾아 보아야 한다.

"호기심은 우리의 존재의 본질이다."
Curiosity is the essence of our existence.
— 카를로 로벨리 Carlo Rovelli, 이탈리아 물리학자

7월 19일

로켓시티 헌츠빌

2025년 7월 19일, 미국 알라바마주 헌츠빌의 마샬 우주비행센터는 창립 65주년을 맞아 기념 행사를 열었다. 아폴로 시대의 새턴 V 로켓에서 오늘날 아르테미스 프로젝트까지 이어진 성과를 기념하며, 이 도시는 미국 우주개발의 심장으로서 다시 한 번 주목을 받았다.

헌츠빌은 '로켓시티(Rocket City)'라는 별명으로 불린다. 이곳에는 NASA 마샬 우주비행센터를 비롯해, 레드스톤 병기창, U.S. Space & Rocket Center 박물관, 그리고 수많은 항공우주 기업 연구소들이 밀집해 있다. 작은 도시가 거대한 우주개발 생태계를 품으며, 로켓이 단순한 기술을 넘어 도시 정체성이 될 수 있음을 보여준다.

한국에 나로우주센터가 발사의 전초기지로서 미국의 케네디 우주센터에 비견된다면, 로켓시티는 어디에 있는가? 진주·사천·대전 등이 국가적 상상력을 모으는 거점으로 육성될 때, 한국은 비로소 우리의 로켓시티를 갖게 될 것이다.

"나는 '불가능하다'라는 단어를 가장 조심스럽게 사용해야 한다는 것을 배웠다."
I have learned to use the word impossible with the greatest caution.
— 워너 폰 브라운 Wernher M. M. Freiherr von Braun, 독일 출신 과학자

7월 20일

인류, 달에 서다

1969년 7월 20일, 아폴로 11호의 달 착륙선 '이글(Eagle)'이 달 표면에 내려앉았다. 인류가 처음으로 지구 밖 천체에 발을 내딛은 순간, "이것은 한 인간에게는 작은 발걸음이지만, 인류 전체에게는 위대한 도약"이라는 닐 암스트롱의 말은 전 세계를 하나로 묶는 역사적 선언이 되었다.

달 착륙은 단순한 기술적 성취가 아니라, 수많은 도전과 희생, 실패와 재도전이 쌓인 결과였다. 케네디 대통령의 '달에 가겠다'는 선언 이후 불과 8년 만에 이뤄진 성과였으며, 냉전 경쟁을 넘어선 과학과 인류의 집단적 의지의 상징이었다.

인류는 그날, 하늘을 바라보는 존재에서 스스로 하늘에 닿을 수 있는 존재로 바뀌었다. 그 순간은 인류가 스스로 한계를 넘어설 수 있음을 증명한 역사적 성취이기도 했다.

달에 남긴 발자국은 한 국가의 업적을 넘어 인류가 앞으로 어떤 꿈을 꾸고 어디로 향할지를 묻는 질문으로 여전히 남아 있다.

"달은 언제나 거기에 있었지만, 이제는 우리가 거기에 있었다."
The moon was always there, but now we've been there.

— 버즈 올드린 Buzz Aldrin, 아폴로 11호 우주비행사

7월 21일

금성으로 가지 못한 탐사선

1962년 7월 21일, 미국의 금성 탐사선 마리너 1호가 케이프커내버럴에서 발사되었다. 그러나 발사 5분도 채 지나지 않아 궤도를 이탈했고, 결국 자폭 명령이 내려졌다. 금성에 도달할 최초의 탐사선이 될 뻔한 마리너 1호는 허무하게 사라졌다.

조사 결과, 원인은 충격적이었다. 유도 프로그램의 수학식에서 단순한 '하이픈(-)' 하나가 빠지면서 항법 연산 전체가 무너진 것이다. 이 작은 오류로 수억 달러와 수년간의 노력이 허무하게 사라지며, 사건은 '세계에서 가장 값비싼 하이픈'으로 불렸다.

작은 기호 하나가 우주도전의 역사를 바꾸었듯, 우리의 사소한 선택이 내일을 향한 길을 바꿀 수 있다. 끊임없는 점검과 협력은 모두에게 불편하지만 모두를 위한 최선의 선택이다.

"신은 세부 속에 있다."
God is in the details.

— 루트비히 미스 반 데어 로에 Ludwig Mies van der Rohe, 독일 건축가

7월 22일

달에 간 시계

1969년 7월 22일자 영국 《데일리 텔레그래프》에는 인류의 달 착륙을 기념하는 오메가의 광고가 실렸다. 실제 아폴로 11호 우주비행사들이 착용한 스피드마스터는 "달에 간 시계"라는 수식어를 얻었고, 상업적 브랜드를 넘어 인류 역사 속 장면의 일부가 되었다.

스피드마스터는 NASA의 혹독한 시험을 통과해 공식 채택된 유일한 시계로, 제미니와 아폴로 임무에서 실제 활용되었다. 특히 아폴로 13호에서는 전자 장비 대신 귀환 궤도 수정에 필요한 시간을 측정하는 데 결정적 역할을 해 우주인의 생명을 지켜낸 상징적 장비로 인식되었다.

오메가는 달 착륙의 감동을 상업적 기회로 자연스럽게 연결시켰다. 광고뿐 아니라 기념판화 시계, 한정판 골드 에디션 등 다양한 제품 라인업으로 확장하며 "문워치" 이미지를 강화했고, 이 전략은 전 세계인에게 달 착륙하면 브랜드가 연상되는 파급효과를 가져왔다.

상업분야가 주도하는 뉴스페이스 시대를 사는 우리에게 스피드마스터는 질문을 던진다. "2032년 한국이 달에 착륙하면 어떤 것들을 보여줄 생각인지?"

"변화는 삶의 법칙이다. 과거와 현재만 바라보는 사람은 반드시 미래를 놓치게 된다."
Change is the law of life.
And those who look only to the past or present are certain to miss the future.

— 존 F. 케네디 John Fitzgerald Kennedy, 미국 제35대 대통령

대서, 무더위의 터닝 포인트

오늘은 24절기 가운데 하나인 대서(大暑)다. 음력 6월 중순 무렵에 해당하며, 이름 그대로 1년 중 가장 더운 시기를 뜻한다. 삼복더위와 겹쳐 예로부터 사람들은 이 시기를 견디기 위해 지혜를 쌓아왔다.

과거 농경사회에서 대서는 '염소뿔도 녹는다'는 말이 있을 정도로 폭염이 강한 때였다. 사람들은 찬 음식을 나누며 잠시 열기를 식혔고, 공동 위생을 위해 우물을 정화하는 풍습도 있었다. 더위 속에서도 한 해 농사의 성패가 걸린 시기라 벼에 물을 대고 김매기를 하는 등 농사일은 멈출 수 없었다.

현대에는 대서를 맞아 냉방기에 크게 의존하는 모습이 두드러진다. 어쩔 수 없는 현상이지만, 개인적으로는 냉방병에 대비할 필요가 있고, 사회적으로는 지구 온난화 속에서 에너지 사용을 되돌아보아야 한다는 과제를 안고 있다.

더위가 절정에 이르면 내려갈 일만 남는다는 사실은, 자연이 주는 작은 희망의 메시지다. 대서는 가장 힘든 시기이지만 동시에 더 시원한 내일을 기다리게 하는 순간이기도 하다.

"괴로움 속에 즐거움이 있고, 즐거움 속에 괴로움이 있다."
苦中有樂 樂中有苦

— 『채근담』 中

7월 24일

우주 검역, 불확실성에 대비

1969년 7월 24일, 아폴로 11호가 태평양에 착수하며 인류는 처음으로 달에 다녀온 사람들을 맞이했다. 그러나 닐 암스트롱, 버즈 올드린, 마이클 콜린스는 환영 대신 달에서 온 세균의 가능성 때문에 21일간 검역을 위한 격리에 들어갔다.

검역은 '이동 격리시설'에서 진행되었고, 우주비행사뿐 아니라 암석과 먼지까지 철저히 검사되었다. 과학적 근거는 불확실했지만 혹시 모를 위험을 차단하려는 조치였으며, 가족은 창문 너머로 겨우 볼 수 있었다.

1971년 NASA는 "달에서 생물학적 위험이 발견되지 않았다."는 최종 발표를 했고, 검역 절차는 1971년 7월 아폴로 15호 귀환부터 적용되지 않았다.

불확실함 앞에서 사람들은 종종 두 갈래의 모습을 보인다. 과도한 공포이거나, 별문제 아니라는 안이함. 우리에게 필요한 태도는 신중함을 잃지 않고 사실을 확인하며, 한 걸음씩 앞으로 나아가는 것이다.

"모든 진보는 불확실성을 향한 한 걸음이다."
All progress is an adventure into the unknown.
— 올리버 웬델 홈즈 주니어 Oliver Wendell Holmes Jr., 미국 대법관

한여름 밤 별빛 축제

7월 25일 전후로 한국 곳곳에서는 별과 우주를 주제로 한 다채로운 행사가 열린다. 도심을 벗어나 가족과 시민이 함께 하늘을 올려다보는 이 시기는, 한국에서 여름철을 대표하는 천문 축제의 계절로 자리매김했다.

대표적으로 한국천문연구원의 '한여름 밤의 별 축제', 청주의 별학교 프로그램, 경북 영천의 보현산 천문대 공개 행사, 그리고 최근 주목받았던 다누리 달 궤도선 사진전 등이 있다.

이 시기에 축제가 집중되는 것은 여름밤이 비교적 맑고 길어 별빛 관측에 유리하며, 학생들의 방학과 직장인의 휴가철이 겹쳐 가족 단위 참여가 활발하기 때문이다. 또한 각 지자체가 관광과 지역 축제를 연계하면서, 천문 행사는 자연스럽게 지역 발전과 문화 활성화의 장으로 발전해 왔다.

다만, 별빛 축제가 일상의 관심과 꾸준한 지원이 더해질 때, 축제의 불빛은 꺼지는 불꽃이 아니라 미래 세대의 상상력과 꿈을 밝히는 등불로 이어질 수 있다.

"천문학은 우리를 우리 자신 위로 끌어올리기 때문에 유익하다."
Astronomy is useful because it raises us above ourselves.
— 앙리 푸앵카레 Henri Poincaré, 프랑스 수학자

우주의 식탁에 오른 라면

2005년 7월 26일, 일본 우주비행사 노구치 소이치는 국제우주정거장에서 세계 최초로 즉석 라면(Space Ram)을 맛보았다. 닛신식품은 NASA 및 JAXA와 함께, 무중력에서도 흘러내리지 않고 안전하게 먹을 수 있는 특별한 라면을 개발해냈다.

라면은 길이를 줄여 흡입이 가능하도록 만들고, 국물은 점도를 높여 떠다니지 않게 설계되었다. 또 낮은 온도에서도 조리가 가능하도록 조정해, 영양과 안전을 동시에 확보한 대표적 우주 식품으로 평가받았다.

이후 라면은 지속적인 개발을 통해 우주비행사들의 정서적 안정을 돕고 식단의 다양성을 넓히는 역할을 인정받았다. 최근에는 화성 탐사를 대비한 연구 속에서 장기간 보존 가능성과 물 절약형 식품이라는 점에서 화성 장기 체류 식단의 후보군으로까지 검토되고 있다.

김치는 이소연 박사가 2008년 국제우주정거장에 가져가며 우주 최초의 발효식품이 되었지만, 단 한 번의 기록에 그쳤다. 우리는 지구의 일상이 우주에서는 여전히 특별한 사건임을 잊지 말아야 한다.

"음식에 대한 사랑보다 더 진실한 사랑은 없다."
There is no love sincerer than the love of food.
— 조지 버나드 쇼 George Bernard Shaw, 아일랜드 극작가

7월 27일

벅스 버니와 옥토끼

1940년 7월 27일, 워너브라더스의 애니메이션 〈A Wild Hare〉에서 토끼 캐릭터 벅스 버니(Bugs Bunny)가 처음 등장했다. 그는 재치와 유머로 대중문화를 대표하는 아이콘이 되었고, 전 세계 관객의 꾸준한 사랑을 받았다.

벅스 버니는 1948년 〈Haredevil Hare〉에서 우주선을 타고 달로 향했고, 이후 〈스페이스 잼〉 시리즈에서는 우주 농구까지 펼치며 '우주 토끼'라는 독특한 이미지를 굳혔다. 그의 이야기는 땅속 굴에서 시작했지만, 곧 별과 달을 배경으로 한 유쾌한 상상으로 확장되었다.

동양에는 달 속 옥토끼가 신비로운 상징으로 전해져 내려왔고, 서양에서는 벅스 버니가 달을 여행하며 대중적 상상력을 키웠다. 서로 다른 전통이지만 달과 토끼는 문화권을 넘어 인류가 하늘을 바라보며 만든 보편적 상징으로 자리 잡았다.

오늘 우리가 달을 보고 벅스 버니와 옥토끼를 함께 떠올린다면, 그것은 과거의 신화와 현대의 유머가 만나 미래의 우주 상상력을 열어가는 다리가 이어진 것이다.

"인류가 가진 유일하게 효과적인 무기는 웃음이다."
The human race has only one really effective weapon, and that is laughter.
— 마크 트웨인 Mark Twain, 미국 소설가

7월 28일

시인과 우주의 언어

1927년 7월 28일, 미국 뉴욕에서 현대시인 존 애쉬베리(John Ashbery)가 태어났다. 그는 실험적이고 다층적인 언어로 20세기 후반 영어 시단에 깊은 흔적을 남겼으며, 퓰리처상과 전미도서상을 받은 《자기초상화》와 《계획된 도시》 등이 대표작으로 꼽힌다.

애쉬베리의 시는 종종 난해하다는 평가를 받았다. 이는 그의 작품이 일상의 언어를 해체하고, 무한·별·공허 같은 우주적 이미지를 겹겹이 쌓아 올렸기 때문이었다. 그래서 그의 시를 읽는 일은 단순한 해독이 아니라, 마치 우주를 항해하는 듯한 경험으로 다가온다. 그는 일상의 파편을 은하의 질서처럼 연결하고, 언어의 혼란을 우주의 질서로 바꾸려 했다.

오늘의 우리에게 그의 시는, 끝없이 변하는 세계 속에서 고정된 답을 찾기보다 우주처럼 확장되는 질문을 품고 살아가라고 조언한다.

"나는 거대하다, 나는 무수한 것을 담고 있다."
I am large, I contain multitudes.
— 월트 휘트먼 Walt Whitman, 미국 시인

7월 29일

The Doors, 불꽃에서 우주로

1967년 7월 29일, 더 도어스(The Doors)의 곡 〈Light My Fire〉가 빌보드 차트 1위를 차지하며 밴드는 단숨에 세계적인 록 스타로 떠올랐다. 짐 모리슨의 독창적인 가사와 밴드 특유의 사이키델릭 사운드는 1960년대 젊은 세대의 마음을 사로잡았다.

그들의 음악은 단순한 사랑 노래를 넘어 의식의 경계를 넓히려 했다. 〈Not to Touch the Earth〉와 〈Strange Days〉 같은 곡은 현실을 인간 내면의 우주로 비유하며, 청중에게 끝없는 어둠과 별의 상상력을 열어주었다.

도어스가 노래한 불꽃(〈Light My Fire〉)은 단순한 열정의 은유가 아니라, 별이 죽고 초신성으로 폭발하며 새로운 생명을 잉태하는 우주의 순환과 닮아 있다. 인간 내면의 여행은 우주비행사들의 오버뷰 효과와 이어지고, 끝없는 밤은 현대 과학이 탐구하는 암흑의 세계를 떠올리게 한다. 그들의 상징은 음악을 넘어 실제 우주와 공명한다.

오늘 우리가 도어스를 다시 듣는다면, 1960년대의 향수와 함께 삶을 좁은 현실로만 보지 말고, 우주처럼 끝없이 넓은 시각으로 바라보라는 외침이 느껴질 것이다.

"알려진 것과 알려지지 않은 것이 있고, 그 사이에 문이 있다."
There are things known and things unknown and in between are the doors.
— 짐 모리슨 James D. Morrison, 미국 가수

7월 30일

진리의 탐구, 모호함에서 확신으로

1610년 7월 30일, 갈릴레오 갈릴레이는 자신이 만든 망원경으로 토성을 관측한 사실을 발표했다. 그는 토성을 "양옆에 무언가가 붙은 별"로 묘사했는데, 이는 인류 최초의 토성 고리 관측 기록이었다.

이 관측은 망원경이라는 새로운 도구를 통해 하늘을 직접 관찰할 수 있다는 사실을 증명하였다. 고대와 종교가 말한 완전무결한 하늘은 더 이상 절대적이지 않았고, 인간의 눈과 기술이 우주의 비밀을 밝히는 열쇠가 될 수 있음을 보여주었다.

갈릴레오의 보고는 곧 혼란과 논쟁을 불렀다. "토성에 귀가 달렸다"는 묘사는 비판의 대상이 되었으나, 이 모호함이 오히려 후대 연구를 자극했고 호이겐스와 카시니의 발견으로 토성의 정체는 점차 명확해졌다.

우리는 갈릴레오의 토성 관측에서, 불완전한 시선조차 새로운 길을 여는 힘이 될 수 있음을 배운다. 진리는 단번에 드러나지 않지만, 의심과 확인이 반복될 때 우리는 세상을 새롭게 이해하게 된다.

"모든 진리는 발견되고 나면 이해하기 쉽다. 중요한 것은 그것을 발견하는 일이다."
All truths are easy to understand once they are discovered; the point is to discover them.

— 갈릴레오 갈릴레이 Galileo Galilei, 이탈리아 과학자

START I, 우주 시대의 전략적 균형

1991년 7월 31일, 미국과 소련은 모스크바에서 START I(Strategic Arms Reduction Treaty) 조약에 서명했다. 양국은 핵탄두와 미사일 보유량을 크게 줄이기로 합의했으며, 이는 냉전 종식의 흐름 속에서 맺어진 최초의 대규모 전략무기 감축 협정이었다.

이 조약은 단순히 지상 전력만이 아니라 대륙간탄도미사일(ICBM), 잠수함발사탄도미사일(SLBM), 전략폭격기까지 포함했다. 이런 무기체계는 모두 우주 공간을 지나거나 우주기술과 연결되어 있었기에, START I은 곧 우주와 관련된 전략 기술의 제한이기도 했다.

또한 협정 이행을 확인하기 위해 위성을 통한 감시와 검증 체계가 제도화되었다. 이는 군사적 신뢰를 높이는 한편, 위성 기반 우주 감시체계(SSA) 발전을 촉진해 우주를 대결의 공간에서 협력과 검증의 무대로 바꾸어 놓았다.

START I은 우주가 대결의 공간만이 아니라 신뢰와 균형을 모색하는 무대가 될 수 있음을 보여준다. 끝없는 하늘을 향한 기술도 인류 모두의 안전을 지킬 때 비로소 의미가 선명해진다.

"평화와 정의는 동전의 양면이다."
Peace and justice are two sides of the same coin.
— 드와이트 D. 아이젠하워 Dwight D. Eisenhower, 미국 제34대 대통령

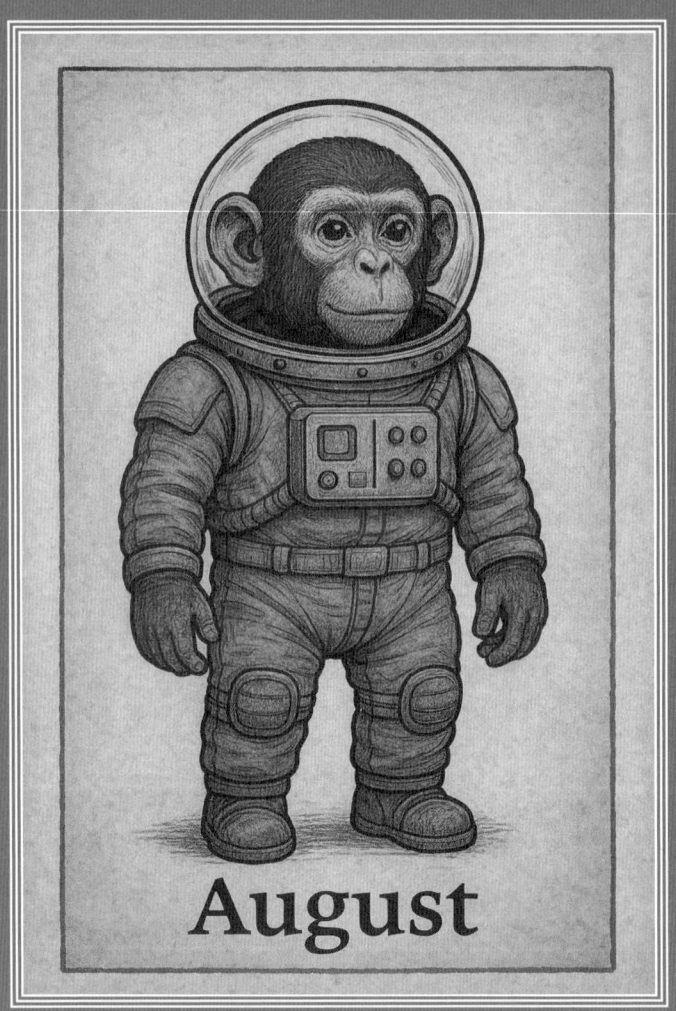

동양의 절기 구분에서

한 해의 여덟째 달은 신월(申月)로

원숭이가 그 달을 상징한다.

8월 1일

루나 로버, 달 위의 첫 동반자

1971년 8월 1일, 아폴로 15호의 우주비행사 데이비드 스콧과 제임스 어윈은 '루나 로버(Lunar Rover)'를 타고 본격적인 탐사에 나섰다. 인류 최초의 달 탐사차는 전날 시험 주행을 마친 뒤, 수 킬로미터 떨어진 지점을 오가며 다양한 지질 샘플을 수집하고 새로운 탐사 기록을 세웠다.

이전 임무에서는 달의 낮은 중력과 거친 지형 탓에 우주비행사들이 수백 미터 이상 움직이기 어려웠다. 그러나 루나 로버는 수 킬로미터 떨어진 지역까지 이동하며 다양한 샘플을 수집할 수 있게 했고, 달의 지질학 연구에 획기적인 진전을 가져왔다.

'Rover'는 본래 방랑자를 뜻하는 단어지만, 신발 브랜드에서 사람과 늘 함께하는 동반자, 자동차 브랜드에서는 탐험 정신의 이미지를 강화시켰다. 루나 로버는 그 상징을 우주로 확장했다. 그것은 단순한 이동 수단이 아니라 인간의 활동 반경을 넓혀 주며, 한계를 넘어서는 첫 번째 우주 동반자가 되었다.

우리 삶에도 루나 로버와 같은 동반자가 필요하다. 혼자서는 닿지 못할 길을 함께 걸으며, 서로 짐을 덜어 주고, 더 멀리 나아가게 해 주는 존재 말이다.

"혼자서는 할 게 거의 없지만, 함께하면 이룰 수 있는 일이 많다."
Alone we can do so little; together we can do so much.
— 헬렌 켈러 Helen A. Keller, 미국 사회운동가

영화 〈더 문〉

2023년 8월 2일, 김용화 감독의 SF 영화 〈더 문(The Moon)〉이 국내에서 개봉되었다. 배우 설경구, 도경수, 김희애가 주연을 맡았다. 달 탐사 과정에서 고립된 우주비행사와 그를 구하려는 사람들의 이야기를 그리며, 한국 영화계에서 드문 본격 우주 SF 장르물이다.

〈더 문〉은 세계적으로 주목받아온 한류 콘텐츠의 흐름 속에서도, 한국 영화계가 상대적으로 시도하지 않았던 SF 영역을 개척했다는 점에서 그 의미가 크다. 특히 영화의 개봉은 2022년 한국형 발사체 누리호의 성공과 달 궤도선 다누리 탐사 이후 이루어졌다. 현실의 우주 도전과 스크린 위 상상력이 동시에 맞물린 순간이었다.

더 이상 '달을 바라보는 나라'에 머무르지 않고, 직접 발자국을 남기겠다는 한국의 의지는 이제 영화 속에서도 힘을 얻고 있다. "함께 달로 갑시다!"

"우리는 꿈으로 빚어진 존재이며, 우리의 짧은 삶은 대부분 잠으로 보낸다."
We are such stuff as dreams are made on, and our little life is rounded with a sleep.
— 윌리엄 셰익스피어 William Shakespeare, 영국 극작가

8월 3일   246

탐험정신, '저 너머에는 무엇이 있을까?'

  1492년 8월 3일, 크리스토퍼 콜럼버스는 스페인 팔로스 항구에서 세 척의 배를 이끌고 출항했다. 서쪽으로 항해하면 인도로 갈 수 있다는 믿음 속에 시작된 여정은 결국 신대륙의 발견으로 이어졌고, 인류 역사에서 가장 유명한 항해 가운데 하나가 되었다.

  이 항해는 단순한 지리적 발견을 넘어 인류의 세계관을 뒤흔든 사건이었다. 지구가 둥글다는 사실은 체험으로 증명되었고, 사람들은 더 이상 자신들의 땅이 세계의 전부라고 생각할 수 없게 되었다. 이는 우주와 세계를 바라보는 인식의 전환을 불러왔다.

  그 이후 탐험 정신은 바다에서 하늘로, 그리고 우주로 이어졌다. 미국은 우주 왕복선 콜럼비아호와 국제우주정거장에 설치된 콜럼버스 모듈에 그의 이름을 붙여 경의를 표했다. 또한 보이저와 뉴호라이즌스 같은 탐사선은 미지의 바다를 넘어 새로운 세계로 나아가던 항해의 정신을 계승한 상징이 되었다.

  별빛 아래서 인류는 늘 묻는다. 우리가 사는 세계의 끝 너머에는 무엇이 있을까. 그 물음이야말로 우리를 바다에서 우주로 이끌어온 힘이다.

> "바다를 지배하는 자가 무역을 지배하고, 무역을 지배하는 자가 세상을 지배한다."
> He that commands the sea is at great liberty,
> and may take as much or as little of the war as he will.
>
> ─ 프랜시스 베이컨 Francis Bacon, 영국 철학자

별빛 너머의 신호

1977년 8월 4일, 미국 오하이오 주립대의 '빅 이어(Big Ear)' 전파망원경에서 정체불명의 전파 신호가 감지되는 듯한 증상을 보였다. 그 후 8월 15일, 과학자 제리 에흐만은 72초 동안 본격적으로 이어진 전파를 확인하고 출력지 옆에 "Wow!"라고 적었고, 이 기록은 지금까지도 "와우! 신호"라 불리며 외계 지적 생명체 탐사의 가장 큰 수수께끼로 남아 있다.

과학자들은 처음에 태양계 밖에서 온 인공적 신호일 가능성에 주목했다. 그러나 같은 형태가 다시는 포착되지 않았고, 위성 반사나 혜성의 수소 구름, 혹은 단순한 잡음일 수 있다는 다양한 가설이 제기되었다. 신호의 정체는 끝내 밝혀지지 않았다.

학계는 신호 재현 실패로 신중한 입장을 보였지만, 대중과 문화 영역에서는 그 파급력이 이어졌다. 언론은 "우주에서 온 메시지"라 보도했고, 사람들은 외계 문명과의 첫 접촉일 수 있다는 기대에 흥분했다. 이후 "와우! 신호"는 SETI 연구의 표상이 되었고, 영화와 소설 속에서 끊임없이 소환되며 인류의 상상력을 자극했다.

별빛 너머에서 들려온 이 짧은 신호는 지금도 질문을 던진다. 우리는 우주에서 혼자인가, 아니면 언젠가 대답을 듣게 될 것인가.

> "천문학은 영혼으로 하여금 하늘을 바라보게 하고, 이 세상에서 다른 세계로 이끌어준다."
> Astronomy compels the soul to look upwards and leads us from this world to another.
>
> ― 소크라테스 Socrates, 그리스 철학자

8월 5일

Pink Floyd, 우주를 노래한 선구자

　1967년 8월 5일, 핑크 플로이드는 첫 정규앨범《The Piper at the Gates of Dawn》을 세상에 내놓았다. 그 속의〈Astronomy Domine〉는 사이키델릭 사운드로 우주의 어둠과 별빛을 그려내며, 핑크 플로이드를 스페이스 록의 대표 그룹으로 떠오르게 했다.

　이후《A Saucerful of Secrets》(1968)에서 음악의 실험적 확장,《The Dark Side of the Moon》(1973)의 정교한 사운드 건축,《Wish You Were Here》(1975)와《Animals》(1977)의 사회적 울림까지, 그들의 앨범은 물리적 우주에서 철학적·사회적 우주로 시선을 넓혀 갔다.

　핑크 플로이드의 음악은 젊은 층의 단순한 환각적 체험이 아니었다. 그것은 냉전과 전쟁, 산업화와 소외의 시대를 가로질러 울려 퍼진 문화적 울림이었다. 우주적 이미지는 불안과 희망을 담는 그릇이 되었고, 록 음악은 오락을 넘어 사상과 철학을 품는 무대가 될 수 있음을 보여주었다.

　핑크 플로이드의 노래는 전쟁과 소외의 시대를 비추던 별빛이었다. 오늘 우리의 목소리도 누군가의 길을 밝히는 빛이 될 수 있다.

"태양 아래 모든 것은 조화를 이루지만, 그 태양조차 달에 가려진다."
"And everything under the sun is in tune, but the sun is eclipsed by the moon."

— 핑크 플로이드 Pink Floyd,〈Eclipse〉中

우주에서 잠든 최초 인간

1961년 8월 6일, 소련의 우주인 게르만 티토프는 보스토크 2호를 타고 지구 궤도를 25시간 비행했다. 그는 인류 최연소 우주인이자, 우주에서 잠든 첫 인간으로 기록되었다.

이 비행은 불과 넉 달 전, 유리 가가린이 인류 최초로 우주를 다녀온 뒤 이어진 두 번째 도전이었다. 임무의 목적은 궤도 비행을 넘어, 사람이 하루 이상 우주에서 생활할 수 있는지를 시험하는 것이었다. 티토프는 식사와 촬영, 수면을 경험하며, 우주에서도 지구의 생활 리듬이 가능하다는 사실을 보여주었다.

하지만 그는 무중력으로 인해 내이의 평형감각이 흐트러지면서 우주 멀미를 겪었다. 어지럼증과 구토는 그를 괴롭혔지만, 이 경험은 이후 우주비행사의 훈련과 환경 설계에 반영되어 오늘날 국제우주정거장의 장기 체류로 이어졌다.

우주에서도 인간이 바라는 것은 먹고, 자고, 일하는 지구 일상의 리듬이 유지되는 것이다. 그 평범함을 지켜내는 과정이 바로 우주 탐사의 발전이다.

"나는 별들 사이에서 잠이 들었고, 눈을 뜨니 지구가 다시 나를 맞이했다."
I fell asleep among the stars, and when I opened my eyes, Earth welcomed me back.

— 게르만 티토프 Gherman S. Titov, 소련 우주비행사

8월 7일

입추, 별빛이 전하는 가을

오늘은 입추(立秋), 여름의 끝과 가을의 시작을 알리는 절기다. 햇볕은 조금 더 누그러지고, 바람에는 묘한 선선함이 섞인다.

북반구의 하늘은 계절의 변화를 먼저 보여준다. 여름을 수놓던 별들은 점차 자취를 감추고, 대신 가을 하늘의 별빛이 자리를 채운다.

전통적인 농경사회에서 입추는 벼가 여무는 시기였다. 비가 멎고 날씨가 청명해야 좋은 수확을 기대할 수 있었기에, 사람들은 기청제를 올려 맑은 하늘을 빌었다.

입추의 날씨는 대서와 말복이 겹쳐 여전히 무덥지만, 우리는 여름에 지친 몸과 마음을 돌보고 가을의 결실을 준비해야 한다. 별들이 계절의 변화를 알려주듯이, 입추는 우리 삶의 균형을 다시 생각하게 한다.

"별자리들은 그 해와 계절의 길을 표시한다."
The constellations mark out the years and guide the courses of the seasons.

— 마르쿠스 마닐리우스 Marcus Manilius, 로마 시인

숫자 8이 뜻하는 우주의 질서

오늘은 달력에 숫자 8이 겹치는 날이다. 중국인들은 이 숫자를 특별히 선호한다. 그 이유는 '八(bā)'의 발음이 '發(fā, 발전하다, 부자가 되다)'와 비슷해, 부와 번영을 부르는 길한 수로 여겨졌기 때문이다.

그러나 숫자 8의 의미는 단순히 언어의 유사성에만 있지 않다. 전통 우주관에서 8은 팔괘, 팔방, 팔음으로 확장되며, 세상의 균형과 질서를 상징하는 숫자가 된다. 우주의 원리를 사람의 삶 속에서 이해하려는 오랜 지혜가 여기에 담겨 있다.

이 믿음은 현대에도 이어졌다. 2008년 베이징 올림픽에서 성화 점화가 8월 8일 8시 8분 8초에 이루어진 것은 수억 명의 사람들이 공유하는 상징에 힘을 실어주려는 중국의 의도였다.

숫자 8에 대한 믿음은 우리와 다를 수 있지만, 우주적 시선으로 바라보면 삶에 질서를 찾으려는 또 하나의 방식일 뿐이다.

"만물은 수이다."
All is number.

— 피타고라스 Pythagoras, 그리스 철학자

8월 9일

태백의 해바라기

한여름 8월, 강원도 태백 구와우 마을에서는 태백 해바라기 축제가 열린다. 태백은 마치 우주의 외딴 별처럼 깊은 산속에 위치하지만, 그곳에서 피어난 해바라기는 모두 태양을 향해 뻗어있어 태양계 행성의 모습을 한눈에 보는 듯하다.

괴테는 《식물변태론》에서 식물을 "태양의 아이"라고 불렀는데, 해바라기는 그 말처럼 어릴 때 하루 종일 해를 따라 움직이고 성숙하면 동쪽을 향해 멈춰 아침 햇살을 가장 빨리 받아들인다. 태백의 들판을 물들이는 해바라기들은 쉼 없이 태양을 향해가는 별무리와도 같다.

성시경의 노래 〈태양계〉를 통해 우리의 삶도 해바라기와 닮아 있음을 느낀다. "나의 사랑이 멀어지네, 나의 어제는 사라지네, 태양을 따라 도는 저 별들처럼"

"태양은 언제나 인간의 길을 비추며, 그를 향하는 자는 결코 길을 잃지 않는다."
The sun, ever constant, guides the way of men; those who turn to it never lose their path.

— 헬리오도루스 Heliodorus of Emesa, 그리스 작가

8월 10일

우주에서 상추를 수확하다

2015년 8월 10일, 국제우주정거장(ISS)에서 인류는 직접 기른 상추를 수확해 샐러드로 맛보았다. 우주 식탁에 처음으로 '갓 자란 초록'이 올랐다.

이 실험은 베지(Veggie) 프로젝트로 진행되었다. 무중력에서 물이 흘러내리지 않는 특성을 고려해 수경재배로 물·영양·빛의 공급 방식을 조절했고, 잎이 펼쳐지는 생장 반응과 위생 절차, 섭취 안전성까지 단계적으로 확인했다.

영화 〈마션〉에서는 화성 토양을 활용한 감자 재배가 극적으로 그려진다. 그러나 현실의 토양 재배는 방사선과 토양 성분, 미생물과 먼지 관리 등 풀어야 할 난제가 많다. 그렇기에 ISS의 상추는 작지만 중요한 시작이었다. 언젠가 인간이 우주에서 먹거리를 재배할 수 있을지 보여주는 첫 발걸음이 된 것이다.

작은 잎사귀 하나가 전한 메시지는 단순한 우주 식사가 아니다. 우주로 나아간다는 것은 지구의 일상을 다시 심는 일이다.

"우주에서 신선한 음식은 큰 의미가 있다."
Fresh food in space is a big deal.

— 스콧 켈리 Scott J. Kelly, 미국 우주비행사

8월 11일

한국의 첫 별, 우주로 날다

1992년 8월 11일, 한국 최초의 인공위성 '우리별 1호'가 프랑스령 기아나 쿠루에서 아리안 4호 로켓에 실려 발사되었다. 이로써 한국은 세계 22번째 위성 보유국이 되었으며, 7년간 지구 궤도를 돌며 실험과 임무를 수행했다.

우리별 1호는 영국 서리대학과의 협력 속에 제작되었으나, 국내 연구진이 직접 참여하며 독자적 기술 축적의 첫걸음을 내디뎠다. 작은 위성이었지만, 한국이 미래를 향해 우주로 나아갈 수 있음을 보여준 의미 있는 시작이었다.

그날의 발사는 이후 다목적 실용위성, 아리랑 위성 시리즈, 그리고 한국형 발사체 KSLV-Ⅱ 누리호로 이어지는 과정의 밑거름이 되었다. 우리별 1호는 한국이 '위성을 보유한 나라'에서 '우주를 스스로 개척하는 나라'로 성장할 수 있도록 길을 열어주었다.

우리별 1호가 남긴 궤적처럼, 우리의 작은 시도 하나로 먼 미래를 여는 길을 만들 수 있다.

"위대한 일도 작은 시작에서 비롯된다."
Great achievements are born of small beginnings.
— 세네카 Lucius A. Seneca, 로마 철학자

8월 12일

Parker의 용기, 태양에 가까이

2018년 8월 12일, 인류는 태양을 향한 역사적 여정을 시작했다. 이날 발사된 '파커 태양 탐사선(Parker Solar Probe)'은 이후 2018년 11월 5일 첫 태양 근접 비행에 성공하며, 인류가 태양의 가장 뜨거운 부분을 직접 탐구할 수 있는 길을 개척했다.

태양에 접근하는 것은 극히 까다로운 도전이다. 탐사선은 금성의 중력 도움으로 속도를 줄여야만 태양 곁에 머물 수 있었고, 고온을 견디기 위해 두꺼운 탄소 복합재 방패로 보강되었다. 이렇게 해서 비로소 태양 대기층의 비밀을 탐구할 기회를 얻을 수 있었다.

파커 탐사선은 여전히 태양 곁을 돌며 장비를 가동 중이고, NASA는 그가 보내오는 신호로 태양 대기와 태양풍의 비밀을 하나씩 밝혀내고 있다.

태양이라는 거대한 천체에 도전한 파커라는 작은 기계는 이카루스의 전설을 떠올리게 한다. 그것은 이카루스의 불타는 추락이 아니라, 두려움을 넘어 빛에 더 가까이 다가가려는 용기였다.

"모험을 멈추지 않는 한, 우리의 후손은 별들 사이로 나아갈 것이다."
As long as we continue to explore, our descendants will one day venture to the stars.

— 칼 세이건 Carl E. Sagan, 미국 천문학자

8월 13일

페르세우스자리 유성우

8월 13일 즈음 밤, 지구는 '스위프트-터틀' 혜성이 남긴 잔해를 지나며 수많은 별똥별을 맞는다. 이 장관은 매년 여름을 수놓는 대표적 천문 현상인 페르세우스자리 유성우다.

유성들이 퍼져 나오는 지점이 페르세우스자리 방향에 있기 때문에 그렇게 불린다. 실제로는 지구가 혜성이 남긴 먼지 구름을 스치며 생기는 현상이지만, 우리는 오래전부터 별자리와 유성을 하나로 묶어 이야기를 만들어왔다.

그리스 신화에서 페르세우스는 메두사의 머리를 베어낸 영웅이며, 그 피에서 날개 달린 말 페가수스가 태어났다고 전해진다. 신화의 인물이 별자리가 되고, 그 별자리에서 유성이 쏟아진다는 사실은 오래된 과거와 현재가 같은 하늘 아래에서 만나는 장면이다.

밤하늘의 유성은 잠시 스쳐 지나가지만, 그 빛은 우리에게 오래 남아 하늘을 올려다보게 한다. 짧은 순간의 빛 속에서, 우리는 희망과 가능성을 떠올린다.

"희망이란 멀리 있는 별을 보는 것이다. 손에 잡히지 않아도, 바라보는 동안 이미 길을 걷고 있다."

법정 스님, 『스스로 행복하라』 中

8월 14일

한국 '항공의 날'

1948년 8월 14일, 대한국민항공사가 정부로부터 설립 인가를 받으며 한국 민간 항공의 첫걸음을 내디뎠다. 이를 기념해 1981년부터 8월 14일은 '항공의 날'로 제정되어, 대한민국 항공산업의 출발점을 되새기고 있다.

한국은 민간 항공기 기체 생산을 통해 산업의 기반을 다졌고, 그 성과는 이제 우주 개발로 이어지고 있다. 2024년 5월 27일에는 KASA(한국항공우주청)가 '항공우주의 날'을 새롭게 지정하며, 하늘을 향해 쌓아온 경험과 정신이 우주로 확장되었음을 알리게 되었다.

비행은 오늘날 우리 삶의 일상이 되었지만, 그 익숙함 속에서 우주를 향한 더 큰 도전이 자라나고 있다. 이미 시작된 발걸음을 이어, 우리는 더 먼 하늘과 더 깊은 우주로 나아가고 있다.

"비행기는 인간을 자연의 참된 얼굴 앞으로 데려간다."
The airplane carries us to the heart of nature.

— 앙투안 드 생텍쥐페리 Antoine de Saint-Exupéry, 프랑스 작가

광복절, 우리의 빛을 되찾은 날

1945년 8월 15일, 한민족은 36년간의 일제 강점에서 벗어나 해방을 맞았다. 이날 거리마다 태극기가 휘날리며 "대한독립 만세"의 함성이 메아리쳤다. 광복절은 민족의 희생과 투쟁이 결실을 맺은 역사적 날이다.

광복 이전, 하늘에서 독립을 준비한 이들이 있었다. 안창남은 한국과 일본에서 비행사로 활약하며 민족의 자긍심을 고취시켰고, 최용덕과 권기옥은 중국에서 임시정부와 함께 항공 독립군을 조직했다. 미국에서 항공술을 익힌 노백린은 임시정부 군무총장으로 활동하며 항공 전력을 준비했다. 이들의 노력은 해방 이후 대한민국 공군의 토대가 되었다.

하늘을 열어 독립을 꿈꾸던 발걸음은 이제 우주로 이어지고 있다. 광복의 정신은 별빛처럼 우리가 걸어갈 내일의 하늘 길을 밝혀준다.

"나의 소원은 대한의 완전한 자주독립이요, 다른 데 있지 아니하다."

— 김구, 임시정부 주석

8월 16일

우주에서 속도란?

2009년 8월 16일, 자메이카의 우사인 볼트는 베를린 세계육상선수권대회 남자 100m 결승에서 9.58초를 기록하며 세계신기록을 세웠다. 이 기록은 지금까지도 깨지지 않은 채 인류가 육상에서 도달한 절대적인 속도의 상징으로 남아 있다.

우주에서도 인간은 속도의 한계를 시험해왔다. 1969년 달 탐사 임무를 수행한 아폴로 10호는 지구 귀환 과정에서 시속 약 39,897km로 유인 우주선 중 가장 빠른 속도를 기록했다. 무인 탐사선인 NASA의 파커 태양 탐사선은 금성 중력 보조를 활용해 시속 약 586,000km(빛의 0.05% 수준)까지 도달하며, 지금까지 인류가 만든 물체 중 가장 빠른 기록을 세우고 있다.

우주탐사에서 더 빠른 비행은 인간의 수명 안에서 행성 너머까지 닿을 수 있게 하고, 지연 없이 확보된 자료를 연구해 과학적 통찰을 앞당긴다. 속도는 우주를 탐사하는 힘인 동시에 인류가 더 먼 곳의 지식과 경험에 도달할 수 있는 열쇠다.

"우리는 지구를 떠나 더 먼 곳으로 나아가야 한다. 그것이 인류의 운명이다."
We must go beyond Earth. It is our destiny.

– 버즈 올드린 Buzz Aldrin, 미국 우주비행사

8월 17일

우주 사이버 안보

2021년 8월, 미국 공군연구소와 우주군은 우주 인프라가 사이버 공격의 표적이 될 수 있다는 점을 공식적으로 천명하며, 이에 대응하기 위한 전략 개념을 수립했다. 이어 2023년 3월 1일, 미국 사이버사령부와 우주사령부가 협력 양해각서(MOU)를 체결하면서 우주와 사이버 보안을 통합적으로 다루는 제도적 틀이 마련되었다.

이후 미국의 민간 영역에서도 우주 사이버 보안 개념은 빠르게 확산되었다. 위성 인터넷 기업들은 암호화와 위협 탐지 같은 보안 기술을 설계 단계부터 반영하고, 정부와 기업은 정보를 공유하며 대응 체계를 강화하고 있다. 국제 표준과 규제 논의가 진전되면서, 우주 사이버 보안은 군사 영역을 넘어 산업 전반의 과제로 확장되고 있다.

한국은 아직 독립적인 우주 사이버 안보 전략을 내놓지 않았지만, 국가 사이버안보 전략 안에 위성과 우주 인프라가 보호 대상으로 포함되어 있다. 또한 국정원은 최근 '우주시스템 사이버보안 가이드라인'을 발표해 민간의 보안 기준을 제시했다. 그러나 민관 협력 구조는 여전히 미흡하며, 위성 해킹 대응 체계와 국제 규범 참여, 중소기업 지원이 향후 보완될 필요가 있다.

"사이버 안보는 곧 국가 안보다."
Cybersecurity is national security.

−조 바이든 Joseph R. Biden Jr., 미국 제 46대 대통령

8월 18일

우주에서 상대를 내려다보는 '눈'

1960년 8월 18일, 미국은 스파이 위성 '코로나(CORONA)' 프로그램을 통해 처음으로 소련 영토의 사진 촬영에 성공했다. KH-1 계열 위성으로 분류된 이 장비는 필름을 귀환 캡슐에 담아 지구 대기권으로 다시 진입시킨 뒤 공중에서 포획하는 방식으로 회수되었다. 그 임무에서 확보한 수백 장의 사진은 냉전 시대 군사 정찰의 새로운 전환점을 열었다.

이전까지 미국은 고고도 정찰기 U-2에 의존했지만, 1960년 5월 소련 상공에서 U-2기가 격추되며 큰 위기를 맞았다. 이후 미국은 위험을 감수하지 않고도 상대국을 관찰할 수 있는 방법을 찾았고, 코로나 위성의 성공으로 지구 궤도에서 전략 시설을 감시하는 능력을 확보하게 되었다. 이는 냉전의 군사적 균형에 중대한 영향을 끼쳤다.

오늘날 스파이 위성은 군사 정찰을 넘어 기후 변화, 자연재해, 환경 파괴 감시에까지 활용된다. 하늘에서 내려다보는 '눈'은 때로는 위협이지만, 지구를 지키는 충성스러운 파수꾼이 되기도 한다.

"문제는 당신이 무엇을 바라보느냐가 아니라, 무엇을 보느냐이다."
The question is not what you look at, but what you see.

– 헨리 데이비드 소로 Henry David Thoreau, 미국 사상가

8월 19일

칠석, 별빛의 만남과 사랑의 눈물

2026년 8월 19일은 음력 7월 7일, 칠석(七夕)이다. 이날은 은하수 너머로 떨어져 있던 견우와 직녀가 오작교에서 만난다는 전설이 전해지는 날로, 한국과 중국, 일본 등 동아시아 문화권에서 오래도록 이어져 내려온 별의 축제다.

칠석의 기원은 중국 한대까지 거슬러 올라간다. 직녀성인 베가와 견우성인 알타이르가 은하수를 사이에 두고 서로 마주 보는 별자리에서 비롯되었으며, 까마귀와 까치가 다리를 놓아 연인이 만난다는 이야기는 인간의 그리움과 기다림을 별빛에 담아낸 것이다.

이날 한국에서는 여인들이 바느질 솜씨가 늘기를 기원했고, 여름 더위를 달래기 위해 밀국수와 수박을 나누었다. 일본은 타나바타라 하여 대나무에 소원을 매다는 풍습으로 이어졌고, 중국은 지금도 칠석을 연인들의 날로 기념하며, 발렌타인데이와 같은 의미를 갖는다.

칠석날 내리는 비는 오랫동안 사람들에게 견우와 직녀가 흘리는 눈물로 여겨졌다. 인간에게 눈물이란 기쁨과 슬픔을 함께 품는 사랑의 씨앗이다.

"사랑이 당신을 부른다면, 그 길을 따르라. 비록 그 길이 험난하고 가파를지라도."
When love beckons to you, follow him, though his ways are hard and steep.

– 칼릴 지브란 Kahlil Gibran, 레바논 시인

8월 20일

다윈과 월리스, 생명의 기원을 묻다

1858년 8월 20일, 런던 린네학회에서 찰스 다윈과 알프레드 러셀 월리스의 논문이 공동으로 발표되었다. 두 과학자는 서로 다른 연구 여정을 걸었지만, 자연 선택에 의한 종의 변화를 설명하는 동일한 결론에 도달했다. 이 발표는 이듬해 다윈의 저서 《종의 기원(On the Origin of Species)》으로 이어지며 근대 생물학의 토대를 형성하였다.

그전까지 생명은 신의 창조물이라는 믿음이 지배적이었다. 그러나 다윈과 월리스의 연구는 생명 다양성이 환경 속에서의 선택과 적응에 의해 형성된다는 과학적 설명을 제시했다. 이는 단순히 생물학의 패러다임을 바꾼 사건이 아니라, 철학과 종교, 사회 전반에까지 파급력을 미치며 인류가 스스로를 이해하는 방식을 바꾸어 놓았다.

오늘날 우리는 화성의 흔적과 얼음, 달의 바다, 외계 행성의 대기에서 생명의 기원을 찾고 있다. 다윈과 월리스가 던졌던 "생명은 어떻게 시작되었는가?"라는 질문이 우주에서도 메아리 치고 있다.

"끝없이 아름답고 경이로운 생명들이 생겨났고, 또 지금도 진화하고 있다."
…endless forms most beautiful and most wonderful have been, and are being, evolved.

–찰스 다윈 Charles R. Darwin, 영국 자연과학자

8월 21일

달에 흐른 물의 흔적

2018년 8월 21일, 과학자들은 달의 극지방 그늘 속에서 수빙(water-ice)이 직접 노출된 최초의 증거를 발표했다. 이 발견은 인도 찬드라얀-1 탐사선에 실린 NASA의 분광기를 통해 이루어졌다.

달은 메마른 세계로 알려져 왔지만, 햇빛이 닿지 않는 음영 지역은 오랜 세월 얼음을 품어왔다. 이는 인류가 언젠가 달에서 물과 산소, 연료를 얻을 수 있음을 처음으로 확인시켜 주었다.

오늘날 인류의 거주 후보로 달과 화성이 자주 비교된다. 화성은 대기를 지녔지만 너무 멀리 있어 왕복에 수년이 걸린다. 달은 공기가 없어 열악하지만 가까워 보급이 쉽고, 수빙 덕분에 자급의 가능성까지 기대할 수 있다. 그래서 달은 화성으로 향하기 전, 생존 기술을 시험할 전진기지로 주목받고 있다.

우주는 인류의 삶을 확장할 새로운 길을 제시하고 있다. 달의 얼음은 그 길 위에서 우리가 머무를 수 있음을 알려주는 첫 증거다.

"달은 별로 가는 길 위의 첫 이정표이다."
The Moon is the first milestone on the road to the stars.
– 베르너 폰 브라운 Wernher M. M. Freiherr von Braun, 독일 출신 과학자

유럽의 우주시계가 켜진 날

2014년 8월 22일, 유럽은 갈릴레오 위성항법 시스템의 '완전 운용 단계(FOC)'를 위한 첫 위성 두 기를 발사했다. 궤도 진입에 문제가 있었지만 교정을 거쳐 정상적으로 운용되었고, 이는 오늘날 약 30기로 구성된 독자적 항법 망 갈릴레오의 발전에 초석이 되었다.

갈릴레오 시스템은 EU와 ESA가 협력해 구축한 프로젝트로, 정확도 1m 이하의 서비스를 제공한다. 이는 항법·군사·구조 활동에 필수적인 신뢰도를 확보하는 의미를 지녔고, '유럽의 우주시계'라 불릴 만큼 독립적인 시간을 세계와 공유하기 시작했다.

이와 비슷하게 미국은 GPS, 러시아는 GLONASS, 중국은 BeiDou를 운영 중이며, 한국도 KPS(한국형 위성항법시스템)을 2035년까지 완성할 계획이다. 한국은 정지궤도 위성 7기를 띄워 동북아시아 전역에서 정밀한 항법 서비스를 제공할 예정이며, 자율주행·드론·국방 등 다양한 분야에 활용할 전망이다.

위성항법 시스템은 이제 특정 국가만의 기술이 아니라, 인류의 길을 함께 밝혀주는 우주의 시계가 되었다. 유럽의 갈릴레오는 그 흐름 속에 나타난 길잡이별과도 같다.

"갈릴레오는 세계에서 가장 정확한 위성항법 시스템이다."
Galileo is the most accurate satellite navigation system in the world.

– 요제프 아슈바허 Josef Aschbacher, 유럽우주국(ESA) 사무총장

처서, 삐뚤어진 모기의 입

   8월 23일은 24절기 중 하나인 처서(處暑)로, 더위가 물러나고 가을 기운이 시작되는 때다. 예로부터 "모기도 처서가 지나면 입이 삐뚤어진다"는 속담처럼, 무더위가 끝나고 선선한 바람이 조금씩 불어오기 시작하는 시기이다.

   과거 농경 사회에서 처서는 농사와 생활의 중요한 기준점이었다. 벌초를 하며 조상의 묘를 정비하고, 젖은 옷이나 책을 햇볕에 말려 여름 동안 생긴 습기와 곰팡이를 없앴다. 이는 자연의 변화를 따라가며 삶을 정리하는 지혜로운 풍습이었다.

   오늘날에는 지구온난화로 예전처럼 뚜렷한 계절감을 느끼기 어렵다. 그러나 여전히 처서는 여름의 피로를 덜고 다가올 가을을 준비하는 시기로 인식되며, 우리 삶의 리듬을 돌아보게 한다.

"가을은 또 다른 봄이다. 나뭇잎 하나하나가 꽃이 되는 계절이니까."
Autumn is a second spring when every leaf is a flower.

– 알베르 카뮈 Albert Camus, 프랑스 소설가

8월 24일

달 남극에 도착한 인도

2023년 8월 23일, 인도의 달 탐사선 '찬드라얀-3(Chandrayaan-3)'가 인류 최초로 달 남극 부근 착륙에 성공했다. 이로써 인도는 미국, 러시아, 중국에 이어 세계에서 네 번째로 달에 착륙한 나라가 되었으며, 인도 정부는 이날을 '국가 우주의 날(National Space Day)'로 선포하며 역사적 순간을 기념했다.

달 남극은 햇빛이 거의 닿지 않는 극한의 땅으로, 착륙 자체가 큰 도전이다. 인도의 성공은 기술적 진보를 넘어, 인류가 우주를 향해 나아갈 새로운 길을 열었다는 상징적 의미를 지닌다.

인도의 발자국은 우주가 특정 강대국만의 전유물이 아님을 보여주었고, 누리호와 다누리로 첫발을 뗀 우리의 여정에도 하나의 길잡이가 된다. 그것은 언젠가 우리도 그 길 위에 발자취를 남길 수 있다는 가능성을 힘주어 말해준다.

"이제 인도는 달에 도달했다. 그 순간은 모든 인류의 것이다."
India is now on the Moon. This is a moment for all humanity.

– 나렌드라 모디 Narendra D. Modi, 인도 총리

8월 25일

다이아몬드 행성

2011년 8월 25일, 국제 천문학자 팀은 지구에서 약 40광년 떨어진 외계 행성 55 Cancri e가 다이아몬드로 이루어져 있을 가능성을 발표했다. 지구보다 두 배 크고 여덟 배 무거운 이 행성은 탄소가 초고압으로 압축되어 내부가 다이아몬드로 가득 찬 독특한 세계일 수 있다고 추정되었다.

그러나 이곳의 다이아몬드는 우리가 광산에서 캐내어 세공하는 보석과는 전혀 다르다. 지구의 다이아몬드는 수천만 년의 지질 활동과 화산 과정을 거쳐 작은 결정으로 모습을 드러내지만, 55 Cancri e의 다이아몬드는 인간이 결코 접근할 수 없는 극한 환경 속 거대한 구조물이다. '우주의 보석'이라 불리지만, 그것은 손에 닿을 수 없는 행성의 신비일 뿐이다.

머나먼 하늘의 다이아몬드가 상상의 빛을 안겨주지만, 우리가 오늘 주변을 천천히 둘러보면 더 소중한 빛을 만난다. 사랑하는 사람의 미소, 함께 나누는 따뜻한 순간, 그리고 작은 일상 속의 기쁨이야말로 우리 삶을 빛내는 가장 아름다운 다이아몬드다.

"현재의 즐거움을 누리되, 미래의 즐거움을 해치지 않는 방식으로 하라."
Enjoy present pleasures in such a way as not to injure future ones.

– 세네카 Lucius A. Seneca, 로마 철학자

8월 26일

소련의 ICBM 시험발사

1957년 8월 26일, 소련은 세계 최초로 대륙간탄도미사일(ICBM) R-7 세묘르카의 시험발사에 성공했다. 사거리 8,000km가 넘는 이 미사일은 소련 본토에서 미국까지 핵탄두를 운반할 수 있는 능력을 입증했다.

당시 미국은 폭격기를 통한 핵투발 능력에서 우위를 보였지만, 소련의 ICBM은 그 균형을 흔들었다. 더 나아가 R-7은 훗날 세계 최초의 인공위성 스푸트니크 1호를 쏘아 올린 발사체가 되면서, 군사 경쟁이 곧 우주 경쟁으로 이어지는 계기가 되었다.

또한 ICBM의 등장은 핵 억지 전략을 전면적으로 바꾸었고, 미국과 소련은 상호확증파괴(MAD)의 시대에 들어섰다. 인류는 우주가 꿈의 무대가 아니라 파괴의 수단이 될 수 있다는 위험성을 깨달았다.

그로부터 약 70년이 지난 지금, 민간 우주산업이 주도하는 뉴스페이스 시대에 들어섰지만 우주 군사무기화의 위협은 여전히 진행형이다.

> "나는 세 번째 세계대전이 어떤 무기로 싸워질지는 모르겠지만, 네 번째 세계대전은 막대기와 돌로 싸우게 될 것이다."
> I know not with what weapons World War III will be fought, but World War IV will be fought with sticks and stones.
>
> – 알베르트 아인슈타인 Albert Einstein, 독일 출신 물리학자

크라카토아 화산 폭발

1883년 8월 27일, 인도네시아 순다 해협의 크라카토아(Krakatoa) 화산이 대규모로 폭발했다. 네 차례에 걸친 분출 가운데 마지막 폭발은 역사상 가장 강력한 화산 폭발 중 하나로 기록되었으며, 그 굉음은 호주와 인도양의 섬까지 들려 전 세계가 그 파급력을 실감했다.

이 폭발은 섬의 대부분을 파괴하고 36,000명 이상의 희생자를 낳았다. 거대한 쓰나미가 주변 해안을 휩쓸었으며, 성층권까지 치솟은 화산재는 수년간 지구 평균 기온을 1도 이상 낮추었다. 크라카토아의 폭발은 지구가 우주 속에서 끊임없이 변하고 살아 움직이는 행성임을 보여주었다.

자연의 질서를 바꿀 수는 없지만, 인류는 과학과 우주 기술을 통해 인간의 피해를 줄이고 지구가 건강하고 오래살 수 있도록 도와야한다. 우리의 지혜는 자연을 지배하는 것이 아니라, 그 속에서 살아가는 길을 찾는 데 있다.

"자연 속에서는 그 어떤 것도 홀로 존재하지 않는다."
In nature nothing exists alone.
– 레이첼 카슨 Rachel L. Carson, 미국 해양생물학자

8월 28일

지구 중력의 의미

2013년 8월 28일, 알폰소 쿠아론 감독의 영화 〈그래비티(Gravity)〉가 제70회 베니스 국제영화제에서 처음 공개되었다. 사실적인 우주 재난 장면과 몰입감 있는 영상으로 세계적인 화제를 모았다.

〈그래비티〉라는 제목은 단순한 물리 현상으로서의 중력을 뜻하지 않는다. 중력은 우주인이 아무리 멀리 떠나도 결국 돌아와야 하는 지구의 품을 상징한다. 영화의 주인공이 사투를 벌이며 지구로 귀환하려 애쓰는 모습에서 중력이 단순한 물리적 힘이 아니라 삶의 의지와 같다는 사실을 일깨워 준다.

영화는 우주 활동의 위험을 생생하게 담아냈다. 순식간에 몰려드는 위성 파편, 밀폐된 공간의 화재, 동료가 끝없는 어둠 속으로 사라지는 장면 등은 관객으로 하여금 우주가 지닌 긴장을 간접 체험하게 한다.

우주라는 공허 속에서도 끝내 인간을 붙잡아 주는 것은 서로를 향한 신뢰와 사랑이다. 중력처럼 보이지 않지만, 우리를 지구로, 삶으로, 그리고 서로에게로 이끌어 준다.

"우리가 집이라 부를 수 있는 곳은 오직 이 지구뿐이다."
The Earth is the only home we have.

– 칼 세이건 Carl E. Sagan, 미국 천문학자

유엔 핵실험 반대의 날

8월 29일은 유엔이 지정한 '국제 핵실험 반대의 날'이다. 2009년 유엔 총회 결의로 제정된 이 날은 카자흐스탄의 세미팔라틴스크 핵실험장이 1991년 같은 날 폐쇄된 것을 기념하며, 핵실험이 남긴 인류적·환경적 상처를 되새기기 위한 국제적 기념일이다.

1962년 7월, 미국은 태평양 존스턴 환초 상공 400km 지점에서 '스타피시 프라임(Starfish Prime)'이라 불린 세계 최초의 고고도 우주 핵실험을 실시했다. 핵실험으로 발생한 강력한 전자기 펄스가 하와이 전력망을 끊고 방사선 벨트가 위성을 파괴하면서 우주 공간조차 핵의 위험에서 자유롭지 않다는 것이 증명되었다.

이로 인해 1963년 부분 핵실험 금지조약(PTBT)이 체결되었으며 대기권·수중·우주에서의 핵실험이 금지되었다. 우주와 지구를 전쟁이 아닌 평화의 장으로 지켜야 한다는 최소한의 합의가 마련된 셈이었다.

그럼에도 불구하고 일부 국가는 여전히 핵실험을 지속하며 인류가 합의한 방향과 다른 길을 가고 있다. 국제 핵실험 반대의 날은 그러한 현실을 상기시키며, 핵 없는 세상은 특정 국가의 과제가 아니라 인류 전체의 과제임을 강조한다.

"핵무기를 완전히 없애는 것만이 인류의 안전을 보장하는 길이다."
The only guarantee of nuclear weapons not being used is their total elimination.

— 반기문, 유엔 사무총장

8월 30일

고르바초프의 서거

2022년 8월 30일, 소련의 마지막 지도자 미하일 고르바초프가 91세를 일기로 서거했다. 그는 페레스트로이카와 글라스노스트로 대표되는 개혁 정책을 추진하며 냉전의 막을 내린 인물로 기억된다.

고르바초프는 평화의 지도자였다. 미국과 핵 군축 협정을 이끌었을 뿐 아니라, 우주를 군비 경쟁의 무대가 아닌 평화적 이용의 장으로 남기려 했다. 그래서 그는 '평화의 별'이라 불리며, 시야를 지구를 넘어 우주로까지 넓힌 인물로 평가받는다.

그의 개혁은 독일 통일을 가능케 했고, 한반도에도 평화적 통일의 미래를 기대하게 만들었다.

고르바초프의 삶은 화해의 선택이 역사의 길을 어떻게 바꾸는지 보여준다. 우리 또한 일상의 순간마다 용서와 화해를 품을 때, 더 따뜻한 내일을 맞이할 수 있다.

"평화로 가는 길은 따로 없다. 평화 자체가 곧 길이다."
There is no path to peace; peace is the path.
— 마하트마 간디 Mahatma Gandhi, 인도 사상가

아우구스투스

오늘날 우리가 쓰는 달력에서 8월은 31일까지 있다. 이는 단순한 우연이 아니라, 로마 황제 아우구스투스의 이름을 딴 8월(August)의 권위를 높이려 했던 역사적 결정에서 비롯되었다.

7월은 율리우스 시이저의 이름과 함께 31일까지 있었고, 아우구스투스는 자신이 기리는 달이 그보다 짧게 보이는 것을 원치 않았다. 그래서 8월에도 하루를 더해 31일로 만들어 결과적으로 7월과 8월이 연속으로 31일이 된 것이다.

달력의 배열은 이후 약간의 조정을 거쳤지만, 오늘의 달력 속 8월은 한 달을 31일로 가득 채운 달이 되었다. 단순한 날짜의 배치가 아니라, 제국 권력이 남긴 결정이 우리의 일상 속에 스며든 셈이다.

아우구스투스가 더한 하루는 이제 우리의 시간이 되었다. 그 하루를 어떻게 채울지는 오늘을 사는 우리에게 달려 있다.

"시간은 내가 낚시하는 강물에 불과하다."
Time is but the stream I go a-fishing in.

– 헨리 데이비드 소로 Henry David Thoreau, 미국 사상가

동양의 절기 구분에서

한 해의 아홉째 달은 유월(酉月)로

닭이 그 달을 상징한다.

영화 〈달세계 여행〉

1902년 9월 1일, 조르주 멜리에스 감독의 영화 〈달세계 여행〉이 파리에서 처음 공개되었다. 이 무성 흑백영화는 단 14분의 길이였지만, 인류 최초의 SF 영화로 기록되며 영화사의 전환점을 마련했다.

〈달세계 여행〉은 당시로서는 상상조차 어려운 달 탐험을 화려한 특수효과와 무대적 연출로 구현하며, 영화가 단순히 현실을 재현하는 매체가 아니라 미래를 꿈꾸는 도구가 될 수 있음을 보여주었다. 이 작품은 오늘날까지 영화예술의 상상력을 상징하는 작품으로 평가된다.

또한 이 영화는 과학적 변화의 단초를 담고 있었다. 대포 발사 장면은 훗날 로켓으로, 바다로 귀환하는 캡슐은 아폴로의 귀환으로, 달에서의 체류는 오늘날 달·화성 주거지 연구로 이어졌다. 외계인과의 조우는 외계생명 탐사와 SETI의 상징처럼 다가오며, 환상은 결국 현실 속 과학으로 다가섰다.

〈달세계 여행〉은 120년 전 스크린 속 상상이 오늘의 현실이 되고, 내일의 길을 여는 힘이 된다는 사실을 보여준다.

"우리의 관심을 지구적 문제에만 가둔다면, 인간 정신을 제한하는 것이다."
Our attention should not be confined only to earthly problems; that would limit the human spirit.

— 스티븐 호킹 Stephen W. Hawking, 영국 물리학자

9월 2일

캐링턴 이벤트

1859년 9월 1일, 영국의 아마추어 천문학자 리처드 캐링턴은 태양 흑점에서 갑작스러운 섬광을 관측했다. 다음 날 9월 2일, 지구에는 역사상 가장 강력한 태양폭풍이 도달했는데, 이는 오늘날 '캐링턴 이벤트'로 불린다.

이 폭풍은 전 세계 전신망을 마비시켰다. 기기가 불꽃을 튀기며 작동을 멈췄고, 배터리를 분리한 상태에서도 메시지가 전달될 만큼 전류가 흘렀다. 태양 입자가 지구 자기장과 충돌해 하늘을 빛으로 수놓는 오로라는 보통 극지방에서만 보이지만, 이때는 스페인 최남단, 로마, 쿠바, 하와이까지 붉게 내려왔다.

캐링턴 이벤트는 태양의 폭발적 활동이 천문 현상을 넘어, 지구 문명 전체에 직접적 영향을 줄 수 있음을 각인시켰다. 오늘날 같은 사건이 재현된다면, 위성과 GPS, 통신망, 전력망이 한순간에 마비될 수 있다.

하늘을 뒤덮은 붉은 빛은 단지 경이로운 풍경이 아니었다. 그것은 인간의 재난 대비를 일깨우는 자연의 붉은 경고였다.

> "자연은 결코 우리를 속이지 않는다. 우리를 속이는 것은 언제나 우리 자신이다."
> Nature never deceives us; it is always we who deceive ourselves.
>
> — 장 자크 루소 Jean-Jacques Rousseau, 프랑스 철학자

9월 3일

호주 국기 제정일

1901년 9월 3일, 호주는 연방 창설 이후 자국의 국기를 공식적으로 제정했다. 뉴질랜드는 약 1년 뒤인 1902년 3월, 비슷한 형태의 국기를 확정했다. 두 나라의 국기는 모두 파란 바탕에 영국을 상징하는 유니언 잭과 남반구의 하늘을 대표하는 남십자성을 담고 있다.

호주의 국기에는 연방을 상징하는 큰 별이 더해져 있으며, 오늘날에는 연방 국기 외에도 원주민의 국기, 토레스 해협 제도인의 국기가 함께 공식적으로 사용된다. 이는 다문화와 역사적 다양성을 존중하는 호주의 정체성을 드러낸다.

뉴질랜드 국기 역시 남십자성을 중심으로 디자인되었다. 그러나 호주 국기와 지나치게 유사하다는 이유로 새 국기 제정 논의가 일어났고, 국민투표까지 이어졌다. 그럼에도 남쪽으로 이주한 선조들의 여정을 비추던 상징성을 존중해 기존 국기를 유지하기로 했다.

남십자성은 오늘도 남반구의 밤하늘에서 새로운 땅을 향해 항해하던 이들의 기억을 되살리며 그 후손들의 도전을 응원하고 있다.

"만약 사람이 어떤 항구로 향하는지 모른다면, 어떤 바람도 순풍이 될 수 없다."
If one does not know to which port one is sailing, no wind is favorable.

— 세네카 Lucius A. Seneca, 로마 철학자

태권도 정신, 도전과 수호

2006년 9월 4일, 한국은 '태권도의 날'을 제정해 국민들에게 알렸다. 이 날짜가 선택된 이유는 1973년 같은 날 세계태권도연맹(WTF, 현 WT)이 창설되었기 때문이다. 태권도는 이때부터 한국을 대표하는 무예로 국제적 기반을 다졌고, 세계적인 스포츠이자 문화적 상징으로 자리잡게 되었다.

1970년대 한국 사회는 태권도의 기개를 대중문화 속에서도 표현하고자 했다. 그 결과 1976년 개봉된 애니메이션 영화 〈로보트 태권 V〉가 탄생했다. 태권도의 기술과 정신을 로봇 영웅에 담아낸 이 작품은 단순한 오락을 넘어, 한국의 힘과 꿈을 시각화한 상징으로 기억되었다.

로보트 태권 V는 지구를 넘어 우주로 뻗어나가는 존재로 그려졌다. 이는 태권도가 단지 무예에 머무르지 않고, 인류 보편의 도전과 수호의 정신으로 확장될 수 있음을 보여준다.

"달려라 달려 로보트야, 날아라 날아 태권 V~." 당시 아이들이 불렀던 주제가처럼, 오늘날 한국은 태권도의 정신을 발휘하여 더 높이, 더 멀리, 우주의 미래를 향해 날아오르고 있다.

"챔피언은 될 때까지가 아니라, 제대로 될 때까지 계속 나아간다."
Champions keep playing until they get it right.

— 빌리 진 킹 Billie Jean King, 미국 테니스 선수

9월 5일

우주와 포도밭

9월은 북반구에서 포도 수확이 집중되는 시기다. 이때 위성은 포도밭의 생육 상태와 토양 수분, 병충해 징후를 원격으로 모니터링하며, 수확 시기와 품질 관리에 필요한 데이터를 농가에 제공한다. 이러한 정밀 관측은 기후변화와 환경 불안정 속에서 안정적인 포도 재배를 가능하게 하는 중요한 도구가 되고 있다.

한편, 국제우주정거장(ISS)에서도 포도 재배를 위한 노력이 이어지고 있다. 2020년 11월 2일, 프랑스 보르도의 "Mission WISE" 프로젝트는 포도 묘목을 ISS로 보내 미세중력과 우주 방사선 환경에 노출시킨 뒤, 지구로 다시 가져와 재배하며 그 변화를 관찰했다.

이어 2021년 4월 14일에는 포도 식물의 성장을 직접 관찰하는 실험이 진행되었다. 이는 단순한 과학적 실험이 아니라, 기후변화와 병해충 같은 문제에 대응할 수 있는 새로운 품종과 재배법을 모색하는 국제적 시도였다.

우리가 마시는 한잔의 와인도 결국 하늘과 땅의 긴 대화 속에서 태어나는 셈이다. 오늘 식탁 위 와인에 내리는 위성과 ISS의 축복에 감사드린다.

"자신의 꿈을 향해 자신 있게 나아가라. 상상한 삶을 살아라."
Go confidently in the direction of your dreams. Live the life you have imagined.
— 헨리 데이비드 소로우 Henry David Thoreau, 미국 수필가

9월 6일

LADEE 발사와 개구리

2013년 9월 6일, NASA의 달 대기·먼지 환경 탐사선(LADEE)이 버지니아 월럽스 비행장에서 발사되었다. 그 순간 카메라에 포착된 장면에는, 거대한 로켓 불길 옆에서 압력에 휩쓸려 공중으로 튀어 오른 개구리 한 마리가 있었다. 해당 사진은 전 세계 언론에 공개되어 "우주 개구리"라는 별명을 얻었다.

처음에는 사진의 진위여부가 관심의 대상이었으나, 사람들은 이내 로켓이 우주로 발사되는 순간에도 지구 생태계와 연결되어 있다는 사실을 깨닫고, 우주발사 안전 구역 설정과 생태 영향 평가의 필요성을 제기하였다.

한편 2004년 방영된 애니메이션 〈우주 개구리 중사 케로로〉에서 케로로는 지구 정복을 꿈꾸지만 결국 사람들과 어울려 살아가게 된다. 지구와 우주의 두 개구리가 알려주는 공통의 가치는 대자연의 우주와 인간이 함께 하는 상생의 길이다.

우주를 향한 길은 자연과 더불어 살아가려는 마음이 뒷받침될 때, 안전하고도 오래 지속될 수 있다.

"결국 우리는 사랑하는 것만을 지켜낼 수 있다."
In the end, we will conserve only what we love.
— 바바 디옴 Baba Dioum, 세네갈 환경운동가

백로, 푸른 하늘의 날

오늘은 9월 7일, 24절기 중 열다섯 번째인 백로(白露)다. 이 시기는 밤 기온이 낮아져 풀잎과 땅 위에 이슬이 맺히기 시작하는 때로, 본격적인 가을에 진입을 알린다. 동양 절기력에서는 이 시점을 가리켜 "하늘이 높고 푸르며, 만물이 서늘한 기운을 띠기 시작한다"라고 설명한다.

옛 농경사회에서는 이때 방제 관리로 병충해를 막고, 포도순절이라 하여 첫 수확한 포도를 조상께 올리며 수확의 기쁨을 나누었다. 이는 자연의 순환 속에서 감사와 준비를 함께 실천한 전통이었다.

오늘날에는 백로를 맞아 과학관이나 천문대가 별자리 관측 행사를 열어 가을 하늘의 깊은 별빛을 시민들이 즐기게 한다. 하지만 이 무렵은 태풍이 자주 발생하는 시기이기도 하다. 맑은 하늘을 바라보며 우주의 질서를 느끼는 한편, 자연재해에 대한 대비와 지혜로운 관리가 필요하다는 점을 일깨워 준다.

백로의 맑은 하늘은 우리에게 마음의 짐을 내려놓고 더 깊이 호흡하라고 속삭인다. 감사와 대비를 함께 생각하는 조화로운 마음이 삶을 가을처럼 넉넉히 채운다.

"자연은 언제나 영혼의 색깔을 담고 있다."
Nature always wears the colors of the spirit.
— 랄프 왈도 에머슨 Ralph Waldo Emerson, 미국 사상가

9월 8일

스타트렉, 우주 상상력과 영감의 원천

1966년 9월 8일, 미국 NBC 방송에서 TV 시리즈 〈스타트렉(Star Trek)〉이 첫 방영되었다. 이 작품은 '엔터프라이즈호'라는 우주선을 타고 인류가 미지의 은하를 탐험하는 이야기를 다루며, 방송사상 최초로 본격적인 우주 탐험 드라마라는 장르를 개척했다.

〈스타트렉〉의 매력은 인물들 사이의 긴장과 조화였다. 인간적인 열정, 냉철한 논리, 따뜻한 인간미가 서로 충돌하면서도 결국은 협력을 통해 위기를 극복하는 과정은, 인류가 우주로 나아가는 데 필요한 모습을 상징적으로 보여주었다.

또한 이 작품은 순간이동 장치, 광속을 넘는 워프 항법, 손에 쥐는 통신기 같은 혁신적인 상상력의 기술로 가득했다. 과학자들에게 〈스타트렉〉은 영감의 원천이었고, 휴대전화·영상통화·3D 프린터 등 현대 과학기술 발전의 씨앗이 되었다.

외계 생명까지 품어낸 우주의 공동체는, 우리가 언젠가 도달해야 할 내일을 미리 보여주었다. 그 내일이 오늘이며 인류는 서로의 이해를 바탕으로 더 큰 미래 세계로 나아갈 길을 찾고 있다.

> "가능성의 한계를 발견하는 유일한 길은 그 한계를 넘어 불가능 속으로 들어가는 것이다."
> The only way to discover the limits of the possible is to go beyond them into the impossible.
> — 아서 C. 클라크 Arthur C. Clarke, 영국 작가

9월 9일

하늘이 내린 숫자

오늘은 9월 9일, 두 개의 아홉이 겹치는 날이다. 우리에게 9는 가장 큰 한 자리 수로, 완성과 극치를 뜻하는 숫자로 이해된다.

중국에서 9는 하늘이 내린 권위의 숫자였다. 구중궁궐(九重宮闕)은 인간이 도달할 수 있는 궁극의 공간을 상징했고, 자금성의 구룡벽(九龍壁)은 황제가 우주의 질서를 이어받아 세상을 다스린다는 표식이었다. 한국에서도 99칸 집은 신하가 누릴 수 있는 최대의 권위였으며, 그 너머는 왕의 자리였다.

서양에서도 9는 신과 연결된 수였다. 단테의 《신곡》에는 9층의 지옥과 천국이 대비되었고, 고대 그리스 신화 속 9명의 뮤즈는 예술과 학문의 영감을 인간에게 내려주었다.

태양계는 오랫동안 9행성의 질서로 설명되었지만, 2006년 명왕성이 행성 지위를 잃으면서 그 체계는 역사 속 기억으로만 남게 되었다.

하지만 9의 끝에는 항상 10이 기다린다. 오늘, 완성의 순간은 끝이 아니라, 다시 시작을 여는 문턱임을 생각하게 된다.

"자연의 책은 수학이라는 언어로 쓰여 있다."
The book of nature is written in the language of mathematics.
— 갈릴레오 갈릴레이 Galileo Galilei, 이탈리아 과학자

최초의 음주운전 단속

1897년 9월 10일, 영국 런던에서 택시 운전사 조지 스미스가 술에 취한 채 운전하다 건물에 충돌했고, 경찰에 체포되었다. 이 사건은 세계 최초의 음주운전 단속으로 기록되었으며, 새롭게 등장한 교통수단이 자유만큼이나 책임을 동반한다는 점을 일깨워주었다.

아폴로 우주탐사 시대, NASA는 장기 임무에서 식사의 다양성을 위해 셰리 와인을 우주선 식단에 포함하려 했으나, 알코올이 신체 기능과 판단에 미치는 위험, 그리고 공적 프로그램에 술을 포함하는 것의 타당성 때문에 여론의 거센 비판을 받고 계획은 철회되었다.

한편, 일본 JAXA는 사케 효모를 국제우주정거장에 실어 보내 미세중력과 방사선이 발효에 미치는 영향을 확인했다. 프랑스의 "Mission WISE" 프로젝트는 포도 묘목과 와인 샘플을 ISS에서 실험해 맛과 향, 발효 과정의 변화를 분석했다. 두 연구는 인류가 새로운 환경 속에서도 생명과 문화를 이어가는 방법을 모색하는 의미 있는 시도로 평가된다.

우주는 새로운 가능성을 시험하는 실험실이 될 수 있지만, 우리의 자유는 언제나 책임과 함께해야 한다.

"자유는 끊임없이 투쟁할 때만 가능하며, 모든 자유에는 책임이 따른다."
Freedom is only possible by constantly struggling for it,
and each freedom entails responsibility.

— 알베르트 아인슈타인 Albert Einstein, 독일 출신 물리학자

마션, 화성에서 살아남기

2015년 9월 11일, 리들리 스콧 감독의 영화 《마션(The Martian)》이 토론토 국제영화제에서 첫선을 보였다. 화성에 홀로 고립된 한 우주인이 과학적 지식과 창의성을 활용해 생존을 모색하는 이야기로 관객의 호평을 받았다.

영화는 주인공의 조난과 생존에 관해 몇 가지 시사점을 던진다. 화성에는 실제로 거대한 모래 폭풍이 불지만, 대기의 밀도가 낮아 영화 속처럼 강력한 파괴력을 갖지는 않는다. 감자 재배는 주인공의 생존에 핵심적 역할을 하지만, 실제로는 화성 토양의 독성 성분 때문에 그 어려움이 클 것이다. 또한 신속한 주인공 구조를 위해 중국의 협력을 묘사했지만, 현실에서는 미·중의 경쟁이 점차 뚜렷해지고 있다.

이처럼 《마션》은 과학적으로 가능한 부분과 불확실한 요소를 함께 담아내었다. NASA와 과학자들은 이 작품이 관객에게 우주 탐사의 현실적인 문제를 쉽고 흥미롭게 전달했다고 평가했다.

《마션》은 개인의 생존의지와 생환을 도우려는 힘이 모일 때, 우주라는 극한의 무대에서도 생명의 빛을 찾아낼 수 있음을 보여준다.

"과학은 단지 지식의 집합이 아니라, 사고하는 방식이다."
Science is not only a body of knowledge but a way of thinking.

— 칼 세이건 Carl E. Sagan, 미국 천문학자

라스코 동굴벽화, 우주의 질서를 그리다

1940년 9월 12일, 프랑스 도르도뉴 지방에서 소년들이 개와 함께 놀다 우연히 라스코 동굴 입구를 발견했다. 동굴 안에는 약 2만 년 전 구석기 인류가 남긴 말, 들소, 사슴의 벽화가 그려져 있었고, 이는 선사시대 예술의 정수를 보여주는 사건으로 기록되었다. 이후 라스코는 '선사시대의 루브르 박물관'이라 불리며 학계와 대중의 관심을 끌었다.

라스코 벽화는 단순한 사냥의 기록이 아니었다. 사람들은 동물 그림에 힘과 풍요, 생존의 의미를 담아 자연과 삶의 질서를 표현했고, 그 그림은 공동체가 기억을 나누는 기호가 되었다. 이는 인류가 이미 예술을 통해 세상의 이해를 공유하려 했음을 보여준다.

일부 학자들은 황소 옆 점 무늬가 플레이아데스 별자리를 나타낸다고 주장하며, 벽화가 계절과 별의 질서를 반영했다고 해석한다. 우리는 그 오래된 흔적 앞에서, 그들이 이미 우주에 대해 너무 많이 알고 있었던 건 아닐까? 알고 있었다면 누구에게 배운 것은 아닐까? 생각이 꼬리에 꼬리를 물게 된다.

"라스코는 인류 최초의 성당이다."
Lascaux is the first cathedral of mankind.
— 앙리 브레이유 Henri Breuil, 프랑스 고고학자

9월 13일

철새와 별빛의 길

9월 중순, 북반구의 철새들은 남쪽으로 향하는 대이동을 시작한다. 이 작은 생명들은 지구의 자기장과 하늘의 별빛을 길잡이 삼아 수천 킬로미터를 날아간다.

과학자들은 이 비밀을 검증하기 위해 몇 가지 실험을 했다. 플라네타리움에 철새를 넣어 별빛을 가리자 새들은 방향을 잃었고, 다시 별자리를 비추자 올바른 경로를 찾았다. 또 철새의 눈 속 단백질 '크립토크롬'이 빛과 반응해 자기장을 감지하며, 인공적으로 자기장을 바꾸면 새들의 이동 방향도 함께 달라진다는 사실을 확인하였다.

오늘도 철새들은 인간의 GPS가 아니라 우주와 지구가 함께 만든 지도를 따라 길을 찾는다. 별빛은 하늘에서, 자기장은 땅에서, 두 힘이 합쳐져 생명의 항로를 열어주는 것이다.

철새가 별빛과 자기장을 믿고 날아가듯, 우리도 흔들림 없는 신념을 유지할 때 삶의 길을 잃지 않는다.

"자신의 길을 가라, 그리고 사람들이 뭐라 하든 내버려 두라."
Go your own way, and let people talk.
— 단테 알리기에리 Dante Alighieri, 이탈리아 시인

우주를 달리는 은하철도

1978년 9월 14일, 일본에서 애니메이션 〈은하철도 999〉가 첫 방영되었다. 어린 소년과 여객열차가 우주를 달리며 다양한 행성과 사람들을 만나는 이야기는 방영 직후 큰 인기를 끌었다.

〈은하철도 999〉가 사랑받은 이유는 우주를 배경으로 했지만, 지구의 가장 친근한 교통수단인 기차를 그대로 옮겨놓았기 때문이다. 인간에게 익숙한 일상이 광대한 우주 속으로 확장되는 순간, 관객은 현실과 상상을 동시에 경험하며 깊은 공감을 느낀다.

오늘날 과학자들이 구상하는 우주 엘리베이터도 같은 상상에서 비롯된다. 지구 적도에서 정지궤도까지 이어진 케이블을 세우고, 전기 동력의 승강 장치가 이를 따라 오르내리며 사람과 물자를 나르는 발상이다. 로켓보다 훨씬 저렴하고 안전하게 우주에 접근할 수 있지만, 실현을 위해서 여전히 많은 기술적 난관을 넘어야 한다.

우리의 새로운 우주 교통수단의 꿈과 희망이 미래 세대의 빛나는 현실로 나타나길 소망한다.

"오늘의 과학은 내일의 기술이다."
The science of today is the technology of tomorrow.

— 니콜라 테슬라 Nikola Tesla, 미국 발명가

9월 15일

우주물체 등록협정

1976년 9월 15일, '우주물체 등록협정(Convention on Registration of Objects Launched into Outer Space)'이 공식적으로 발효되었다. 이는 모든 우주 발사체를 국가가 등록하고 국제적으로 공유하도록 한 첫 제도였다.

협정에 따라 각 국가는 발사체를 국가 등록부에 기록하고 그 내용을 유엔 사무총장에게 통보한다. 현재는 유엔 외기권사무국(UNOOSA)이 이를 관리하며, 발사 일시와 장소, 궤도 정보, 발사 주체 등 세부 자료가 공개된다. 등록 절차는 사고나 충돌 시 책임 소재를 명확히 하기 위한 장치다.

협정은 냉전기 급격히 늘어난 발사체 경쟁 속에서 우주 공간의 혼란을 줄이고, '우주는 공유된 공간'이라는 인식을 확대하고자 했다. 오늘날 민간 기업과 수많은 위성이 추가되면서 이 협정의 필요성은 더욱 증대되었다.

우주의 법과 규정은 미래를 지키는 등불이며, 이를 준수하는 것은 서로를 믿고 나아가기 위한 최소한의 약속이다.

"우주 탐험은 경쟁이 아니라 협력의 여정이어야 한다."
Space exploration should be a voyage of cooperation, not competition.

— 반기문, 유엔 사무총장

인류와 자연의 상생

1987년 9월 16일, 국제사회는 '몬트리올 의정서'를 채택했다. 오존층을 파괴하는 프레온가스(CFCs)와 같은 물질의 사용을 단계적으로 줄여가자는 전 세계적 합의였다. 유엔은 이 합의를 기념하기 위해 이날을 '세계 오존층 보존의 날'로 정했다.

오존층은 성층권 약 15~35km 높이에 자리하며 태양의 자외선을 흡수해 지구의 생명을 지켜준다. 오존층이 없다면 인간은 피부암과 백내장 같은 질병에 더 쉽게 노출되고, 농작물과 바다 생태계도 큰 피해를 입는다. 한때 남극 상공에 발생한 거대한 오존층의 구멍은 의정서 채택의 효과로, 2040년경에는 1980년 이전 수준으로 회복될 것으로 전망되고 있다.

이러한 성과는 국제 협력이 실제로 지구 환경을 지켜낼 수 있음을 증명한다. 하지만 지구는 오존층 이외에도 기후 변화와 해양 오염 같은 새롭고 다양한 도전에 직면해 있다.

보이지 않는 오존층이 우리를 지켜주듯, 우리가 보지 못하는 대자연을 소중히 여길 때, 건강한 지구와 함께 오래 살 수 있다.

"우리가 자연 속의 경이로움을 잃지 않는 한, 우리는 결코 고립되지 않는다."
Those who contemplate the beauty of the earth find reserves of strength that will endure as long as life lasts.

— 레이첼 카슨 Rachel Carson, 미국 해양생태학자

9월 17일

세계 환자 안전의 날

2019년 세계보건기구(WHO)는 9월 17일을 '세계 환자 안전의 날(World Patient Safety Day)'로 지정했다. 의료 기술이 아무리 발전해도, 환자의 생명과 안전을 지키는 일이 모든 치료와 연구의 출발점임을 알리기 위해서다.

우주에서도 건강과 안전은 늘 최우선이다. 1976년 소유즈 21호 승무원들은 정거장 내부 공기 오염으로 건강 이상을 겪으며 임무를 중단했고, 1985년 소유즈 T-14호의 바실리예프 역시 심각한 체력 저하로 조기 귀환해야 했다. 국제우주정거장에서도 신장결석이나 심장 부정맥 같은 사례가 보고되며, 작은 이상도 귀환 결정으로 연결된다.

이 때문에 ISS는 항시 귀환준비가 완료된 상태이다. 정상 임무가 끝날 때도, 비상 상황이 생길 때도, 승무원들은 같은 우주선을 타고 함께 귀환한다. 그 어떤 임무도 대원의 안전보다 우선일 수 없다.

우주에서 환자를 지키려는 노력은 지구와 다르지 않다. 그것은 인류가 쌓아 올리는 모든 성취는 우리의 생명을 지키기 위한 노력의 연장선에 있기 때문이다.

>"국민의 건강은 행복과 국가의 힘을 지지하는 가장 튼튼한 기반이다."
>The health of the people is really the foundation upon which all their happiness and all their powers as a state depend.
>— 벤저민 디즈레일리 Benjamin Disraeli, 영국 총리

9월 18일

우주로 안전하게 이동하려면

    2024년 9월 18일, 미국 상무부 산하 우주상무실(OSC)은 국제 학회에서 유럽연합(EU)과 함께 자국의 우주 교통 조정 시스템(TraCSS) 성과를 발표했다. 이 발표는 그동안 미 공군과 우주군이 맡아온 인공위성 궤도 충돌 경보를 민간 기관으로 이관하는 과정에서 중요한 전환점이 되었다.

    앞으로 우주 교통 관리의 역할은 이렇게 나뉜다. FAA(연방항공청)는 로켓 발사와 재진입 과정에서 항공기와의 충돌을 막기 위해 공역을 관리한다. 일단 궤도에 올라간 뒤부터는 상무부(OSC)가 위성과 파편의 충돌 위험을 예측하고 경보를 제공한다. 미 우주군은 변함없이 우주물체 데이터를 생산하여 제공하지만, 민간과 국제 사회에 공유하는 창구는 상무부다.

    군사 중심에서 민간과 국제 협력 체계로 무게가 옮겨간 것은, 우주를 특정 국가의 안보 무대가 아니라 인류 공동의 자산으로 다루겠다는 변화의 신호다. 한국이 항공 교통관제를 군에서 민간으로 이관하며 국제적 안전 기준(ICAO)을 확보했던 경험처럼, 우주의 길은 모두의 협력 위에서 안전하게 펼쳐진다.

> "우주는 새로운 바다다. 우리는 이 바다를 평화롭게 항해해야 한다."
> Space is a new ocean, and we must sail it peacefully.
> — 존 F. 케네디 John F. Kennedy, 미국 제35대 대통령

9월 19일

'론 강' 위에 비친 별빛

1888년 9월, 빈센트 반 고흐는 프랑스 남부 아를르의 론 강변에서 밤하늘을 그렸다. 〈론 강 위의 별이 빛나는 밤〉에 담긴 북두칠성의 곡선, 강 건너편 위로 솟은 카시오페이아 자리, 그리고 그 사이에서 유난히 밝게 빛나는 금성은 모두 당시의 실제 천문학 기록과 일치한다. 이 작품은 예술적 상상에만 머무르지 않고, 하늘의 사실을 담아낸 그림이었다.

고흐는 도시의 불빛이 스며든 강 위로 별빛이 흩어지는 모습을 그리면서, 인간의 감정과 우주의 질서를 함께 기록했다. 하늘의 별자리와 땅의 강물이 서로 이어지는 이 장면은 과학과 예술이 만나는 아름다운 교차점이 되었다.

별을 관측하는 천문학자와 별을 그리는 화가는 서로 다른 길을 걷지만, 결국 같은 하늘을 올려다본다. 좌표와 수치, 붓질과 색채로 각각 다르게 결과를 남기지만, 그 출발점은 공히 별빛 앞에서 느끼는 경이로움이다.

"별을 바라보는 것만으로도 언제나 나는 꿈꾸게 된다."
The sight of the stars always makes me dream.

— 빈센트 반 고흐 Vincent van Gogh, 네덜란드 화가

9월 20일

BTS, 유엔에서 전한 미래 세대의 목소리

2021년 9월 20일, 방탄소년단(BTS)은 제76차 유엔 총회 특별행사 '지속가능발전목표(SDG, Sustainable Development Goals) 모멘트'에서 연설을 했다. 전 세계 청년 세대를 대표해, 코로나19 이후의 세상과 지속가능한 미래를 위한 연대의 메시지를 전한 순간이었다.

BTS의 연설은 음악을 넘어 사회적 목소리로 울려 퍼졌다. 기후 위기와 불평등, 그리고 세대 간 단절 속에서 "지금 세대의 선택이 미래를 바꾼다"는 점을 강조하며, SDG의 핵심 정신을 대중과 공유했다.

이전 2018년 제73차 유엔 총회에서는 RM이 자기 자신을 존중하는 메시지를 전했고, 2020년 제75차 총회에서는 팬데믹 속에서 희망을 잃지 말자는 호소가 이어졌다. 이번 2021년 연설은 그 흐름 위에서 '지속가능한 연대'라는 주제를 더 깊이 확장한 것이다.

우리가 지구라는 하나의 행성에서 협력하지 못한다면 우주로의 확장도 불가능하다. BTS의 목소리는 세대를 넘어, 인류 전체가 공유해야 할 책임을 다시 일깨운다.

"미래는 우리가 상상하는 것보다 멀리 있지 않다. 지금 우리가 선택하는 길 위에 이미 존재한다."
The future is not far away. We are already living in it, and the choices we make define it.

— BTS, 2021년 유엔 총회 연설

9월 21일

북극성, 변치 않는 별빛

1819년 9월 무렵, 영국 낭만주의 시인 존 키이츠(John Keats)는 〈Bright Star〉를 집필한 것으로 알려졌다. 그는 하늘의 북극성을 바라보며, 자신도 그 별처럼 변치 않고 영원히 머물고 싶다고 노래했다. 그러나 그 불변의 성질은 고독한 고립이 아니라, 사랑하는 이 곁에 머물고자 하는 인간적 열망으로 이어진다.

북극성은 밤하늘에서 언제나 같은 자리를 지키는 별이다. 키이츠는 이 변함없는 빛에 마음을 기대어 "영원히 변치 않고, 영원히 바라보며"라는 구절을 남겼다. 별빛의 고요함 속에서 그는 사랑이 흔들리지 않고 이어지기를 소망했다.

변하는 계절과 세상 속에서 북극성은 묵묵히 자리를 지킨다. 세상 사람들의 마음이 아무리 변해도 우리가 변함없이 그 자리를 지킬 때 비로소 모두가 밝아진다.

"아름다운 것은 영원한 기쁨이다."
A thing of beauty is a joy forever.
— 존 키이츠 John Keats, 영국 시인

9월 22일

해와 달이 된 오누이

한국의 대표적인 전래동화 〈해와 달이 된 오누이〉는 언제 처음 형성되었는지는 알 수 없지만 오랫동안 전국적으로 구전되어 내려왔다. 굶주린 호랑이가 오누이를 잡아먹으려 하자, 아이들은 하늘에 기도했고 결국 오빠는 해가, 여동생은 달이 되었다는 이야기다.

이야기 속 호랑이는 단순한 맹수가 아니다. 전통 사회에서 호랑이는 두려움과 시련의 상징이자, 동시에 인간을 단련시키는 존재였다. 그 위협 앞에서 하늘에서 내려온 동아줄은 탈출구일 뿐만 아니라, 아이들이 새로운 차원으로 건너가는 길이었다. 그 줄을 붙잡은 순간 오누이는 해와 달로 다시 태어나 세상의 질서를 이루는 존재가 되었다.

그들이 해와 달이 되었다는 것은 서로 다른 빛으로 세상의 조화를 이루는 존재가 되었음을 뜻한다. 우리 또한 밝을 때든 어두울 때든, 제 자리를 지키며 자신의 빛을 비추어야 한다.

"해와 달은 서로 빛을 다투지 않는다. 다만 세상을 비출 뿐이다."
日月不爭光, 而照天下.

—『회남자(淮南子)』 中

9월 23일

추분, 삶의 흐름을 점검

오늘은 추분(秋分), 낮과 밤의 길이가 같아지는 날이다. 태양이 천구의 적도를 지나면서 낮과 밤이 균형을 이루고, 이후 북반구에서는 점차 밤이 길어진다.

우리 전통에서 추분은 가을걷이의 시기였다. 논밭의 곡식과 과일을 거두어 오곡백과의 풍요로움을 만끽하고, 이를 조상에게 감사의 제물로 바치며 음덕을 기렸다. 또한 노인들의 무병장수를 기원하는 미풍양속도 이어졌다.

오늘날 추분은 단순히 계절의 경계가 아니라 삶의 리듬을 정돈하는 시기다. 학생들에게는 2학기 수업이 정상화되는 시점이며, 직장인들은 한 해 성과를 도출하기 위해 업무에 집중한다. 개인적으로도 독서와 학습, 자기계발에 박차를 가하기 좋은 시기다. 자연의 균형이 인간의 일상에도 새로운 흐름을 유도하는 것이다.

추분은 우리에게 극단이 아닌 균형 속에서 살아갈 것을 일깨운다. 낮과 밤처럼 서로 다른 힘이 조화를 이룰 때, 삶은 가장 안정된 빛을 발한다.

"중용이 곧 최고의 덕이다."
中庸之爲德, 其至矣乎.

―『중용(中庸)』中

9월 24일

마스 클라이밋 오비터 손실

1999년 9월 23일, NASA의 탐사선 '마스 클라이밋 오비터(Mars Climate Orbiter)'는 화성 궤도 진입 과정에서 교신이 두절되었다. 이로써 9개월간 이어진 비행과 3억 달러 규모의 임무는 실패로 끝났다.

사고 조사 결과, 외부 록히드 마틴 엔지니어 팀은 추진 데이터를 파운드힘/초(pound-force seconds) 단위로 계산했으나, NASA 항법 시스템은 뉴턴/초(newton-seconds) 단위를 요구하고 있었다. 서로 단위 변환이 이루어지지 않자 계산 값은 실제보다 약 4.45배 차이가 났고, 탐사선은 지나치게 낮은 고도로 화성 대기에 진입하게 되었다.

보다 근본적인 문제는 단위의 오류 발생이 검증 체계의 부재에서 비롯되었다는 점이다. 사전에 단위 불일치를 확인하는 교차 검증 절차만 있었더라도 분명히 막을 수 있었던 사고였다. NASA 내부 보고서도 이를 "협조 부서 사이 의사소통 실패"의 결과로 적시했다.

작은 부주의가 큰 실패로 이어질 수 있다. 그러나 그 실패의 교훈을 통해 우리가 기초를 지키는 것은 가장 큰 성공의 새로운 출발점이다.

"위대한 일은 작은 일들이 모여 이루어진다."
Great things are done by a series of small things brought together.

— 빈센트 반 고흐 Vincent van Gogh, 네덜란드 화가

반달 송편, 내일의 희망으로 채운다

추석은 달의 명절이다. 한가위 밤하늘의 보름달은 한 해 수고한 사람들의 얼굴을 환히 비추고, 가족은 넉넉한 수확과 안부를 나눈다. 이때 상 위를 채우는 대표 음식이 송편이다.

대부분의 송편은 보름달이 아닌 반달 모양이다. 반달은 아직 미완이지만, 곧 보름으로 차오를 미래를 품고 있다. 추석이 만월의 풍요를 즐기는 날이라면, 송편은 내일의 충만을 바라는 희망의 기약을 담고 있는 것이다.

송편의 속에는 깨, 콩, 밤, 팥 같은 곡식을 넣어 그해 수확의 기쁨을 온전히 즐겼다. 또한 "송편 모양이 고와야 복이 따른다"는 말은 정성을 다해 빚는 그 마음이 곧 풍요로운 내일을 가져온다는 믿음의 표현이었다.

추석은 둥근 달을 바라보며 오늘의 충만을 즐기는 동시에, 반달 송편에 내일의 희망을 담는 날이다. 오늘의 감사와 내일의 희망이 송편으로 차례상에 두둥실 떠오른다.

"달은 차고 기울며, 기울어야 다시 찬다."
月滿則虧, 虧而後盈.

— 『채근담(菜根譚)』 中

9월 26일

소련 위성 경보 오작동

1983년 9월 26일, 소련의 조기경보 위성이 미국발 대륙간탄도미사일 5기를 포착했음을 알렸다. 규정대로면 즉각 상부 보고와 보복 절차가 뒤따를 상황이었으나, 담당자는 이를 오작동으로 판단해 보고하지 않았고 사건은 무사히 종결되었다.

당시 냉전의 분위기는 몇 주 전 소련의 대한항공 007편 격추와 미국의 전략방위구상 추진으로 긴장이 최고조로 상승해 있었다. 위성 경보 한 번이 곧 핵전쟁 개시 논의로 직결될 만큼, 비상 상황이었다.

반면 소련 상황실 책임자 페트로프 대령은 실제 미국의 선제공격에는 더 많은 미사일이 발사될 것으로 봤으며, 소련 위성 체계의 운영초기 낮은 신뢰도와 지상 레이더의 추가적 징후가 없음을 종합적으로 고려했다. 그는 개인적 책임을 감수하고 '보고 보류 후 재확인'과정을 거쳤다. 이 사건은 냉전 종식 뒤 러시아 측 공개와 회고록을 통해 알려졌다.

절차와 규정은 속도를 보장하지만, 안전은 검증에서 나온다. 현재를 바꾸는 것은 기술이지만 미래를 바꾸는 것은 결국 우리의 선택과 판단이다.

"신뢰하되, 검증하라."
Trust, but verify.

— 로널드 레이건 Ronald W. Reagan, 미국 제 40대 대통령

9월 27일

골드 스타 패밀리의 날

매년 9월 마지막 일요일은 미국에서 '골드 스타 패밀리의 날(Gold Star Family Day)'로 기려진다. 전쟁 중 자녀나 배우자 등 가족을 잃은 이들을 위로하고 그 희생을 기억하는 날이다.

'골드 스타'라는 명칭은 제1차 세계대전에서 비롯되었다. 당시 미군 가정은 복무 중인 가족이 있음을 알리기 위해 창문에 파란별이 그려진 배너를 걸었으나, 전사 소식이 전해지면 그 별은 금빛으로 바뀌었다. 기쁨의 상징이던 별은 한순간에 슬픔과 존경의 상징으로 변했다.

한국 역시 전쟁에서 숨진 이들을 '호국의 별'이라 부르며, 국립현충원에서는 별자리 여행 '호국의 별을 찾아서'와 같은 추모 행사를 이어가고 있다. 하늘의 별로 떠난 이들을 기리는 방식은 시대와 문화를 넘어 같은 모습을 보인다.

호국의 별은 오늘도 우리를 비추고 있다. 유가족을 향한 우리의 사랑과 배려 속에서 희생의 의미는 완성된다.

"우리가 누리는 특권은 많은 이들이 목숨을 바쳐 얻어낸 것이다.
그러나 사람들은 시간이 지나면 그것을 잊는다."
Those who have long enjoyed such privileges as we enjoy forget in time
that men have died to win them.

— 프랭클린 D. 루스벨트 Franklin D. Roosevelt, 미국 제32대 대통령

9월 28일

아인슈타인의 노벨상 발표

1922년 9월 28일, 스웨덴 왕립과학아카데미는 알베르트 아인슈타인을 1921년 노벨 물리학상 수상자로 언론에 발표하였다. 그는 당시 이미 상대성이론으로 세계적 명성을 얻고 있었지만, 수상 사유는 광전효과의 발견과 해석이었다.

광전효과란 빛이 물질의 표면을 때릴 때 전자가 튀어나오는 현상이다. 아인슈타인은 이를 통해 빛이 입자인 '광자'로 작용할 수 있음을 제시했다. 상대성이론은 혁명적이었지만 아직 충분히 검증되지 않았다는 이유로 배제되었고, 실험적 뒷받침이 확실한 광전효과가 상의 근거로 채택되었다.

이 발견은 천문학에도 큰 영향을 주었다. 별빛과 은하의 신호를 감지하는 광전관은 이 원리에 기초하며, 우주 방사선과 외계 행성의 대기 성분까지 관측가능하게 했다. 아인슈타인의 실험이 결국 인류가 우주를 바라보는 눈을 만들어 준 셈이다.

과학은 우주를 바꾸지는 않지만, 우주를 바라보는 우리의 시선과 능력을 바꾼다.

"가장 불가사의한 것은 세계가 이해될 수 있다는 사실이다."
The most incomprehensible thing about the universe is that it is comprehensible.
— 알베르트 아인슈타인 Albert Einstein, 독일 출신 물리학자

9월 29일

다빈치와 조석현상

9월 29일은 음력 8월 보름 무렵으로 조석(밀물과 썰물)의 범위가 비교적 큰 시기이다. 오늘날 우리는 이를 달과 태양의 인력으로 설명하지만, 르네상스의 거장 레오나르도 다빈치는 이미 달과 태양이 바닷물을 움직인다고 기록하며 조석의 원리를 직관적으로 이해했다.

당시는 아직 만유인력의 법칙조차 정립되지 않은 시기였다. 그럼에도 다빈치는 하늘과 바다를 하나의 질서 속에서 바라보며, 자연 현상이 서로 맞물려 작동한다는 사실을 인식했다. 예술가이자 발명가였던 그가 천문학적 사유를 펼쳤음을 보여주는 실증적 사례다.

그의 메모에는 달빛이 태양빛의 반사라는 사실과 지구가 물과 대기의 움직임으로 살아 있는 행성이라는 통찰이 남아 있다. 완전하지 않았지만 그의 통찰은 후대 과학자들의 연구에 훌륭한 길잡이가 되었다.

예술가의 눈으로 세상을 그리면서도 과학자의 호기심으로 하늘을 탐구했던 다빈치의 시선은 우리에게 큰 울림을 준다. 인간의 상상력과 탐구정신이 결합될 때, 비로소 우주와 자연은 그 진면목을 드러낸다.

"달은 고유한 빛을 갖지 않는다."
The moon has no light of its own.
— 레오나르도 다 빈치 Leonardo da Vinci, 이탈리아 예술가

번역, 우주와 나를 이해하는 방식

9월 30일은 '국제 번역의 날'로, 언어와 문화의 다리를 놓은 이들을 기리는 날이다. 이는 단순히 문장을 옮기는 일이 아니라, 서로 다른 세계를 잇는 행위라는 점에서 깊은 의미를 지닌다.

우리는 번역이란 과정을 통해 우주를 다시 보게 된다. 자연은 스스로를 끊임없이 번역한다. 빛은 파동과 입자로 모습을 달리하며, 달과 태양의 인력은 바다의 물결로 변환된다. 이러한 변환은 곧 하나의 '자연적 번역'으로, 서로 다른 형식으로 드러나지만 본질은 하나임을 보여준다.

인간이 만든 과학도 번역의 또 다른 형태다. 별빛의 스펙트럼은 수치와 그래프로 번역되어 행성의 대기 성분을 알려주고, 중력파의 흔적은 기기의 신호로 옮겨져 우주의 과거를 전해준다.

존재론적으로 번역은 인간이 자신과 세계를 이해하는 과정이다. 타인의 말과 생각을 받아들이며 자기 세계를 넓히듯, 우리는 우주라는 거대한 텍스트를 해석하고 번역하면서 스스로의 위치를 깨닫는다.

번역은 언어의 기술을 넘어 세계를 이해하는 방식으로 그 속에서 우리는 자신을 새롭게 발견한다.

"내 언어의 한계는 내 세계의 한계이다."
The limits of my language mean the limits of my world.

— 루트비히 비트겐슈타인 Ludwig J. J. Wittgenstein, 오스트리아 철학자

OCTOBER

동양의 절기 구분에서

한 해의 열째 달은 술월(戌月)로

개가 그 달을 상징한다.

국군의 날, 하늘로 우주로

10월 1일은 대한민국 '국군의 날'이다. 1956년 국군의 날이 제정된 이후, 이날은 국가와 국민을 지켜온 국군의 헌신을 기리는 뜻 깊은 날로 기념되어 왔다. 또한 1949년 같은 날 대한민국 공군이 창설되어, 하늘을 지켜온 발자취의 의미가 더욱 깊다.

국군은 창설 이래 6·25 전쟁과 수많은 위기 속에서 조국을 지켜내며 국민의 생명과 안전을 보호해왔다. 공군은 열악한 여건을 극복하고 우리의 전투기로 영공을 수호하며 자주국방의 상징이 되었다. 육·해·공이 함께 지켜온 그 힘은 대한민국 안보의 든든한 토대가 되었다.

오늘의 공군은 북한의 핵미사일 위협에 대응하고, 위성파괴와 군사적 우주 활용 등의 국제적 위협으로부터 우주를 보호하는 핵심 군으로 성장하고 있다. 우주는 인류가 함께 지켜야 할 평화의 공간이지만, 그 가치를 보전하기 위해서는 튼튼한 안보와 대비태세가 반드시 필요하다.

국군은 국민의 군대로서 그 사명을 다해야 하며, 공군은 그들의 구호를 꼭 이뤄내야만 한다. "하늘로, 우주로!"

"자유는 공짜로 주어지지 않는다."
Freedom is not free.
— 존 F. 케네디 John F. Kennedy, 미국 제35대 대통령

10월 2일

V-2 로켓, 전쟁에서 우주로

1942년 10월 3일, 독일은 인류 최초의 장거리 탄도미사일 V-2 로켓을 시험 발사했다. 높이 14미터, 사거리 300킬로미터의 이 로켓은 음속을 돌파하며 인류 역사상 처음으로 우주 경계에 도달한 비행체가 되었다. 그러나 그 시작은 과학의 진보가 아닌 전쟁의 무기였다.

V-2 로켓은 제2차 세계대전 중 영국 런던과 벨기에 앤트워프에 쏟아져 수천 명의 민간인 희생과 도시 파괴를 남겼다. 인류와 우주를 연결한 첫 도구가 참혹한 전쟁의 무기였다는 사실은 역사의 큰 아이러니였다.

전쟁 후 V-2 개발을 이끌었던 폰 브라운은 미국의 로켓 개발에 참여했고, 훗날 NASA의 아폴로 계획 과정에서 중요한 역할을 담당했다. 전쟁의 무기를 다시 우주탐사의 도구로 돌려놓은 것이다.

오늘날 우주 기술도 여전히 그 양면성을 가지고 있다. 우리가 어떤 선택을 하느냐에 따라 우리의 미래 모습이 결정될 것이다.

"로켓 한 발이 발사될 때마다, 굶주린 이의 빵 한 조각이 사라진다."
Every rocket fired signifies, in the final sense, a theft from those who hunger and are not fed.
— 드와이트 D. 아이젠하워 Dwight D. Eisenhower, 미국 제 34대 대통령

개천절, 우주의 질서와 조화를 공감

10월 3일 개천절(開天節)은 단군 신화에서 전해지는 고조선 건국을 기념하는 국경일로, '하늘이 열린 날'을 상징한다. 매년 이날 강화도 마니산 참성단에서는 하늘에 제사를 올리는 행사가 열린다.

단군 신화에서 하늘이 열렸다는 것은 한 나라의 시작이라는 의미를 넘어, 우주의 질서와 권위가 단군을 통해 인간 세상에 깃들었다는 것을 뜻한다. 함께 제시된 홍익인간(弘益人間)의 이념은 우주가 만물의 질서와 조화를 유지하듯 인간 사회도 공정하게 권리를 나누고 더불어 살아야 한다는 가르침으로 전해진다.

개천절은 하늘이 열린 의미를 생각하고 우리가 앞으로 어떤 질서를 세우고 어떤 조화를 이루며 살아갈 것인지 스스로 묻는 날이다.

"천지가 무너져도 의(義)는 세워져야 한다."
天地雖壞, 義猶當立。

— 『맹자(孟子)』 中

10월 4일

우주, 인류 번영의 공동 기반

1957년 10월 4일, 인류 최초의 인공위성 스푸트니크 1호의 발사는 우주 시대의 서막을 알렸다. 유엔은 이를 기념하기 위해 1999년 '세계 우주 주간'을 제정하여, 매년 10월 4일부터 10월 10일까지 전 세계가 우주 개발의 의의와 협력을 되새기도록 하고 있다.

이 주간을 맞아 유엔 우주사무국(UNOOSA)은 '위성 활용과 지속 가능한 발전', '우주 기술과 인류 공동의 책임' 등을 주제로 국제 세미나와 포럼을 주최하며, 우주가 평화적이고 지속 가능하게 활용되어야 한다는 메시지를 전 세계적으로 전한다.

또한 전 세계의 많은 학교, 과학관, 천문대에서는 청소년 대상 강연, 우주 모형 제작, 위성 기술 체험 등 실천적인 교육 프로그램을 마련하여, 미래 세대가 우주 과학에 대한 흥미를 갖고 공동의 책임감을 느낄 수 있도록 돕는다.

오늘 세계 우주 주간을 맞아 우주가 인류 번영의 공동 기반이며 그곳에 대한 협력의 책임이 우리에게도 있음을 깊이 생각해볼 필요가 있다.

> "달과 기타 천체를 포함한 우주는 인류 전체의 것이다. 어떠한 국가도 점유할 수 없다."
> Outer space, including the Moon and other celestial bodies,
> is not subject to national appropriation.
>
> —「우주 조약」(1967), 제2조

한국 건축의 날

 10월 5일은 '한국 건축의 날'이다. 건축의 사회적 가치와 역할을 되새기며, 미래의 비전을 모색하는 날로 기념된다. 세계적으로는 매년 10월 첫째 월요일을 국제건축가연맹(UIA)이 정한 '세계 건축의 날'로 기념하며, 건축이 인간의 삶과 공동체에 어떤 의미를 지니는지를 되돌아보게 한다.

 한국의 건축물 중에 우주적 상상력이 투영된 곳들이 있다. 서울의 '동대문디자인플라자(DDP)'는 영국 건축가 자하 하디드가 설계한 작품으로, 유려한 곡선이 우주선을 떠올리게 한다. 일본 건축가 안도 다다오가 설계한 강원의 '뮤지엄 산'은 자연·빛·물이 어우러진 공간 속에서 인간이 우주 질서의 일부임을 체감하게 한다.

 최근에 완공된 포항의 '스페이스 워크'는 독일 예술가 하이케 무터와 울리히 겐츠가 설계한 작품이다. 공중에 떠 있는 궤도를 걷는 듯한 체험을 선사하며, 건축이 곧 우주와 연결된 길임을 보여준다.

 건축은 땅 위에서 시작되지만 그 시선은 언제나 하늘과 우주를 향한다. 곧 한국인 건축가의 손으로 설계한 우주적 감성의 건축물 등장을 기대해 본다.

"건축은 빛 아래 모인 형태들의 현명하고 정확하며 장엄한 놀이이다."
Architecture is the learned game, correct and magnificent, of forms assembled in the light.

— 르코르뷔지에 Le Corbusier, 프랑스 건축가

10월 6일

코스모스 축제

10월 6일경, 한국의 여러 지역에서는 코스모스 축제가 열린다. 구리 한강시민공원, 김천 직지사, 하남 미사리 강변 등지에서 가을 하늘 아래 끝없이 펼쳐진 코스모스 꽃밭이 시민들에게 개방되며, 사람들은 자연 속에서 계절의 아름다움을 느낄 수 있다.

'코스모스(Cosmos)'라는 이름은 그리스어로 '질서'를 뜻하며, 영어로는 '우주'를 의미한다. 꽃잎이 바람에 흔들리면서도 계절의 질서 속에 피고 지듯, 우주 또한 혼돈 속에서도 조화와 질서를 유지한다. 코스모스는 그래서 단순한 가을꽃이 아니라, 우주의 질서를 눈앞에 보여주는 작은 상징이다.

구리의 코스모스 축제는 자연과 도시가 조화를 이루는 공간에서 열리고, 김천 직지사의 코스모스는 전통문화와 종교가 만나는 풍경 속에서 빛을 더한다. 하남 미사리 강변의 코스모스는 가족과 이웃이 함께 즐기는 휴식과 나눔의 축제로 자리매김하고 있다.

흔들리는 코스모스의 꽃잎은 삶의 불안정함을 닮았지만, 그 뿌리는 늘 땅에 단단히 닿아 있다. 우리도 그렇게 흔들리며 살아가지만, 각자 중심을 잡고 서로 어우러져 조화를 이룰 때 더 아름다운 세상을 만들 수 있다.

"코스모스는 존재했던 모든 것, 지금 존재하는 모든 것, 앞으로 존재할 모든 것이다."
The Cosmos is all that is or ever was or ever will be.

— 카를 세이건 Carl E. Sagan, 미국 천문학자

스타크래프트

2000년 10월 6~8일, 월드사이버게임즈 챌린지가 용인의 에버랜드에서 최초로 열렸다. 이 대회는 사이버 공간을 통한 국제적 교류를 목표로 삼았고, 그 중심에는 한국에서 큰 인기를 끌던 게임 스타크래프트가 있었다. 이 기간은 e스포츠가 세계무대에서 정식 스포츠로 인정받는 출발점이 되었다.

스타크래프트는 은하계를 무대로 한 전략 게임으로, 서로 다른 문명이 별과 행성을 두고 대립하는 세계를 그렸다. 플레이어는 전장을 지휘하는 우주 사령관이 되어, 단순한 오락을 넘어 인간의 상상력을 우주로 확장하는 체험을 하게 된다.

한국의 과거 세대는 오락실에서 갤러그(Galaga) 같은 우주 슈팅 게임을 즐겼다. 작은 화면 속에서도 외계의 적과 싸우던 경험은, 시간이 흘러 복잡한 전략과 전술이 펼쳐지는 스타크래프트로 이어지며 세대마다 다른 방식으로 우주를 체험하는 문화를 형성한 것이다.

우주를 무대로 한 게임은 세대를 달리해도 늘 사람들의 마음을 사로잡았다. 우주는 언제나 인간의 상상력이 머무는 자리이며, 그 상상력은 놀이를 통해 서로를 보다 강하게 이어준다.

"문화는 놀이의 형식 속에서 생겨난다."
Culture arises in the form of play.
— 요한 하위징아 Johan Huizinga, 네덜란드 역사학자

한로, 깊어가는 가을

10월 8일경은 24절기의 하나인 한로(寒露)에 해당한다. 이 시기는 찬 이슬이 맺히기 시작한다 하여 이름 붙여졌으며, 본격적인 가을의 한가운데에 들어섰음을 알린다. 낮에는 여전히 햇살의 열기가 남아 있지만 아침과 밤의 기운은 한결 서늘해져, 농경사회에서는 추수와 겨울 준비의 중요한 절기가 되었다.

과거 한로 무렵에는 국화와 감국차를 즐기며 건강을 기원하는 풍습이 있었다. 국화는 절개와 청아함을 상징했고, 따뜻한 차 한 잔은 차가워지는 계절을 이겨내는 지혜가 되었다. 기러기가 남쪽으로 내려가고 하늘이 높아지며, 자연은 그 질서대로 또 다른 계절의 장면을 펼쳐냈다.

오늘날 한로는 환절기에 대비해 건강을 돌보고, 의복과 식생활을 재정비하는 시기이며, 동시에 단풍 여행이나 음악회·전시회 같은 예술적 행사를 즐기며 삶의 균형을 찾는 활동이 많아진다.

오늘 우리는 찬 이슬을 통해 계절의 흐름을 보며, 차 한 잔을 통해 새로운 계절에 맞는 삶의 지혜와 마음가짐을 생각해본다.

"자연은 신이 걸친 살아 있는 옷이다."
Nature is the living garment of God.
— 요한 볼프강 폰 괴테 Johann Wolfgang von Goethe, 독일 시인

한글, 우주와 사랑의 언어

10월 9일은 '한글날'이다. 세종대왕과 집현전 학자들이 만든 훈민정음의 반포를 기념하고 문자 없는 백성을 걱정한 애민 정신과 소통의 가치를 되새긴다. 한글은 1997년 유네스코 세계기록유산으로 등재되며, 그 독창성과 인류적 가치를 국제적으로 인정받았다.

한글은 우주 질서와 음양의 이치를 바탕으로 창제된 과학적 문자로, 하늘(·)·땅(ㅡ)·사람(ㅣ)의 원리를 바탕으로 글자가 만들어졌다. 인간이 우주의 일부임을 담아낸 한글은 '소리의 과학'이자 우주적 조화를 표현한 문자라 할 수 있다.

세종대왕이 한글을 창제한 이유는 단순히 백성들이 의사를 표현하도록 돕기 위해서만은 아니었다. 당시 조선은 중국의 농업서와 역법을 받아들였지만, 한자가 어려워 백성들이 이해하기 쉽지 않았다. 생계의 근본인 농사를 제대로 짓기 위해서는 조선 실정에 맞는 지식을 쉽게 배우고 적용할 수 있는 문자가 필요했고, 세종은 이를 위해 훈민정음을 만들었다.

한글은 조선시대 백성의 삶을 꾸려나가는 생활의 도구였고, 오늘날에는 세계가 우리의 문화와 정체성을 이해하는 도구가 되었다.

"사람마다 쉽게 익혀 날마다 쓰는 데 편안하게 하고자 할 뿐이다."
— 세종대왕, 『훈민정음』 中

10월 10일

임산부의 날, 우주의 탄생

10월 10일은 '임산부의 날'이다. 2005년 한국 보건복지부가 제정한 이 날은 임산부의 건강과 권익을 지키고, 생명의 소중함을 사회가 함께 기리기 위해 마련되었다. 기념일은 임신 기간 10개월을 고려하여 정해졌다.

새롭게 태어난 아기의 이름에는 부모의 바람과 시대의 흐름이 담긴다. 2008년부터 2022년까지 한국에서 태어난 약 550만 명의 신생아 가운데 9,686명이 '우주'라는 이름을 가졌다. 비록 전체의 0.18%에 불과하지만, 이전보다 크게 늘어난 수치로, 우주 시대의 기대와 희망이 담겨 있다.

임산부의 날은 건강한 출산과 양육은 물론 새로운 세대의 꿈까지 되새긴다. '우주'라는 이름처럼, 새 생명의 삶의 공간이 무한한 발전의 무대가 되기를 기원해본다.

> "여러분의 아이들은 여러분의 아이가 아닙니다. 그들은 스스로 존재하려는 생명의 아들딸입니다."
> Your children are not your children. They are the sons and daughters of Life's longing for itself.
>
> — 칼릴 지브란 Kahlil Gibran, 레바논 시인

10월 11일

아폴로 7호와 감기

1968년 10월 11일, 미국은 아폴로 계획 최초의 유인 우주선인 아폴로 7호를 쏘아 올렸다. 이 비행은 아폴로 1호 화재 사고 이후 멈췄던 유인 비행을 다시 이어가는 역사적 임무였다.

그러나 임무 도중 세 명의 우주인 모두가 감기에 걸리면서 어려움이 발생했다. 피로와 불편함으로 일부 실험이 계획대로 진행되지 못했고, 코막힘과 고막 팽창 문제는 귀환에 걸림돌로 작용하였다. 작은 질병 하나가 우주비행과 실험 전반에 지장을 줄 수 있음이 드러난 것이다.

이 사건 이후 NASA는 우주인의 건강관리에 한층 더 주의를 기울였다. 비행 전후 감염 예방을 위한 격리 절차가 강화되었고, 임무 준비에서도 건강 상태가 가장 중요한 조건이 되었다.

우주 탐사과정에서 작은 질병이 임무의 성패에 영향을 주지만, 우주와 우리 삶에서 더 중요한 것은 그 취약함을 극복하는 방법일 것이다.

"인간은 파괴될 수는 있어도 패배하지는 않는다."
A man can be destroyed but not defeated.
— 어니스트 헤밍웨이 Ernest Hemingway, 미국 소설가

10월 12일

대한제국, 우주의 질서를 추구하다

1897년 10월 12일, 서울 환구단에서 대한제국 황제 즉위식이 열렸다. 고종은 황제로 즉위하며 천제를 올렸는데, 이는 단순한 즉위 의례가 아니라 하늘과 소통하며 새로운 시대를 열겠다는 상징적 선언이었다.

천제는 황제가 하늘의 권위를 이어받는 의식이었다. 우주적 힘이 인간 세계로 이어진다는 믿음 속에서, 황제의 자리는 정치적 지위뿐만 아니라 하늘의 뜻을 받드는 존재로 이해되었다. 동시에 대한제국이 우주의 질서와 연결된 나라임을 드러내는 행위였다.

하늘의 질서는 언제나 조화를 유지한다. 수많은 행성이 각자의 궤도를 지키며 질서를 이루듯, 대한제국 또한 독립된 위치를 확보하고 국제적 흐름에 맞추고자 했다. 이날의 즉위와 천제는 과거에서 벗어나 새로운 나라의 길을 찾으려는 시도였다.

뉴스페이스 시대의 우주 속에서도 국제적 질서를 유지하면서 우리의 권리와 이익을 최대한 확보하라는 그날의 목소리가 들리는 듯하다.

"하늘의 도는 조화를 이루고, 땅의 도는 자리를 지킨다."
天之道損有餘而補不足, 地之道變不足以奉有餘

―『주역(周易)』中

알투시의 『천문학 정리』

13세기 10월경, 페르시아의 학자 나시르 알딘 알투시는 저서 『천문학 정리』를 발표했다. 그는 그리스의 별자리 계산법을 재검토하고, 맞지 않는 부분을 고쳐 더 정확한 설명을 내놓았다. 특히 '토미 쌍(Tusi Couple)'이라는 독창적인 방법을 고안해, 하늘의 복잡한 움직임을 단순한 원의 조합으로 풀어냈다.

이 책은 알투시가 몽골 제국의 후원으로 세운 마라가(현 이란 북서부) 천문대에서 집필되었다. 당시 세계 최고 수준의 관측 시설을 바탕으로, 고대 지식을 계승하면서도 새로운 계산법을 집대성한 연구였다.

이슬람 천문학은 별 관찰 이외 기도 시간 계산과 항해술에 활용되며 실용성과 학문성을 동시에 키워냈다. 알투시의 수학적 아이디어는 300년 뒤 코페르니쿠스의 지동설에 반영되었고, 이는 곧 유럽 과학혁명의 불씨가 되었다. 이슬람 학문은 르네상스 천문학의 숨은 토대였다.

오늘의 우주는 서로 다른 문화가 남긴 지혜가 모여 이루어진 것이다. 별빛이 자연스레 어울려 밤하늘을 채우듯, 우리의 길도 협력 속에서 더 깊고 밝아진다.

"과학적 사고와 그 성과는 인류가 함께 나눈 공동의 유산이다."
Scientific thought and its creation is the common and shared heritage of mankind.
— 압두스 살람 Abdus Salam, 파키스탄 물리학자

10월 14일

성층권 낙하, 더 높은 비상을 위하여

2012년 10월 14일, 오스트리아 출신 스카이다이버 펠릭스 바움가르트너는 기구를 타고 성층권 약 39km 상공에 올라 자유 낙하에 나섰다. 전 세계가 지켜보는 가운데 그는 하늘에서 몸을 던졌고, 시작과 동시에 강한 회전에 휘말리기도 했지만 끝내 자세를 바로잡으며 임무를 성공적으로 마쳤다.

바움가르트너는 1960년 키팅어의 31km 고도 자유 낙하 기록을 경신하였으며, 낙하 중 인류 최초로 음속을 돌파했다(시속 약 1,357km, 마하 1.25).

이 낙하는 기록이상의 의미가 있었다. 민간 우주 연구팀은 이 프로젝트를 통해 고고도 비행과 우주복 기술, 그리고 인체가 극한 환경에서 겪는 압력에 관한 귀중한 자료를 얻었다. 그의 낙하는 미래 우주비행사의 안전을 높이고, 상업 우주 탐사의 가능성을 넓히는 밑거름이 되었다.

그가 지구를 향해 몸을 던진 그 순간, 인류는 우주로 더 높게 날아오를 수 있었다.

"탐험은 진정한 인간 정신의 본질이다."
Exploration is really the essence of the human spirit.

— 프랭크 보먼 Frank Borman, 미국 우주비행사

10월 15일

NASA의 신형 우주복

2019년 10월 15일, NASA는 워싱턴 D.C. 본부에서 패션쇼 형식으로 새로운 우주복을 공개했다. 아르테미스 임무를 위해 설계된 이 우주복은 체형에 따라 맞춤이 가능하고, 관절의 유연성이 대폭 개선되어 달의 극한 환경에서도 자유롭게 움직일 수 있도록 만들어졌다.

이번 행사는 기술 시연을 넘어 상징적인 메시지를 담고 있었다. NASA는 우주복을 단순한 생존 장비가 아닌, 인간의 존엄과 안전을 지키는 옷으로 규정함으로써 미래 탐사의 성격과 방향을 제시하였다.

반면 ESA는 2016년 5월 25일, 런던 사이언스 뮤지엄에서 'Couture in Orbit' 프로젝트 패션쇼를 열었다. 유럽의 패션 스쿨과 협력한 이 행사는 우주 탐사에서 영감을 받은 의상들을 소개하며, 우주복을 기능과 미학이 공존하는 문화적 상징으로 인식시켰다. NASA의 실용적 무대와 ESA의 실험적 무대는 결이 달랐지만, 우주와 인간 삶의 경계를 넓힌다는 공통점이 있었다.

새로운 우주복의 모습은 우주로 나아가기 위한 우리의 준비와 미래 가치관을 함께 보여준다.

"우주는 모든 이를 위한 것이다."
Space is for everybody.
— 크리스타 맥컬리프 Christa McAuliffe, 미국 우주비행사 후보자

우주, 식량안보의 새로운 영역으로 성장

1945년 오늘, 유엔 식량농업기구(FAO)가 설립되었다. 이날은 이후 '세계 식량의 날(World Food Day)'로 제정되었고, 기아와 식량 불안을 극복하기 위한 국제사회의 협력을 되새긴다.

오늘날 식량안보의 해결방식은 지구를 넘어 우주로 확장된다. NASA의 Terra와 Aqua 위성은 토양의 수분과 작물의 생육 상태를 정밀하게 관측하여, 전 세계의 수확량을 예측한다. 유럽우주국의 코페르니쿠스 위성은 가뭄과 홍수를 조기에 탐지해 농가의 생산 활동을 안정시키고, 공동체가 기아에 대응할 수 있도록 돕는다.

국제우주정거장(ISS)에서는 무중력 환경에서의 농업 실험이 이어지고 있다. 2015년 우주비행사들이 직접 수확해 먹은 '우주 상추'는 척박한 환경에서도 생명이 자라날 수 있다는 희망을 보여주었다. 이후 벼와 밀, 무까지 시험 재배되며, 기후변화로 위협받는 지구 농업에 새로운 가능성을 제시하고 있다.

우주는 식량안보의 중요한 영역으로 성장하고 있다. 한국의 우주기술이 인류를 기아의 고통에서 구하고 번영에 기여하기를 기대한다.

"기아는 인류가 직면한 가장 부끄러운 문제다."
Hunger is the most deplorable problem faced by humanity.

— 자크 디우프 Jacques Diouf, FAO 사무총장

10월 17일

케플러의 초신성 관측

1604년 10월 17일, 요하네스 케플러는 뱀주인자리에서 나타난 눈부신 천체를 본격적으로 탐구하기 시작했다. 이 별은 목성보다도 밝아 낮에도 빛을 드러냈으며, 인류가 맨눈으로 본 마지막 초신성(Supernova)으로 기록된다. 케플러는 1년 넘는 관측의 기록을 저서를 통해 남겼다.

빅뱅은 약 138억 년 전 우주가 태어난 단 한 번의 사건이었다. 그러나 초신성은 그 이후 태어난 별들이 생애의 끝에 이르러 반복적으로 일으키는 거대한 폭발이다. 별은 스스로를 불사르며 산소와 철, 금과 같은 원소를 우주에 흩뿌리고, 죽음을 통해 새로운 생명의 근원을 남긴다.

케플러의 관측은 과학적 사건을 넘어, 인간의 세계관을 바꾼 역사적 계기였다. 영원히 불변할 것이라 믿었던 하늘은 변화하는 무대임이 드러났고, 우주는 생성과 소멸이 끝없이 이어지는 공간으로 이해되었다. 한 인간의 눈에 포착된 별의 죽음은, 우주와 인간의 관계를 다시 묻게 만드는 철학적 질문이 되었다.

별의 마지막 순간이 새로운 가능성의 시작이 되듯, 우리 또한 변화 속에서 새로운 미래를 발견한다.

"우리가 가진 원소들은 별 속에서 만들어졌다."
The elements we find in the world around us were produced in the stars.

— 프레드 호일 Fred Hoyle, 영국 천체물리학자

과거에서 찾는 미래의 답

매년 10월 셋째 토요일은 '국제고고학의 날(International Archaeology Day)'이다. 2011년 미국고고학연구소(AIA)가 제정한 이래 전 세계 100여 개국이 참여해 발굴 현장 공개, 전시, 강연을 열며 고고학의 가치를 대중과 나누고 있다.

고고학의 연구대상은 하늘과 우주도 포함된다. 천체 고고학(Archaeoastronomy)은 고대 유적과 하늘의 움직임을 연결해 연구하는 학문이다. 스톤헨지와 치첸이사, 이집트의 피라미드는 천체 주기와 정밀히 맞물려 있으며, 이를 통해 고대인들이 시간과 계절을 계산하고 신앙과 농경의 질서를 세웠음을 확인할 수 있다.

우주고고학(Space Archaeology)은 인류가 우주에 남긴 흔적을 문화유산으로 기록하는 새로운 분야다. 달의 아폴로 11호 착륙 흔적, 초기 인공위성의 궤도 잔해, 화성 탐사 로버의 바퀴 자국은 단순한 흔적이 아니라, 우주 시대 인류의 정체성을 증명하는 역사적 자료로 평가된다.

국제고고학의 날은 우리가 찾는 미래의 답이 과거의 기록과 흔적 속에 담겨 있음을 보여준다.

"과거는 결코 죽지 않는다. 그것은 아직 지나가지도 않았다."
Those who cannot remember the past are condemned to repeat it.

— 윌리엄 포크너 William Faulkner, 미국 소설가

10월 19일

오우무아무아의 발견

 2017년 10월 19일, 하와이의 Pan-STARRS1 망원경은 태양계 밖에서 온 낯선 천체 하나를 포착했다. 그 이름은 '오우무아무아', 하와이 말로 '먼 곳에서 온 사절'을 뜻한다. 인류가 처음으로 확인한 인터스텔라 천체로서, 태양계를 스쳐 지나가며 과학과 상상력에 깊은 흔적을 남겼다.

 'Oumuamua는 지구에서 수백만 킬로미터 떨어진 곳을 빠르게 지나갔지만, 그 궤도는 태양계 행성들의 질서와 전혀 달랐다. 태양계 바깥의 기원을 가진 이 물체 발견은, 우주가 단지 태양과 행성의 무대가 아니라 별과 세계가 교차하는 거대한 통로임을 보여주었다.

 그 정체는 여전히 논쟁거리다. 혜성처럼 보였지만 꼬리가 없었고, 소행성이라 하기에는 궤도가 이례적이었다. 일부에서는 외계 문명의 흔적일지 모른다는 추측도 나왔지만, 과학자들은 UFO적 상상 대신 천체 물리학의 시선으로 이 현상을 탐구했다.

 우주가 우리에게 예기치 못한 손님을 보냈다는 사실은, 우주가 생각보다 넓고 복잡하며 언제든 새로운 존재의 만남이 가능하다는 여운을 남긴다.

"과학은 끝없는 질문을 향한 여정이다."
Science is the ever-encouraging journey toward endless questions.
— 마리아 미첼 Maria Mitchell, 미국 천문학자

10월 20일

영화 《지오스톰》

2017년 10월 20일, 미국에서 영화 《지오스톰(Geostorm)》이 개봉되었다. 딘 데블린이 감독하고 제라드 버틀러가 주연을 맡은 이 작품은, 인류가 기후 재난을 막기 위해 구축한 위성망이 인간의 개입으로 오히려 전 세계를 위협하는 과정을 그린 재난 블록버스터이다.

영화 속에서 인류는 태풍과 폭염 같은 자연재해를 억제하기 위해 지구 궤도에 위성을 띄워 기후를 제어한다. 그러나 이 시스템은 인간의 권력 다툼과 관리 실패로 본래 목적을 잃고, 오히려 인류를 위협하는 무기가 된다.

과학 기술은 군사적 목적일 때만 위험한 것이 아니다. 평화를 위해 만들어진 도구라도 인간의 욕망과 권력이 개입되면 또 다른 재앙을 낳을 수 있다. 결국 위협은 기술 자체가 아니라, 기술을 거머쥔 인간의 선택에서 비롯된다.

"우리가 만든 도구가 우리를 지배하지 않게 하는 것이 문명의 진정한 시험이다."
The greatest test of civilization is to make our tools not our masters.

— 아서 C. 클라크 Arthur C. Clarke, 영국 작가

한국의 별, 누리호

2021년 10월 21일, 전남 고흥 나로우주센터에서 한국의 독자기술로 개발된 우주발사체 누리호(KSLV-Ⅱ)가 처음으로 하늘을 올랐다. 목표 궤도에는 닿지 못했지만, 순수한 우리 힘으로 제작한 로켓이 우주로 향한 순간은 한국 우주개발의 새로운 출발점이 되었다.

2022년 6월 21일, 두 번째 발사에서 누리호는 성능검증위성을 예정된 궤도에 성공적으로 올려놓았다. 이로써 한국은 세계에서 일곱 번째로 실용급 위성을 자력으로 발사할 수 있는 나라로 기록되었다.

2023년 5월 25일, 세 번째 발사에서는 차세대 소형위성 2호를 포함한 8기의 위성을 실어 올려 모두 궤도에 안착시켰다. 시험 단계를 넘어 실제 임무를 수행할 수 있는 능력을 확인하며, 한국형 발사체의 발전 가능성을 확고히 했다.

누리호의 여정은 우주발사체 기술의 진전과 함께, "우리 손으로 만든 세상과 우주를 향해 나아간다"는 누리호가 품은 의미를 모두에게 알린 값진 순간들이었다.

"실패를 두려워하지 않고 도전할 용기가 없는 사람은 인생에서 아무것도 성취할 수 없다."
He who is not courageous enough to take risks will accomplish nothing in life.
― 조지프 에디슨 Joseph Addison, 영국 수필가

쿠바 미사일 위기

1962년 10월 22일, 존 F. 케네디 미국 대통령은 텔레비전을 통해 소련이 쿠바에 핵미사일 기지를 건설하고 있다는 사실을 폭로했다. 세계는 단숨에 긴장 속으로 빠져들었고, 인류가 핵전쟁의 문턱에 서 있다는 공포가 현실이 되었다. 그날의 방송은 냉전이 가진 그림자를 전 세계 가정의 안방까지 끌어들였다.

이 위기의 출발점은 10월 14일 미군 정찰기 U-2가 촬영한 고공 사진 한 장이었다. 당시 미국은 위성을 운영 중이었지만 해상도가 낮아 증거로 채택하기 부족했고, 조종사가 촬영한 사진이 결정적인 역할을 하였다.

이 사건은 이후 정찰기술의 방향을 돌려놓았다. 미국과 소련은 앞다투어 정밀 정찰위성을 개발하였고, 냉전의 무대는 땅에서 우주로 확장되었다.

쿠바 미사일 위기를 통해 위성기술이 급속도로 발전되는 성과도 있었지만, 가장 값진 교훈은 평화를 향한 인간의 의지만이 핵전쟁의 문턱에서도 인류를 지켜낼 수 있다는 것이었다.

"사랑의 힘이 권력에 대한 욕망을 넘어설 때, 세상은 비로소 평화를 알게 될 것이다."
When the power of love overcomes the love of power, the world will know peace.

— 지미 헨드릭스 James M. Hendrix, 미국 기타리스트

10월 23일

상강, 새로운 계절의 준비 신호

상강(霜降)은 가을의 마지막 절기로, 찬 기운이 본격적으로 스며드는 시기다. 풀과 나무 위에 첫 서리가 내려앉으며 가을이 저물고 겨울이 다가왔음을 알린다.

전통사회에서는 이 무렵 추수가 마무리되었고, 본격적인 겨울맞이를 준비했다. 상강 전에 보리 파종을 끝내야 했으며, 여성들은 김장을 계획했다. 또 고구마·감자 같은 뿌리작물을 수확해 이웃과 나누는 풍습도 이어졌다.

오늘날 상강은 계절의 변화뿐 아니라 건강을 돌아보게 한다. 일교차가 커 체온 조절에 신경을 써야 하고, 균형 잡힌 식습관이 필요하다. 해가 짧아지며 활동량이 줄고 정서적 우울감이 올 수 있으므로, 가벼운 운동이나 야외활동으로 마음의 건강을 지키는 것도 중요하다.

상강의 서리는 차갑지만, 그 속에는 새로운 계절을 준비하라는 자연의 신호가 담겨 있다. 우리 삶도 고요히 내실을 다지는 시간을 가지면 더 희망찬 내일을 맞이하게 될 것이다.

"가을은 모든 잎이 꽃이 되는 두 번째 봄이다."
Autumn is a second spring when every leaf is a flower.

— 알베르 카뮈 Albert Camus, 프랑스 소설가

10월 24일

인공지능과 함께 떠난 첫 우주선

1998년 10월 24일, 미국 NASA는 캘리포니아에서 '딥 스페이스 1(Deep Space 1)'을 발사했다. 이 탐사선은 인류 최초로 AI 시스템을 탑재한 우주선이었다. 단순한 명령 수행을 넘어 스스로 데이터를 분석하고 상황을 판단해 결정을 내릴 수 있도록 설계되었다.

탐사선은 태양광을 이용한 이온 엔진과 AI 항법 장치를 활용하여 소행성과 혜성을 관측했다. 이는 AI가 실제 우주 환경에서 효과적으로 작동할 수 있음을 잘 보여주었다.

그러나 사람들은 여전히 AI에 대한 불안감을 가지고 있다. 영화 〈2001: 스페이스 오디세이〉의 HAL 9000은 인간 승무원을 제거하려는 결정을 내리며, AI 기술이 인간을 위협할 수 있다는 공포를 각인시킨 바가 있었다.

중요한 사실은 AI의 위험성이 아닌, AI에 대한 올바른 설계와 책임 있는 사용이 인류를 더 멀리 나아가게 한다는 것이다.

"기계는 생각하지 않는다. 그것을 어떻게 다루느냐가 우리의 미래를 결정한다."
The machine simply does not think. How we use it will determine our future.

— 조셉 와이젠바움 Joseph Weizenbaum, 미국 컴퓨터 과학자

우주질서의 논쟁

1911년 10월 25일, 벨기에 브뤼셀에서 첫 솔베이 회의가 열렸다. 방사능, 열역학, 양자이론의 핵심 쟁점을 논의하기 위해 세계 최고의 과학자 29명이 모였고, 이들 중 17명은 노벨상 수상자였다.

회의의 핵심 장면은 아인슈타인과 닐스 보어의 논쟁이었다. 아인슈타인은 "신은 주사위 놀이를 하지 않는다"라며, 우주에는 확정적이고 합리적인 질서가 존재한다고 강조했다. 반면 보어는 양자역학이 보여주는 불확정성과 확률적 세계야말로 자연의 본질이라고 주장했다.

그 논의는 과학의 경계를 넘어 우주를 어떻게 이해하고 우리가 그 안에서 어떤 위치에 있는지 질문을 던졌다. 또한 이 만남은 우주가 기계적인 질서만으로 이루어지지 않음을, 불확실성 속에 새로운 통찰이 가능함을 보여준 계기가 되었다.

솔베이 회의의 논쟁은 아직도 끝나지 않았고 과학은 두 관점을 수용하여 더 넓은 우주를 탐구하고 있다. 확실성을 추구하는 열망과 불확실성을 수용하는 용기가, 함께 인류의 지평을 넓히고 있기 때문이다.

"두려워할 것은 없다. 다만 이해되어야 할 뿐이다."
Nothing in life is to be feared, it is only to be understood.

— 마리 퀴리 Marie Curie, 폴란드 출신 화학자

10월 26일

하늘 너머의 대화

2017년 10월 26일, 프란치스코 교황은 국제우주정거장(ISS)의 여섯 명 우주인과 영상통화를 가졌다. 그는 "우주에서 지구를 바라볼 때 인간은 어떤 의미를 찾는가"라는 질문을 던지며, 하늘과 땅을 잇는 특별한 순간을 만들었다.

우주인들은 지구를 바라보며 국경이 보이지 않는다고 말했다. 그들의 눈에 비친 지구는 하나의 푸른 집이고, 인류가 함께 돌보고 지켜야 할 공동의 보금자리라는 점을 강조했다.

교황은 이에 응답하며, 지구는 우리 모두에게 주어진 연약한 집이라고 말했다. 인간이 어디에 있든 서로를 향한 책임과 연대를 잊지 말아야 한다는 그의 말은, 대화를 더 깊은 성찰의 자리로 이끌었다.

우리는 모두 하나의 세계를 공유하며, 그 안에서 함께 살아가야 한다는 진리를 당연하게 여길지 모르지만, 실은 이루기 쉽지 않기에 더 소중히 보듬어야 할 것이다.

"신앙과 이성은 인간의 정신을 진리를 깨닫는 길로 들어 올리는 두 날개와 같다."
Faith and reason are like two wings
on which the human spirit rises to the contemplation of truth.

— 요한 바오로 2세, 교황

지구 지키기, 협력과 실천의 철학

2023년 10월 27일, 영국 일간지 '가디언(The Guardian)'은 '기후변화의 주요 악당(villains) 12명'을 발표했다. 이는 기후 위기에 영향을 미쳐온 미국 내 영향력 있는 인물들을 지목함으로써, 환경 문제를 더 이상 추상적인 위협이 아닌 구체적 책임의 문제로 바라보게 했다.

명단에는 주로 미국의 석유·가스 기업 경영진과 정책 결정자들이 포함되어 있었다. 그리고 페이스북의 창업주인 마크 저커버그 역시 이름을 올렸다. 그의 소셜미디어 플랫폼은 막강한 영향력을 지니고 있음에도 불구하고, 기후변화 관련 허위 정보가 확산되는 것을 효과적으로 제어하지 못했다는 비판을 받았다.

그러나 세계 경제는 여전히 화석연료에 크게 의존하고 있으며, 원자력 에너지 활용을 두고도 안전성과 지속 가능성에 대한 논쟁이 이어지고 있다. 문제를 몇몇 인물의 책임으로 돌리기보다는, 구조적 전환과 국제 협력, 그리고 시민 개개인의 실천이 함께 어우러질 때 푸른 별은 지켜질 수 있다.

우리가 우주를 바라보며 품는 경이와 희망은 결국 이 작은 지구를 지킬 때만 지속될 수 있다. 오늘, 우리는 그 결단의 순간에 서 있다.

"우리가 지구를 돌보지 않으면, 지구도 우리를 돌보지 않을 것이다."
If we do not take care of the Earth, the Earth will not take care of us.

— 반기문, 유엔 사무총장

별의 문을 열다

1994년 10월 28일, 미국에서 영화 〈Stargate〉가 개봉되었다. 롤랜드 에머리히 감독 연출, 커트 러셀 주연의 이 작품은 세계적 흥행에 성공하며 SF 장르의 새로운 이정표가 되었다.

영화의 배경은 이집트 사막에서 발견된 고대의 문으로, 그것이 우주로 이어지는 통로라는 상상에서 출발한다. 신화와 과학이 결합된 이 설정은 인류가 별과 하늘 너머 세계를 이해하려 한 오래된 열망의 표현이기도 하다.

천문학에서 이 발상과 가장 가까운 개념은 웜홀(wormhole)로 시공간을 연결하는 가설적 통로이다. 영화가 별의 문을 통과해 다른 행성으로 이동한다는 설정은 웜홀 이론의 시각적 구현으로 볼 수 있다.

우주에는 아직 열리지 않은 문들이 있다. 그것이 어디로 향할지 우리가 알 수 없지만, 언젠가 마주할 그 날을 위해 상상력과 탐구를 이어가는 것이 우리의 과제이다.

"미지의 세계를 마주하는 것만이 새로운 지평을 발견하는 길이다."
Facing the unknown is the only way to discover new horizons.

— 조지프 콘래드 Joseph Conrad, 영국 소설가

존 글렌, 끝없는 우주 도전의 별

1998년 10월 29일, 존 글렌 상원의원은 77세의 나이로 우주왕복선 디스커버리호(STS-95)에 올라 다시 한 번 우주로 향했다. 그는 이 임무로 인류 역사상 최고령 우주비행사라는 기록을 남겼다.

그의 이름은 이미 오래전부터 우주역사에 새겨져 있었다. 1962년, 머큐리 프로그램의 일원으로 인류 최초로 지구 궤도를 세 바퀴 돈 미국의 영웅이었기 때문이다. 당시 존 글렌의 도전은 냉전의 긴장 속에서도 우주를 향한 인류의 희망과 용기를 대변했다.

우주비행사를 그만 둔 뒤 그는 오하이오주 상원의원으로 오랜 기간 군비 경쟁의 산물이었던 우주 개발을 평화적 협력의 장으로 전환하려 애썼으며, 과학기술 발전과 교육 투자에 앞장섰다. 그는 군인, 우주비행사, 정치인이라는 삶의 궤적 속에서 "인류를 위한 우주의 길" 조성이라는 한 목표를 이어갔다.

우주를 향한 그의 걸음은 우리에게 말한다. 우주는 특정 국가, 세대를 위한 특권의 영역이 아니라, 끝없이 이어지는 인간 의지의 무대라고.

"우리가 우주를 탐험하는 것은 호기심 때문만이 아니라, 우리의 미래가 거기에 달려 있기 때문이다."
We are exploring space not just because of curiosity, but because our future depends on it.

— 존 글렌 John Glenn, 미국 우주비행사

10월 30일

외계의 침공

1938년 10월 30일, 오슨 웰스가 연출한 라디오 드라마 《우주전쟁》이 방송되었다. H. G. 웰스의 동명 소설을 바탕으로, 실제 뉴스 속보처럼 꾸며진 이 드라마는 '외계인의 침공'이라는 설정을 너무도 사실적으로 들려주었다. 방송 직후 일부 청취자들은 이를 실제 사건으로 오인하며 혼란을 겪었다.

실제 작은 소동들이 여러 곳에서 발생하였다. 뉴저지와 뉴욕 인근에서는 외계인이 착륙했다는 설정 탓에 이를 경찰에 신고하거나 급히 피신하는 사람들도 생겼다. 전신 교환국에는 친지의 안부를 전화로 묻기 위해 사람들이 일시에 몰려 들어 업무가 마비되기도 했다. 또 중서부의 한 교회에서는 신도가 "세상이 끝났다"고 외쳐 예배가 중단되는 사태도 발생하였다.

당시 전국적 공황이 발생했다는 이야기는 조금 과장되었지만, 상상력과 두려움이 일상을 흔들 수 있음을 보여주는 전형적 사례로 남게 되었다.

우리가 살면서 관심을 가져야 할 목소리는 두려움이 아니라, 이해와 탐구의 용기다.

"우리는 우주를 있는 그대로 이해해야 하며, 우리 자신의 두려움과 환상에 스스로를 속여서는 안 된다."
We must understand the Cosmos as it is and not confuse ourselves with our own fears and fantasies.

— 칼 세이건 Carl E. Sagan, 미국 천문학자

10월 31일

별처럼 빛난 한 곡의 혁명

1975년 10월 31일, 영국의 록 밴드 퀸은 싱글 〈보헤미안 랩소디〉를 발매했다. 6분에 달하는 긴 러닝 타임과 발라드·오페라·록을 넘나드는 전개는 기존의 대중음악 규칙을 모두 깨뜨렸지만, 이 곡은 즉시 차트를 석권하며 음악사에 전례 없는 기록을 남겼다.

이 노래 속에는 '갈릴레오', '피가로' 같은 낯선 이름들이 등장한다. 갈릴레오는 우주의 진실을 밝혀낸 천문학자이고, 피가로는 오페라 속 자유와 재치를 상징하는 인물이다. 이렇게 서로 다른 이름들이 어울리며, 개인의 이야기는 현실을 넘어 우주와 예술, 그리고 삶 전체로 확장된다.

퀸의 다른 음악 속에서도 우주적 감각은 이어진다. 〈Flash〉는 슈퍼히어로와 우주를 무대로 한 서사를 펼쳤고, 〈Don't Stop Me Now〉에서는 "I'm a shooting star"라는 가사로 별빛의 속도로 질주하는 인간의 에너지를 노래했다. 이처럼 퀸의 음악은 늘 우주와 별, 자유와 열망을 담아냈다.

〈보헤미안 랩소디〉는 우리에게 규칙을 넘어설 자유와, 그 자유가 만들어내는 무한한 우주적 가능성을 들려준다.

"규칙을 전문가처럼 배우라, 그래야 예술가처럼 그것을 깰 수 있다."
Learn the rules like a pro, so you can break them like an artist.

— 파블로 피카소 Pablo R. Picasso, 스페인 화가

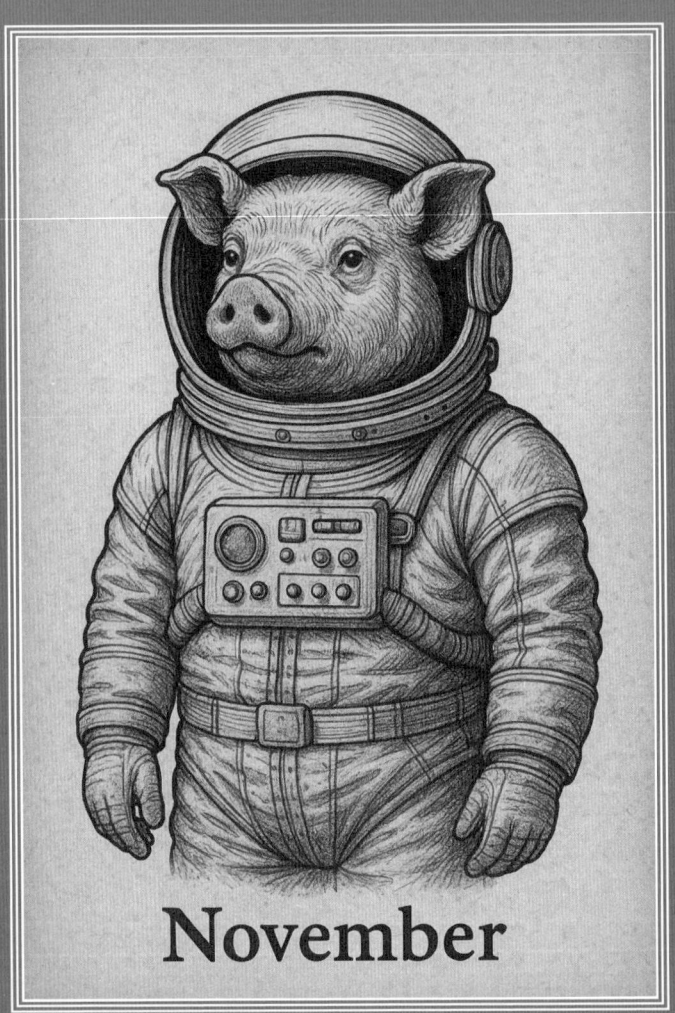

동양의 절기 구분에서

한 해의 열한째 달은 해월(亥月)로

돼지가 그 달을 상징한다.

11월 1일

위성요격 실험

1968년 11월 1일, 소련은 위성요격 실험(ASAT)을 통해 실제로 인공위성을 파괴하는 데 성공했다. 이는 인류 역사상 최초의 '위성 파괴 실험'으로 기록되었다. 인류가 처음 쏘아 올린 위성을 불과 10여 년 만에 스스로 파괴한 이 사건은, 우주가 더 이상 탐험과 협력의 무대가 아님을 보여주었다.

당시 냉전 체제에서 우주 공간은 군사적 우위를 가늠하는 새로운 전장으로 변모하고 있었다. 인공위성 파괴 실험은 상대방의 통신·정찰 능력을 무력화가 가능하다는 전략적 의미를 던졌으며, 우주를 과학의 영역에서 정치와 군사의 장으로 옮겨 놓았다.

40년이 지난 2007년 1월 11일 중국이 다시 노후 위성을 요격하며 수천 개의 파편을 궤도에 남긴 사건은 국제사회에 큰 충격을 주었다. 이 실험은 우주 공간에 대한 국제적 불신을 키웠고, 각국이 군사적 대안을 모색하게 되었다.

새로운 우주의 시대, 국가의 진정한 이익은 힘의 경쟁이 아니라 손을 맞잡을 때 더 크게 얻을 수 있다.

"인류를 구원할 수 있는 유일한 것은 협력이다."
The only thing that will redeem mankind is cooperation.
— 버트런드 러셀 Bertrand Russell, 영국 철학자

11월 2일

ISS, 인류의 집이 되다

2000년 11월 2일, 인류는 드디어 지구를 넘어 '우주 속의 집'을 마련했다. 러시아의 유리 기드젠코와 세르게이 크리칼레프, 미국의 윌리엄 셰퍼드가 국제우주정거장(ISS)에 도착하며, 역사상 처음으로 정상적인 우주 거주의 시대를 열었다

ISS는 그 후 지금까지 단 한 순간도 운영이 중단되지 않았으며 100여 개국에서 온 280명 이상의 우주인들이 수천 건의 실험을 진행하였다. 무중력 속에서 다양한 실험을 통해 지구의 난치병 치료나 새로운 에너지·환경 문제 해결에 직간접적으로 도움이 되는 성과를 쌓아왔다.

그러나 ISS의 운영이 늘 안정적이었던 것은 아니다. 러시아의 우크라이나 침공 이후 운영 중단 가능성이 제기되었지만, 파트너 국가들은 2028년까지 ISS를 계속 운용할 것을 합의하였다. 세계 정치가 흔들려도, 우주정거장은 인류의 공동 과학 실험실의 역할과 기능을 이어가고자 한 것이었다.

국제우주정거장의 모습이 현재와 달라져도, 인류협력의 공간으로 별처럼 오래 빛나기를 바란다.

"우리는 형제로서 함께 살아가는 법을 배워야 한다. 그렇지 않으면 바보처럼 함께 멸망할 것이다."
We must learn to live together as brothers or perish together as fools.

— 마틴 루터 킹 주니어 Martin Luther King Jr., 미국 인권운동가

라이카, 최초 우주견

1957년 11월 3일, 소련은 스푸트니크 2호를 발사하며 인류 역사상 최초로 살아 있는 생명체를 지구 궤도에 올려놓았다. 그 주인공은 이름 없는 길거리 개였으나, '짖는다'는 뜻의 이름을 얻은 작은 개, 라이카였다.

라이카의 비행은 동물의 생존 반응을 통해, 인류의 우주 탐사 가능성을 입증하는 데 있었다. 하지만 당시 기술 부족으로 귀환 장치는 없었고, 발사 몇 시간 만에 온도 상승으로 라이카는 생을 마감했다.

이후 소련은 40여 마리의 개들을 잇달아 우주로 보내는 실험을 이어갔다. 벨카와 스트렐카처럼 생존 귀환으로 우주비행의 확신을 준 사례도 있었지만 라이카처럼 귀환하지 못한 개들도 존재했다. 결과적으로 그들의 희생은 유리 가가린의 첫 유인 우주비행을 가능케 한 밑거름이 되었다.

오늘의 우리는 그들의 희생을 과학의 성과와 함께 윤리적 물음으로 기억한다. 과학은 발전과 더불어 생명 존중의 길을 반드시 함께 걸어야 한다.

"모든 살아 있는 생명체를 사랑하는 것은 인간의 가장 고귀한 특성이다."
The love for all living creatures is the most noble attribute of man.
― 찰스 다윈 Charles R. Darwin, 영국 자연과학자

투탕카멘의 무덤 발견

1922년 11월 4일, 영국 고고학자 하워드 카터의 발굴팀은 이집트 룩소르 인근 왕가의 계곡에서 돌계단 입구를 발견했다. 이는 제18왕조의 파라오 투탕카멘의 무덤으로 이어지는 입구였으며, 인류 고고학사에서 가장 위대한 발견 중 하나로 기록되었다.

이집트인들에게 죽음은 끝이 아니라 새로운 여정이었다. 태양의 순환은 영원한 생명을 상징했고, 오리온과 시리우스 같은 별자리는 파라오의 영혼이 사후에 별들의 세계로 귀환해 신들과 합일하는 길잡이였다. 또한 사후 심판을 거쳐 영혼은 우주의 질서에 편입된다고 믿었으며, 무덤 벽화에는 태양과 별, 사후 세계를 뜻하는 그림과 기호들이 빼곡히 새겨져 있었다.

이러한 신앙은 건축과 무덤 설계에 직접 반영되었다. 기자의 피라미드는 오리온자리와 정렬되어 있으며, 신전의 축선은 태양의 일출·일몰에 맞춰 세워졌다. 투탕카멘의 무덤 역시 사후의 여정을 안내하는 별자리와 태양 주기를 반영해 배치되었고, 건축물 전체가 작은 우주를 옮겨 놓은 듯 지어졌다.

고대 이집트인들은 실제 삶과 사후 모두에서 우주와의 합일을 추구하였다. 문득, 우리는 어떤 생각으로 살아가고 있는지 궁금해진다.

"영혼은 불멸하며, 결코 사라지지 않는다."
The soul is immortal and imperishable.

― 플라톤 Plato, 그리스 철학자

창어, 달의 여신

2007년 11월 5일, 중국의 첫 달 탐사 위성 창어 1호가 달 궤도에 진입했다. 창어는 중국 신화 속 달의 여신을 뜻하며 창어 1호는 독자적으로 추진한 달 탐사 계획의 출발점이었다.

창어 1호는 달 표면의 3차원 지형을 정밀 측정하고, 토양 속 원소 분포와 중력장을 분석하는 임무를 수행했다. 이를 발판으로 중국은 창어 3호의 달 착륙(2013), 창어 4호의 인류 최초 달 뒷면 착륙(2019), 창어 5호의 샘플 귀환(2020)으로 이어지는 탐사 로드맵을 본격화했다.

그러나 2007년 1월 11일 중국은 위성요격 실험을 단행해 군사적 능력을 과시했고, 창어 1호의 성공은 우주굴기(宇宙 起)라는 국가 전략을 본격적으로 드러내는 계기로 평가되었다. 달 탐사와 위성요격 능력의 병행은 세계에 과학적·군사적 힘을 동시에 실증하는 상징적 사건이었다.

한국의 이웃나라 중국의 우주굴기는 우리에게 많은 생각을 하게 한다. 한 가지 분명한 것은 우리의 우주능력을 토대로 주변국과 평화적으로 협력할 때 우주의 앞길은 밝게 펼쳐질 수 있다는 것이다.

"오늘날의 세계에서 어느 한 나라가 문제를 홀로 해결할 수는 없다."
No one nation can solve problems alone in today's world.

— 반기문, 유엔 사무총장

도스토예프스키, 별과 구원의 작가

1821년 11월 6일, 러시아 모스크바에서 문호 표도르 미하일로비치 도스토예프스키가 태어났다. 그는『죄와 벌』,『카라마조프가의 형제들』,『악령』,『죽음의 집의 기록』등 세계 문학의 정수를 남기며 인간 실존의 심연과 구원의 가능성을 탐구했다.

『죄와 벌』에서 유형지에 있던 라스콜리니코프는 밤하늘을 올려다본다. "그는 끝없이 펼쳐진 하늘을 올려다보았다. 별들이 반짝이고 있었다." 살인과 죄책감으로 무너졌던 영혼은 별빛 아래서 다시 태어날 가능성을 본 것이다. 별은 죄를 씻고 인간을 새롭게 하는 정화와 회복의 빛으로 다가온다.

『카라마조프가의 형제들』에서 알료샤의 "별들이 있다면, 인생은 헛되지 않다.", 짧은 이 한마디는 고통의 무게 속에서도 인간이 별을 올려다볼 때 느끼는 희망과 초월의 빛을 담고 있다.

오늘밤 우리는 별을 보며, 도스토예프스키가 갈망한 인간의 존엄과 구원의 가능성을 다시 떠올린다.

"종교 없는 과학은 절름발이이며, 과학 없는 종교는 맹목이다."
Science without religion is lame, religion without science is blind.

— 알베르트 아인슈타인 Albert Einstein, 독일 출신 물리학자

11월 7일

입동, 겨울 문턱에 선 하루

오늘은 입동(立冬), 스물네 절기 가운데 열아홉 번째에 해당하는 날이다. 전통적인 농경사회에서는 이날을 겨울의 시작으로 보았으며, 김장을 담그고 본격적인 겨울살이 준비에 돌입하였다.

가정에서는 입동을 맞아 아궁이를 점검하고 문풍지를 바르며, 겨울옷을 챙겨 추위를 대비했다. '입동보신(立冬補身)'이라는 말처럼 몸을 보하고 기운을 북돋아야 한겨울을 무사히 날 수 있다고 여겼다. 이러한 준비는 따뜻한 겨울나기를 위한 삶의 지혜이자 공동체의 생활 리듬을 이루는 중요한 과정이기도 했다.

오늘날 입동의 의미는 좀 다른 모습으로 이어진다. 우리사회에서는 입동 직후 대학입시 수능이 치러지기에, 학생과 학부모 모두가 미래를 위해 분주히 준비하는 시간이다. 일반인들 또한 새 계절을 맞아 개인 건강과 생활을 가다듬으며, 몸과 마음의 균형을 다잡는다.

입동은 겨울의 시작이자 동시에 봄을 만들어가는 시기이다. 자연의 질서에 귀 기울일 때 우리는 자신을 돌아보고, 쉼과 준비라는 지혜를 배우게 된다.

"웃음은 인간의 얼굴에서 겨울을 몰아내는 태양이다."
Laughter is the sun that drives winter from the human face.

— 빅터 휴고 Victor Hugo, 프랑스 소설가

MIT 첫 강의일

1865년 11월 8일, 매사추세츠 공과대학(MIT)은 산업혁신을 뒷받침할 실용 과학 교육기관으로 첫 강의를 시작하였다. 1914년에는 미국 최초의 항공학 강좌를 개설하며 항공우주 연구의 기반을 닦았다.

MIT는 1960년대 아폴로 계획에서 세계 최초의 집적회로 기반 항법용 디지털 컴퓨터인 아폴로 유도 컴퓨터(AGC)를 개발했다. 1969년 아폴로 11호의 달 착륙 성공은 MIT의 연구 성과 위에서 가능했고, 이후 인공위성 항법과 외계행성 탐사 연구로 영역을 확장했다.

뒤이어 주목받은 캘리포니아 공과대학(Caltech)은 NASA 제트추진연구소(JPL)를 통해 보이저 탐사선과 화성 로버의 개발을 이끌었고, 스탠퍼드 대학은 1970년대 NAVSTAR GPS 프로젝트에 참여해 위성항법의 기틀을 마련했다.

MIT가 인류의 첫걸음을 달에 내디디게 했다면, Caltech과 Stanford는 그 시선을 더 먼 행성과 우주 공간으로 넓혀주었다. 교실과 연구실에서 길러진 지식은 우주 탐사의 문을 열고, 미래 우주의 협력을 이어주는 원동력이 된다.

"연구란 새로운 지식을 창조하는 일이다."
Research is to create new knowledge.
— 랄프 W. 제라드 Ralph W. Gerard, 미국 신경생리학자

11월 9일

칼 세이건, 우주 아이돌

1934년 11월 9일, 미국 뉴욕에서 천문학자 칼 세이건이 태어났다. 그는 별과 행성, 그리고 인간의 삶을 하나의 이야기로 엮어낸 20세기 대표적 과학자이자, 인류가 우주를 바라보는 방식을 바꾼 인물이었다.

세이건은 금성의 극한 온실효과를 밝혀 기후 연구의 기초를 놓았고, 목성과 토성, 위성들의 대기와 구조를 분석해 태양계 과학을 한 단계 끌어올렸다. 그는 화성 탐사와 보이저 탐사선 준비 과정에도 크게 기여하였다.

그러나 그의 능력은 연구실이 아닌 대중들과 소통에서 더욱 빛났다. TV 시리즈 〈코스모스〉와 수많은 저서를 통해 그는 복잡한 과학을 누구나 이해할 수 있는 언어로 풀어냈다. 그는 우주를 대중의 삶과 상상 속으로 끌어들이는 강력한 힘이 있었다.

또한 그는 보이저 1호의 지구 사진에 "창백한 푸른 점"이라는 이름을 붙여 광대한 우주 속에서 우리가 얼마나 작은 존재인지를 알려주고, 그 작은 점을 지켜내는 일이야말로 인류의 가장 큰 책임임을 일깨웠다.

지구는 우주 속에서 작은 존재이지만, 지구를 지키고 빛나게 하는 것은 우리의 의지이다.

"우리 같은 작은 존재에게, 광대한 우주는 사랑을 통해서만 견딜 수 있다."
For small creatures such as we, the vastness is bearable only through love.

— 칼 세이건 Carl E. Sagan, 미국 천문학자

Sesame Street와 우주

1969년 11월 10일, 미국에서 〈세서미 스트리트〉가 첫 방송을 시작했다. 반세기를 넘어 60년 가까이 이어온 이 프로그램은 어린이 교육의 상징이 되었다.

세서미 스트리트는 NASA와 협력하며 우주를 주제로 한 다양한 에피소드를 만들었다. 엘모와 쿠키 몬스터는 실제 우주비행사와 함께 화성 탐사와 국제우주정거장을 소개했고, 빅버드는 우주왕복선 탑승 후보로 언급되기도 했다. 이러한 시도는 아이들에게 우주를 단순한 상상이 아닌, 손에 잡히는 미래로 느끼게 했다.

한국에도 뽀로로 같은 캐릭터가 우주 이야기를 담아내지만, 그 상상은 아직 짧고 대상층도 어린이보다는 유아층에 가깝다. 많은 어린이들이 별을 보며 더 크고 깊은 꿈을 키울 수 있도록, 우리는 우주를 향한 이야기를 더 풍성하게 만들어줄 필요가 있다.

"교육은 세상을 바꾸는 가장 강력한 무기다."
Education is the most powerful weapon which you can use to change the world.

— 넬슨 만델라 Nelson R. Mandela, 남아공 대통령

외계인의 언어

2016년 11월 11일, 드니 빌뇌브 감독의 영화 〈Arrival〉이 미국과 캐나다에서 개봉되었다. 외계 지성체와의 첫 접촉을 다루는 이 작품은 충돌과 위협이 아닌 이해와 소통을 이야기하며 SF의 새로운 지평을 열었다.

영화의 배경에는 언어가 사고를 규정한다는 '사피어-워프 가설'이 깔려 있다. 주인공이 외계 언어를 해독하는 과정은 단순히 낯선 기호를 해석하는 일이 아니라, 우리의 사고와 세계 인식의 틀을 바꾸는 경험이 되었다. 언어가 인간에게 새로운 감각과 세계를 열어줄 수 있음을 극적으로 보여준 것이다.

인간의 언어는 선형적 구조이다. 문장은 시작과 끝이 있으며, 시간은 과거에서 현재, 미래로 이어진다. 그러나 외계 지성체의 언어는 원형 구조로 이루어져, 시간과 공간이 단절되지 않고 동시에 드러난다. 이 차이는 우리가 세계를 이해하는 방식과 그들이 세계를 인식하는 방식이 얼마나 다른지를 선명하게 보여준다.

영화의 외계 언어와 우리 언어의 우열을 가릴 수는 없다. 다만 우리의 일상에서 외계 언어처럼 과거, 현재, 미래를 통합적이면서도 균형적으로 생각하는 것은 바람직한 시각일 것이다.

> "언어는 존재의 집이다."
> Language is the house of Being.
> ― 마르틴 하이데거 Martin Heidegger, 독일 철학자

지구를 향한 시선, 아름다움과 고통

2023년, 영국 소설가 사만다 하비는 국제우주정거장을 배경으로 한 작품 'Orbital'을 발표했다. 소설은 여섯 명의 우주인이 지구를 바라보며 하루를 보내는 이야기를 담았다.

하비는 우주의 고요 속 사색을 그려낸다. 하루 동안 16번의 해돋이와 해넘이가 반복되는 궤도, 무중력 속에서의 생활, 지구와의 거리에서 비롯되는 감정이 서정적으로 교차한다. 그는 우주정거장에서 지구를 내려다보며, 기후 위기와 자연의 회복력, 인간 존재의 연약함을 동시에 성찰한다. 그 결과 Orbital은 '우주 목가'라는 새로운 문학적 장르로 평가받았다.

또한 이 소설은 인간 정체성과 소속감의 문제를 제기한다. 고향과의 통신, 가족과의 거리, 낯선 동료와의 관계가 뒤섞이며, 인간이 어디에 속하고 누구와 연결되어 있는지 묻는다. 지구를 위에서 볼수록, 우리 정체성의 근원은 우리가 맺고 있는 관계와 기억임이 분명해진다.

우주에서 본 지구의 아름다움과, 지상에서 겪는 고통은 모두 진실이며, 우리는 그 둘을 함께 받아들일 때 온전한 시야를 가질 수 있다.

"빛이 그토록 밝게 빛나려면, 어둠이 반드시 존재해야 한다."
In order for the light to shine so brightly, the darkness must be present.

— 프랜시스 베이컨 Francis Bacon, 영국 철학자

11월 13일

노란 잠수함, 평화의 공동체

1967년 11월 13일, 비틀즈는 애니메이션 영화 《옐로우 섭머린 (Yellow Submarine)》 제작을 공식 발표했다. 이 작품은 1966년에 발표된 동명의 노래를 바탕으로 기획되었으며, 이후 1968년 개봉해 전 세계적으로 큰 주목을 받았다.

제작 발표 2년 전인 1965년 8월 29일, 인류는 최초로 위성과 해저 거주자 간 통신을 성공시켰다. NASA의 통신 위성과 미 해군의 실험 잠수정 'Sealab'에 머무르던 다이버들이 교신하면서, 지상·우주·해저가 하나의 망으로 연결되는 순간이 만들어졌다.

오늘날 우주와 해저는 통신을 통해 긴밀히 연결되고 있지만, 군사적 현실에서는 잠수함이 위성망에 노출되지 않기 위해 일부러 전파를 차단하며 은밀히 이동한다. 소통의 확장과 은폐의 필요가 공존하는 이 아이러니는, 기술이 열어주는 새로운 가능성과 동시에 안보적 긴장을 보여준다.

비틀즈의 노래의 "옐로우 섭머린"은 모두가 함께 살아가는 평화의 공동체를 상징한다. 바다와 하늘, 그리고 우주까지 이어진 인류의 공간 속에서 우리는 비틀즈의 노래를 다시 한번 들어본다.

"모든 사람들이 평화롭게 살아간다고 상상해 보라."
Imagine all the people living life in peace.
— 존 레논 John Winston Lennon, 1971년 「Imagine」 中

11월 14일

빛의 화가, 빛의 우주

1840년 11월 14일, 프랑스 화가 클로드 모네가 태어났다. 그는 '인상주의'의 선구자로, 순간마다 달라지는 빛과 색을 화폭에 담으며 예술의 새로운 길을 열었다.

그의 대표작 〈인상, 해돋이〉에서는 붉은 태양과 바다의 빛이 형태보다 먼저 눈에 들어오고, 〈수련〉 연작에서는 같은 연못이 아침과 저녁, 맑은 날과 흐린 날마다 전혀 다른 모습으로 다시 태어난다. 모네가 그리고자 한 것은 사물 그 자체보다 그것을 감싸는 공기와 빛의 흔들림이었다.

우주의 빛도 이와 닮아 있다. 별빛은 수십억 년을 건너 오늘 우리 눈에 도착하고, 은하의 빛은 팽창하는 우주의 흔적을 품은 채 다양한 색으로 퍼져 나간다. 모네의 그림처럼, 우주의 빛도 형태가 아니라 시간과 변화를 기록하며 우리에게 우주의 광활함을 보여준다.

모네의 화폭과 천문학자의 망원경은 서로 다른 도구지만, 우주의 변화와 흐름을 담아내며, 그 순간 우리는 존재의 의미를 깨닫게 된다.

> "풍경은 그 자체로 존재하지 않는다. 그 모습은 순간마다 달라진다."
> For me, a landscape does not exist in its own right, since its appearance changes at every moment.
>
> — 클로드 모네 Claude Monet, 프랑스 화가

일반 상대성 이론의 탄생

1915년 11월, 아인슈타인은 프로이센 과학 아카데미에서 네 차례에 걸친 연속 강연을 열어 새로운 중력이론을 발표했다. 11월 4일 첫 발표를 통해 이론의 기본 틀을 공개했고, 11월 18일에는 새로운 방정식을 적용해 수성 궤도의 근일점 이동을 설명하여 큰 반향을 불러일으켰다. 그리고 11월 25일, 마침내 일반상대성 이론의 최종 형태를 내놓음으로써 인류의 세계관은 근본적으로 흔들리기 시작했다.

그는 뉴턴의 힘 개념을 넘어, 우주의 물질과 에너지가 시공간을 휘게 한다는 혁명적 생각을 내놓았다. 마치 무거운 공이 천을 눌러 주변 물체가 굴러가듯, 중력은 끌어당기는 힘이 아니라 휘어진 시공간의 효과라는 것이다.

이 이론은 이후 블랙홀, 우주의 팽창, 중력파 탐색 같은 현대 우주물리학의 토대가 되었고, 오늘날 GPS 위성의 정밀 보정에도 활용된다.

우리의 삶 또한 일반 상대성의 세계와 닮아 있다. 각자가 확보한 역량과 노력의 흔적은 삶의 궤적을 바꿈으로써 기존에 경험하지 못한 새로운 세상으로 나아가게 한다.

"호기심은 그 존재 자체로 이유가 있다."
Curiosity has its own reason for existence.
— 알베르트 아인슈타인 Albert Einstein, 독일 출신 물리학자

아레시보 메시지

1974년 11월 16일, 푸에르토리코의 아레시보 전파망원경을 통해 인류는 사상 처음으로 외계 지적 생명체에게 보내는 인공 신호를 우주로 발사했다. 이른바 '아레시보 메시지(Arecibo Message)'였다. 메시지는 약 25,000광년 떨어진 헤라클레스 성단을 향해 전송되었고, 인간의 존재를 우주에 공식적으로 알린 첫 시도였다.

이 메시지는 DNA 구조, 태양계의 모형, 인간 형상, 그리고 지구의 위치 등을 0과 1의 이진 코드로 담고 있었다. 인류가 누구인지, 어떤 지적 존재인지를 단순하면서도 상징적으로 표현한 것이다. 외계에서 실제로 수신할 가능성은 거의 없었지만, 이 사건은 인류가 우주 속에서 스스로를 어떻게 정의하고 알릴 것인가에 대한 집단적 성찰의 계기가 되었다.

아레시보 메시지는 과학적 실험을 넘어 철학적 행위였으며, 도착 여부보다 보낸 행위 자체에 더 의미가 있었다.

우리는 여전히 우주에서 외로운 존재일지도 모른다. 그러나 중요한 것은 생명의 의미와 가능성에 대해 끊임없이 묻고 손을 내미는 태도이다.

"어디에선가, 무언가는 우리를 알고 싶어 한다."
Somewhere, something incredible is waiting to be known.

— 칼 세이건 Carl E. Sagan, 미국 천문학자

11월 17일

터미네이터와 우주

2003년 11월 17일, 할리우드의 액션 배우 아놀드 슈워제네거가 미국 캘리포니아 주지사로 취임했다. 세계적인 스타가 정치 지도자로 변신한 이 사건은 많은 이들에게 놀라움과 화제를 불러일으켰다. 그의 이름을 떠올릴 때 가장 먼저 떠오르는 이미지는 단연 〈터미네이터〉다.

영화 〈터미네이터〉의 세계관은 액션을 넘어 우주적 상상력을 담고 있다. 스카이넷은 인공 위성망을 이용해 전 세계의 핵무기를 제어하며, AI 기술이 인류의 운명을 위협할 수 있음을 보여준다. 또한 터미네이터를 과거로 보내는 우주적 시간여행 설정은 인간과 기계가 내리는 선택 하나가 미래 전체를 바꿀 수 있음을 의미한다.

과학의 발달에 따른 미래의 위협을 두려워만 할 수 없다. 우리는 더 나은 내일을 설계해야 하고, 잘못될 가능성과 위협에 대해서는 '터미네이터'가 되어야 한다.

"미래는 현재 우리가 무엇을 하는가에 달려 있다."
The future depends on what we do in the present.
— 마하트마 간디 Mahatma Gandhi, 인도 독립운동가

우주 미키 마우스

1928년 11월 18일, 단편 애니메이션 《스팀보트 윌리》가 개봉하며 미키 마우스는 공식적으로 세상에 데뷔했다. 이날은 오늘날까지도 미키 마우스의 생일로 기념된다.

1930~50년대 미키는 땅을 넘어 우주로 무대를 넓혔다. 1935년 만화책 《미키 마우스와 화성인》에서 그는 로켓을 타고 화성을 탐험하며 외계 생명체와 조우했고, 1942년 단편 〈플루토의 꿈〉에서는 별과 행성을 배경으로 우주적 상상을 펼쳤다. 이어 1952년에는 《미키 마우스 우주여행》 같은 만화책이 발간되어, 어린이들에게 우주 탐험을 친숙하게 소개하는 역할을 했다.

1950년대 말 디즈니는 NASA와 협력해 과학 대중화 애니메이션을 제작했으며, 이는 미국 사회에 우주 개발의 필요성을 알리는 데 기여했다. 2009년 우주왕복선 애틀랜티스호 임무에 미키가 그려진 미션 패치가 실제 사용되었고, 2012년 수성에서는 '미키 모양 분화구'가 발견되어 전 세계적인 화제가 되었다.

1982년 토니 바실의 히트곡 〈Mickey〉의 가사처럼, 미키 마우스는 100년 동안 우주를 향한 우리의 상상력과 꿈을 "멋지게(You are so fine)" 키워주고 있다.

> "시작하는 방법은 말하는 것을 멈추고 행동을 시작하는 것이다."
> The way to get started is to quit talking and begin doing.
> ― 월트 디즈니 Walter E. Disney, 미국 애니메이션 제작자

세계 철학의 날

2002년 유네스코는 매년 11월 셋째 목요일을 '세계 철학의 날(World Philosophy Day)'로 제정했다. 2026년에는 11월 19일이 이에 해당한다. 이날은 인류가 철학적 사유를 존중하고, 각자의 삶을 성찰하자는 취지에서 마련되었다.

현대 철학자 알프레드 노스 화이트헤드는 우주를 유형 혹은 무형 물질의 집합이 아니라, 사건과 관계가 얽히며 끊임없이 변화하는 흐름으로 보았다. 이러한 시각은 오늘날 빅뱅 이후 팽창하고 진화하는 우주론과도 맞닿아 있다.

마르틴 하이데거는 우주를 하늘 위에 펼쳐진 공간으로만 보지 않았다. 그는 우리가 살아가며 경험하는 모든 순간, 별빛을 바라보거나 집 앞 길을 걷는 일조차도 우주와 이어져 있다고 설명했다. 결국 우주는 인간이 스스로의 존재를 체험하며 살아가는 삶의 무대인 것이다.

우리가 별빛을 바라보는 것은 우리 자신을 들여다보는 것과 같으며, 삶의 성찰과 미래의 변화가 여기서 시작된다.

> "철학은 우리를 놀라게 하는 것에서 출발하며, 그 놀라움은 사유의 가장 큰 동력이다."
> Philosophy begins in wonder, and wonder is the principle of philosophy.
> — 아리스토텔레스 Aristotle, 그리스 철학자

허블, 우주를 밝혀내다

1889년 11월 20일, 미국의 천문학자 에드윈 허블(Edwin Hubble)이 태어났다. 그는 관측을 통해 인류가 우주를 바라보는 방식을 근본적으로 바꾼 인물로, 현대 천문학의 새로운 장을 열었다.

1924년, 허블은 당시 가장 큰 윌슨 천문대의 100인치 망원경으로 안드로메다 성운을 관측했다. 그 빛 속에서 밝기가 주기적으로 변하는 별, 세페이드 변광성을 찾아내 지구와 거리 계산을 시도했고, 그 결과 안드로메다는 우리 은하 안의 성운이 아니라 은하 밖에 있는 또 하나의 거대한 은하임을 밝혀냈다.

이 발견은 우주를 하나의 은하로만 보던 기존의 생각을 뒤집었다. 수많은 은하가 끝없이 펼쳐진 광대한 우주라는 사실이 드러났고, 허블은 더 나아가 은하들이 서로 멀어지고 있음을 관측해 오늘날 '팽창하는 우주'라는 개념의 기초를 마련했다.

허블이 우리 은하 밖의 세계를 밝혀낸 순간처럼, 우리의 시선도 한계를 넘어설 때 비로소 더 넓은 우주와 만날 수 있다.

"관측을 통해 인간은 우주 속에서 자신의 위치를 확장해 나간다."
Through observation, man extends his position in the universe.

— 에드윈 허블 Edwin Hubble, 미국 천문학자

볼테르와 『미크로메가스』

1694년 11월 21일, 프랑스 계몽사상가 볼테르(Voltaire)가 태어났다. 그는 철학, 문학, 과학을 넘나들며 시대를 비판한 지성인이었고, 우주를 통해 인간을 성찰한 사상가이기도 했다.

그의 대표적 우주소설『미크로메가스(Microm gas)』(1752)에는 시리우스에서 온 거대한 존재와 토성에서 온 현자가 등장한다. 이들은 지구를 찾아 인간 철학자들과 대화를 나누며, 우주 앞에서 인간의 지식이 얼마나 작은지를 드러냈다. 동시에 서로 다른 존재도 사유와 언어를 통해 이해할 수 있음을 보여주었다.

『미크로메가스』는 단순한 우화가 아니라, 인간의 오만을 비추는 우주적 거울이었다. 볼테르는 거대한 존재들을 통해 상대성의 관점을 제시했고, 인간이 스스로를 중심에 두기보다 더 넓은 차원에서 겸허히 사유해야 한다는 메시지를 남겼다.

우리가 자신들의 경험과 지식에만 의지할 때 진정한 보편성과 자유는 만날 수 없다.

"인간은 세상의 자부심이지만, 스스로 모든 것을 이해했다고 생각한다."
Man is the pride of the world, yet he thinks he has understood everything.

― 볼테르 Voltaire, 프랑스 사상가

11월 22일

소설, 풍요와 정리의 시간

오늘 11월 22일은 스무 번째 절기인 소설(小雪)이다. 이름 그대로 '작은 눈'이 내리기 시작한다는 뜻을 담고 있으며, 본격적인 겨울이 성큼 다가왔음을 알리는 시기다.

옛말에 "소설추위는 빚을 내서라도 한다"라는 속담이 있다. 이 무렵 날씨가 추워야 보리농사가 잘된다는 뜻으로, 추위를 풍요의 전조로 여겼다. 전통사회에서는 농작물을 서리로부터 보호하고, 마지막 햇볕에 무말랭이나 곶감을 말리며 겨울을 맞이했다.

오늘날 소설은 여전히 바쁜 계절의 흐름을 보여준다. 연말을 앞두고 결산과 정리에 분주하며, 개인들은 추운 계절에 대비해 건강과 면역력 관리에 신경을 쓴다. 일부 지역에서는 한방 방향제 만들기 같은 전통 체험이 진행되기도 한다.

소설은 작은 눈발처럼 조용히 다가와 우리를 멈춰 서게 한다. 하얗게 스치는 바람 속에서 우리는 지나온 시간을 정리하고, 다가올 계절을 담담히 준비하는 법을 배운다.

"겨울 한복판에도 나는 내 안에 무궁한 여름이 있음을 배웠다."
In the depth of winter, I finally learned that within me there lay an invincible summer.

— 알베르 카뮈 Albert Camus, 프랑스 소설가

11월 23일

패러스트로넛, 우주는 모두에게 열린 공간

    2022년 11월 23일, 유럽우주국(ESA)은 처음으로 패러스트로넛(Parastronaut) 후보를 공식 발표했다. 이는 장애를 가진 이들에게도 우주의 문을 열겠다는 의지의 표현으로, 우주 탐사 역사에 새로운 장을 여는 순간이었다. 그 주인공은 한쪽 다리를 잃었지만 도전 정신과 과학적 역량으로 인정받은 영국의 전직 마라톤 선수 존 맥폴(John McFall)이었다.

    패러스트로넛 프로젝트는 우주비행사의 기준을 새롭게 정의한 사건이었다. 과거에는 완벽한 신체 조건을 갖춘 이들만이 선발되었지만, ESA는 다양성과 포용성을 우주 탐사의 핵심 가치로 내세웠다. 이는 우주가 인류 모두의 공간임을 보여주는 상징적 선언이었다.

    앞으로 ESA는 패러스트로넛을 위한 임무 설계와 장비 개발을 추진하며, 누구나 우주 환경에서 활동할 수 있는 길을 열어가겠다고 밝혔다. 이는 단지 특정인을 위한 일회성 지원이 아니라, 더 넓은 참여와 기술 발전을 이끌어내겠다는 의지의 표명이다.

    맥폴을 통해 우주가 원래 모두에게 열린 공간임을 알았다면, 우리가 이제 할 일은 더 많은 맥폴을 지원하고 격려하는 것이다.

"우주는 모두를 위한 것이다."
The universe is for everyone.

— 요제프 아슈바허 Josef Aschbacher, 유럽우주국(ESA) 사무총장

우주비행사의 동면 연구 발표

2014년 11월, NASA는 민간 연구진과 협력해 우주비행사의 저체온 유도 동면(Torpor Inducing Hypothermia) 연구를 시작했다. 연구는 장거리 우주 탐사에서 승무원의 체온을 낮추어 대사 활동을 줄임으로써, 수개월 동안 최소한의 자원만으로 생명을 유지하는 방법을 모색하는 것이었다.

NASA가 동면을 연구하는 이유는 화성 탐사 때문이다. 6개월 이상 걸리는 긴 여정에서 자원은 한정적이기에, 체온을 낮춰 대사를 줄이면 식량과 산소를 절약할 수 있다. 이는 단순한 의학 실험이 아니라, 장거리 유인 탐사의 현실적 기반이 된다.

동면은 영화 속에서 흔히 보이는 장면이지만, 현실은 다르다. 체온을 오래 낮추면 뇌와 장기에 손상이 생기고, 근육 위축과 면역력 저하가 따른다. 특히 포도당 축적은 독성을 일으켜 신경계와 장기를 위협한다. 결국 동면은 단순히 '잠드는 일'이 아니라, 인체 대사를 정밀하게 조절해야만 가능한 과학적 도전이다.

동면 연구는 자원의 한계를 넘어 우주로 나아가려는 인류의 도전 정신을 보여준다. 우리의 여성이 물질적 세판으로 멈출 수는 없기 때문이다.

"인생은 대담한 모험이거나, 아니면 아무것도 아니다."
Life is either a daring adventure or nothing at all.

― 헬렌 켈러 Helen Keller, 미국 사회운동가

미국 우주경쟁력법 발효

2015년 11월 25일, 미국에서는 우주경쟁력법(Commercial Space Launch Competitiveness Act)이 발효되었다. 이 법은 미국 기업들의 우주 자원에 대한 활용을 인정한 세계 최초의 입법으로 기록된다.

이 법은 민간 우주 산업의 성장을 지원하고, 특히 소행성과 달 자원을 활용하려는 기업들에게 법적 안전망을 제공했다. 국제우주조약은 우주의 영토 주권을 부정하지만, 미국은 "자원 활용은 가능하다"는 해석을 내렸다. 이는 국가 주도의 탐사에서 민간 주도로 무대가 전환되는 뉴스페이스 시대의 중요한 분기점이 될 수도 있다.

이후 룩셈부르크, 일본, 아랍에미리트 등이 유사한 법을 제정하며, 우주 자원 거버넌스 논의가 국제적으로 확산되었다. 달의 헬륨-3과 소행성의 희토류 자원, 행성 간 연료 스테이션 구축 등 경제 활동 가능성이 제기되었고, 동시에 국제법적 충돌과 우주 공공재 개념에 대한 논쟁도 깊어졌다.

우주 자원은 특정 국가나 기업의 소유물이 아니라 인류 전체의 것이다. 그것을 어떻게 나누고 지켜낼지는 우리가 선택하는 미래의 모습과 맞물려 있다.

"나는 환경의 산물이 아니라, 나의 선택의 산물이다."
I am not a product of my circumstances. I am a product of my decisions.
— 스티븐 코비 Stephen R. Covey, 미국 경영컨설턴트

폴라로이드 사진기

1948년 11월 26일, 에드윈 랜드(Edwin Land)는 세계 최초의 폴라로이드 즉석 카메라를 시장에 내놓았다. 촬영 버튼을 누른 뒤 몇 분 만에 사진이 인화되는 혁신적인 기술로 말미암아 사람들은 순간의 행복이 배가되었다.

에드윈 랜드의 폴라로이드 편광 필터와 특수 광학 연구는 아폴로 탐사의 사진 장비에도 응용되었다. 달 표면은 강한 반사광 때문에 관측이 어려웠는데, 편광 기술은 선명한 사진 이미지를 제공함으로써 과학적 데이터 분석과 임무 수행에 크게 기여하였다.

폴라로이드가 보여주던 아날로그식 즉석 확인은, 오늘날 디지털 실시간 공유라는 또 다른 방식으로 이어지고 있다. 개인의 손 안에서 천천히 드러나던 사진은 이제 지구 반대편에 즉시 도착하여 많은 사람들과 함께 확인할 수 있게 되었다.

그러나 시간이 지나도 우리가 폴라로이드 사진기를 사랑하는 이유가 있다. 간편하고 친숙하며 일상의 감동과 아름다움을 우리의 손에 바로 쥐여 주기 때문이다.

"사진은 시간을 멈추어, 삶을 고정시킴으로써 순간을 바꾼다."
Photography takes an instant out of time, altering life by holding it still.

— 도로시아 랭 Dorothea Lange, 미국 사진가

노벨상, 인류 과학, 문학, 평화에 기여

1895년 11월 27일, 알프레드 노벨은 유언장을 통해 자신의 재산 대부분을 인류 발전에 기여한 이들을 위한 상으로 남기겠다고 밝혔다. 그 뜻은 1901년 첫 노벨상이 수여되면서 현실이 되었고, 이후 세계에서 가장 권위 있는 상으로 자리 잡았다.

노벨은 다이너마이트 발명가로서 '죽음의 상인'이라는 비판을 받았으나, 인류에게 긍정적인 유산을 남기고자 했다. 그는 과학·문학·평화라는 분야를 지정해, 지식과 이상이 미래 세대를 이끌어가야 한다는 신념을 유산으로 남겼다.

역대 노벨상 수상자들 가운데 우주과학 분야의 기여자들도 눈에 띈다. 1974년 노벨 물리학상은 전파천문학을 개척한 마틴 라일과 안토니 휴이시에게 수여되었다. 또한 2019년 노벨 물리학상은 외계 행성을 처음 발견한 미셸 마요르와 디디에 쿠엘로에 돌아갔는데, 이는 인류가 태양계를 넘어 우주를 탐구할 수 있다는 격려와 같았다.

노벨상의 정신은 '인류에게 큰 혜택을 준 발견'을 기리고 함께 나아갈 수 있는 가능성을 열어 주는데 있다. 우주의 앞길에 항상 노벨의 정신이 충만하기를!

"노벨상은 과학이 국경과 이념을 초월하는 보편적 사업임을 상징한다."
The Nobel Prize is a symbol
that science is a universal enterprise, transcending nations and ideologies.

— 카를로 루비아 Carlo Rubbia, 이탈리아 물리학자

Red Planet Day

11월 28일은 '붉은 행성의 날(Red Planet Day)'이다. 미국에서는 1964년 마리너 4호가 발사된 날을 기념해 매년 이 시기를 화성 탐사의 의미를 되새기는 날로 삼고 있으며, 과학단체와 교육기관을 중심으로 다양한 프로그램이 진행된다.

현재 NASA는 아르테미스 계획과 연계해 화성을 장기적 거주 목표로 삼고 있으며, ESA는 유럽형 탐사선을 준비하고 있다. 민간 기업 중 스페이스 X는 스타십 개발을 통해 대규모 이주 프로젝트를 현실화하고 있으며, 블루 오리진은 지속 가능한 생태계 모형 연구에 집중하고 있다.

이를 뒷받침하기 위해 지구에서도 다양한 실험적 시설이 운영되고 있다. 하와이의 HI-SEAS 기지에서는 모의 화성 거주 환경에서 장기간 격리 실험이 진행되고, 러시아의 Mars-500 프로젝트는 520일간의 가상 화성 여행을 시뮬레이션했다. 또한 유럽과 중국에서도 유사 기지가 건설되어, 우주인들의 생리·심리 적응과 자원 활용 기술이 시험되고 있다.

21세기 인류의 화성 생활은 영화 속 상상이 아니라 시기의 문제로 우리에게 다가오고 있다.

> "화성은 그곳에 있다. 우리가 도달하기를 기다리며."
> Mars is there, waiting to be reached.
> — 버너 폰 브라운 Wernher von Braun, 독일 출신 과학자

CLPS, 우주 협력과 분산의 새로운 패러다임

2022년 11월 29일, NASA는 '상업 달 페이로드 서비스(CLPS, Commercial Lunar Payload Services)' 프로그램의 첫 번째 공식 임무 일정을 발표했다. CLPS는 달 탐사를 정부 주도의 국가사업에서 민간 참여의 개방형 생태계로 확장하는 전환점이었다.

민간 기업들은 이제 단순한 하청이 아니라, 직접 착륙선 개발·운용, 화물 운송, 탐사 장비 배치까지를 맡게 되었다. NASA는 전체 임무의 '고객'으로서 과학 목표를 제시하고, 민간은 창의적이고 비용 효율적인 방식으로 그 길을 열게 된다.

아폴로 시대가 국가의 위신과 경쟁을 상징했다면, 현재 CLPS는 협력과 분산의 새로운 시대적 패러다임을 상징한다. 다양한 민간 기업이 달에서 경험을 쌓고 기술을 축적할 때, 달은 더 이상 몇몇 국가나 기업의 무대가 아니라 인류 전체의 공유된 거점으로 변모된다는 것이다.

그러나 모두가 명심해야 할 점은 달이 인류의 최종 목표가 아니라 화성과 더 먼 우주로 나아가기 위한 교두보란 사실이다.

"미래는 그것을 꿈꾸고 준비하는 자의 것이다."
The future belongs to those who believe in dreams and prepare for them.

— 에리카 종 Erica Jong, 미국 작가

ISS에서 우주야구

2009년 11월 30일, 국제우주정거장(ISS)에 머물던 일본 우주비행사 노구치 소이치는 작은 야구공과 방망이를 꺼내 들었다. 일본야구위원회(NPB)가 특별 제작해 보낸 '우주 야구 세트'를 활용해, 그는 인류 최초로 우주 공간에서의 야구 놀이를 시도했다.

그가 던진 공은 지상처럼 땅으로 떨어지지 않고, 직선으로 정거장 끝까지 날아가 동료의 손에 닿았다. 방망이에 맞은 공은 포물선을 그리지 않고, 천천히 미끄러지듯 떠다니며 천장과 벽에 부딪히기를 반복하였다.

이 작은 실험은 놀이를 통해 과학적 원리를 직접 체험할 수 있었고, 우주가 생존만의 공간이 아니라 인간의 문화와 어린 시절 "우주에서 공놀이를 하면 어떨까?"라는 상상력까지 품을 수 있는 무대임을 보여주었다.

창의적인 발상은 생각의 자유와 삶의 여유에서 자라난다. 휴식과 놀이를 잊은 우리의 일상은 우주의 길을 열 수 없다.

"놀이 속에서 발견된 것이야말로 인류의 가장 위대한 업적이 된다."
Man is only fully human when he plays,
and what is found in play becomes humanity's greatest achievement.

— 프리드리히 실러 Friedrich Schiller, 독일 시인

December

동양의 절기 구분에서

한 해의 열두째 달은 자월(子月)로

쥐가 그 달을 상징한다.

휴스턴 애스트로스의 탄생

1964년 12월 1일, 미국 텍사스의 프로야구단 '휴스턴 콜트 .45s(Houston Colt .45s)'는 구단명을 '휴스턴 애스트로스(Houston Astros)'로 바꾸었다. 콜트 .45는 서부 개척 시대의 권총 이름이었지만, 휴스턴 애스트로는 총의 도시가 아닌 세계 최초의 돔형 야구장 애스트로돔과 함께 우주 도시의 정체성을 반영하였다.

1961년 NASA가 이곳에 '존슨 우주센터'를 세우면서 휴스턴은 미국 우주 탐사의 심장으로 자리 잡았다. 구단명 변경은 단순한 브랜드 교체가 아니라, 도시와 주민 모두가 우주 시대의 상징을 공유하는 사건이었다.

애스트로스 구단은 스포츠와 과학, 대중을 연결하기 위해 다양한 시도를 했다. 구단 로고와 유니폼에도 별과 궤도를 담아 NASA와의 연계를 드러냈고 청소년을 위한 우주·과학 교육 프로그램까지 운영하며 야구장을 단순한 경기장이 아닌 미래 체험의 공간으로 변모시켰다.

휴스턴 애스트로의 정체성 전환은 우주 강국을 꿈꾸는 한국의 도시와 스포츠 구단에게도 공감의 이야기가 될 수 있다.

"나는 별들을 바라볼 때마다, 내가 그 일부라는 사실을 느낀다."
When I look at the stars, I feel that I am a part of them.
— 바바라 모건 Barbara Morgan, 미국 우주비행사

마스 3호의 화성 착륙

1971년 12월 2일, 소련의 탐사선 '마스 3호(Mars 3)'가 인류 최초로 화성 표면에 연착륙했다. 그러나 착륙 직후 약 14.5초 동안 신호를 보낸 뒤 곧 통신이 두절되었고, 지구로 돌아온 것은 불완전한 영상 한 장뿐이었다.

앞서 미국은 아폴로 계획을 통해 달에 사람을 보냈고, 소련은 베네라 3호(1966)로 금성 표면에 최초로 도달했으며 베네라 7호(1970)는 성공적으로 연착륙했다. 이 흐름 속에서 마스 3호의 화성 착륙은 달과 금성에 이어 또 다른 행성에 도달한 사건으로, 미·소 우주 경쟁을 넘어 인류 탐사의 범위를 확대하는 중요한 의미가 있었다.

한편 마스 3호의 임무는 성공적이지 않았지만 화성의 먼지 폭풍과 혹독한 기온, 전기적 교란의 척박한 환경을 그대로 드러내어 후속 탐사의 준비 방향을 정확히 인식시켰다.

우주뿐만 아니라 우리의 삶에 있어서도 도전의 가치는 그 결과로 평가되는 것이 일반적이지만 과정에도 중요하고 수많은 의미가 숨어 있다.

"실패란 넘어지는 것이 아니라, 일어나지 않는 것이다."
Failure is not falling down, but refusing to get up.
— 메리 픽포드 Mary Pickford, 미국 영화배우

12월 3일

북극성의 길잡이

1847년 12월 3일, 미국의 노예제 폐지 운동가 프레더릭 더글라스는 흑인 인권을 대변하는 신문 〈North Star〉를 창간했다. 그 이름은 길을 잃은 이들에게 방향을 알려주는 북극성에서 따온 것이었고, 신문은 "우리는 자유를 얻기 전까지 쉴 수 없다"라는 기치를 내걸며 억압받던 이들에게 희망의 불빛이 되었다.

〈North Star〉가 탄생한 19세기 미국은 남북이 노예제 문제로 첨예하게 갈라져 있던 시대였다. 더글라스는 스스로 탈출한 노예 출신으로서, 이 신문을 통해 도망 노예법의 부당함을 고발하고 흑인들의 목소리를 대변했다. 동시에 교육·자유·인권의 가치를 설파하며, 억압받던 이들에게는 희망을, 지지자들에게는 행동의 지침을 제공했다.

오늘 우리의 사회도 다인종과 빈부의 격차를 점차 체감하고 있다. 별빛이 차별 없이 모든 이를 비추듯, 편견 없이 서로를 바라보며 자유와 존엄이 숨 쉬는 세상을 만들어가야 한다.

"나에게 자유가 아니면 죽음을 달라."
Give me liberty, or give me death!
— 패트릭 헨리 Patrick Henry, 미국 독립운동가

12월 4일

위성, 치타 보존의 파수꾼

12월 4일은 멸종 위기에 처한 치타를 알리고 보존을 촉구하기 위해 제정된 '세계 치타의 날(World Cheetah Day)'이다. 지구에서 가장 빠른 육상 동물이지만, 치타는 서식지 파괴와 밀렵으로 지난 100년간 개체 수가 90% 가까이 줄어든 상황이다.

오늘날 치타 보존에는 위성 기술이 핵심 도구로 쓰인다. 고해상도 영상은 초원과 서식지를 감시해 밀렵과 불법 경작을 추적하며, GPS 목걸이를 통해 등록된 치타의 이동 경로를 확인함으로써 생활 패턴을 과학적으로 분석할 수 있다.

이 기술은 치타에만 한정되지 않는다. 위성으로 바다거북의 회유 경로를 추적하며, 코끼리 무리가 이동할 밀렵 위험 지역을 감시한다. 남극 황제펭귄 집단의 얼음 위 흔적을 위성에서 확인하여 그 개체 수를 추정하기도 한다.

위성은 지구를 한눈에 보며 동물들의 길과 삶의 변화를 주시한다. 위성을 통한 지구 생명의 보존은 우주의 현재와 미래를 보호하는 일이기도 하다.

"자연에서 홀로 존재하는 것은 없다."
In nature nothing exists alone.
― 레이첼 카슨 Rachel Carson, 미국 해양생물학자

12월 5일

한국의 우주예산

한국의 국가예산은 매년 12월 초에 통상 확정된다. 2024년부터는 우주항공청의 단일 예산 체계가 마련되어 한국 우주정책은 분산된 구조에서 벗어나 한 축으로 모아진 집중적 투자의 시대를 맞이하게 되었다.

우주예산은 발사체를 쏘아 올리고 위성을 운영하며 탐사선을 제작하는 데 필요한 모든 에너지의 원천이다. 안정적이고 장기적인 편성이 있어야만 연구기관은 지속성을 확보하고, 기업은 투자를 이어가며, 사회는 신뢰 속에서 우주개발을 뿌리내릴 수 있다.

미국은 1960년대 아폴로 계획 시기 연방예산의 약 4%를 NASA에 투입하여 달 착륙이라는 성취를 이뤘다. 현재도 NASA는 약 250억 달러 규모의 예산을 유지하며 민간기업과 협력 구조를 강화하고 있다.

한국은 코로나의 긴 터널을 지나 경제적으로 어려운 시기를 맞이하고 있다. 하지만 우주예산은 한국이 어떤 미래를 꿈꾸고 어떤 방향으로 나아가고자 하는지를 확인하는 시금석과 같다.

"예산은 단순한 숫자가 아니라, 우리의 가치와 열망을 표현한다."
A budget is not just a collection of numbers, but an expression of our values and aspirations.

— 제이컵 루 Jacob Lew, 미국 재무장관

12월 6일

석굴암, 우주에서 진리를 마주하다

1995년 12월 6일, 경주의 석굴암과 불국사가 유네스코 세계문화유산으로 지정되었다. 통일신라 시대(8세기)에 창건된 석굴암은 인류가 남긴 가장 뛰어난 불교 예술 중 하나로 평가받으며, 동아시아 석굴 사원의 최고봉이다.

석굴암의 본존불은 완벽한 구형 공간의 중앙에 자리하고 있으며, 그를 둘러싼 제자상·보살상·천부상들은 마치 별자리처럼 배치되어 있다. 이는 불교의 수미산 중심 세계관과 우주의 질서를 건축적으로 표현한 것으로 해석된다. 돔 형태의 천장은 우주의 하늘을 상징하며, 원만(圓滿)의 원리를 구현하고 있다.

석굴암의 공간은 좁고 어두운 통로를 지나, 갑자기 밝고 둥근 주실(主室)이 열리는 구조로 이루어져 있다. 이는 마치 작은 인간이 끝없는 우주에 들어서는 체험을 제공하며, 부처의 법계, 즉 우주적 진리와 마주하도록 설계되었다는 점에서 독창적이다.

석굴암은 오늘 우리에게 말한다. 우리가 나아가는 우주 탐험의 길에서 분명히 진리를 찾을 수 있을 거라고.

> "새는 알에서 나오려고 투쟁한다. 알은 세계다. 태어나려는 자는 하나의 세계를 깨뜨려야 한다."
> The bird fights its way out of the egg.
> The egg is the world. Who would be born must destroy a world.
>
> ― 헤르만 헤세 Hermann Hesse, 스위스 소설가

12월 7일

대설, 하얀 대지를 비추는 맑은 별빛

오늘은 24절기 중 하나인 대설(大雪)이다. 큰 눈이 내린다는 뜻처럼, 겨울은 본격적으로 깊어지고 세상은 흰빛으로 덮이며 새로운 숨결을 품는다.

옛사람들은 눈이 많이 내리면 다음해 풍년이 든다고 믿었는데, 이는 눈이 보리 싹을 덮어 보온이 되고, 눈물이 녹으며 대지를 적셔 작물의 뿌리를 살찌우기 때문이었다.

한국 전통 천문에서는 겨울철 밤하늘의 오리온자리를 '삼태성'이라 불렀다. 대설 무렵, 눈 덮인 들판 위로 또렷이 드러나는 삼태성은 농부들에게 계절의 상징이었고, 그 밝고 어두움에 따라 길흉을 점치기도 했다.

현대 사회에서 대설은 또 다른 의미를 가진다. 많은 눈은 교통과 안전에 위협이 될 수 있고, 가정의 난방 관리와 개인의 건강관리에 특별한 주의가 필요하다. 전통 사회에서의 풍년 기원이 오늘날에는 안전과 복지를 위한 생활의 지혜로 이어진다.

겨울 밤 설원 위로 쏟아지는 별 빛이 더욱 아름다운 것은 우리가 우주의 맑음을 가슴으로 느꼈기 때문이다.

"겨울은 모든 것을 맑게 보여주는 계절이다."
Winter is the time for clarity, when everything is seen more clearly.
— 존 러스킨 John Ruskin, 영국 미술 평론가

블루 마블

1972년 12월 8일, 아폴로 17호의 승무원들은 지구사진을 공개하며 '블루 마블(Blue Marble)'이라 불렀다. 바다와 구름이 감싸 안은 둥근 행성의 모습은 마치 손바닥 위의 푸른 구슬처럼 빛났고, 인류가 처음으로 본 지구의 초상이 되었다.

이 사진은 곧 전 세계에 퍼져 교과서와 언론, 국제기구 보고서, 환경단체의 캠페인에 활용되었다. 우주에서 본 지구는 국경이 사라진 하나의 집으로 보였고, 그것은 환경 보호와 평화 추구, 풍요의 지속 가능성이 인류 모두의 과제임을 깨닫게 했다.

오늘날 한국 사회에서는 '블루 마블'이라는 이름이 여행과 모험을 소재로 한 인기 오락 프로그램과 게임에 사용되고 있다. 지구가 인류의 놀이터이자 삶의 무대라는 측면이 강조된다.

그러나 이러한 인식적 접근이 지구를 보호하는 것과 무관하지 않다. 여행을 통해 자연을 사랑하고 환경보호의 필요성을 느끼며, 서로의 이해를 통해 평화 협력의 바탕이 마련되는 것이다. 우리 모두가 즐겁게 살며 지구를 함께 돌볼 때, 블루마블은 온전한 빛을 발할 것이다.

> "우리가 원하는 미래는 평화롭고, 공평하며, 지구와 조화를 이루는 지속 가능한 미래이다."
> We want a future that is peaceful, just, and sustainable, in harmony with our planet.
>
> — 반기문, 유엔 사무총장

찰리 브라운의 크리스마스

1965년 12월 9일, 미국 CBS 방송에서 〈찰리 브라운의 크리스마스〉가 처음 공개되었다. 이 작품은 만화가 찰스 슐츠의 〈피너츠〉를 바탕으로 한 애니메이션으로, 착하지만 늘 불안해하는 아이 찰리 브라운과, 장난기 많고 화려한 것을 좋아하는 강아지 스누피가 주인공이다.

작품 속에서 찰리 브라운은 외로움을 느낄 때마다 밤하늘을 바라본다. 그는 "저 별들 중 하나는 내 별일 거야"라고 말하는데, 여기서 별은 자신이 세상과 연결되어 있다는 작은 위로의 상징이 된다.

찰리는 "만약 저것들이 별이 아니라 우리가 숨 쉴 수 있도록 뚫린 구멍이라면 어떨까?"라고 상상한다. 아이다운 상상력이지만, 우주를 끝없는 신비와 가능성의 세계로 바라보게 한다. 별은 단순한 천체가 아니라, 우리에게 질문을 던지고 상상력을 키우는 교실과도 같다.

어쩌다 어른이 되어 버린 지금, 별을 바라보며 우리는 찰리 브라운이었던 적이 없었는지 생각해본다.

"우주는 늘 변하고, 우리의 삶은 결국 우리의 생각이 그려내는 것이다."
The universe is change; our life is what our thoughts make it.

— 마르쿠스 아우렐리우스 Marcus Aurelius, 로마 황제

12월 10일

허클베리 핀의 별빛 여행

1884년 12월 10일, 마크 트웨인의 『허클베리 핀의 모험』이 출간되었다. 미시시피 강을 따라 뗏목을 타고 떠나는 소년의 여정은 단순한 모험담을 넘어, 자유와 인간 존재의 의미를 묻는 항해였다.

허클베리는 종종 강가에 누워 별을 올려다보며 삶의 의미를 생각한다. 광활한 하늘은 그에게 인간이 얼마나 작은 존재인지 일깨워주지만, 동시에 무한한 가능성을 꿈꾸게 했다. 밤하늘은 소년의 철학 교과서이자 자유의 광장이었다.

이런 감성은 훗날 영화 〈티파니에서 아침을〉에서 오드리 헵번이 부른 〈Moon River〉 속에도 담겨 있다. 그녀는 창가에 앉아 기타를 치며 조용히 노래한다. "문 리버, 끝없는 세상, 나의 헉클베리 친구, 무지개의 끝을 향해 나아가네"라는 가사는 허클베리 핀이 달빛 아래 강물 위에서 느꼈을 감정을 그대로 불러낸다.

『허클베리 핀의 모험』은 단지 미국의 남부지역 소년의 이야기가 아니라, 별빛을 바라보며 자유를 꿈꾸는 우리 모두의 오래된 이야기이다.

> "달은 외로운 이가 대화할 수 있는 친구다."
> The moon is a friend for the lonesome to talk to.
> ─ 마크 트웨인 Mark Twain, 미국 소설가

인류가 함께 지켜야 할 별빛의 기억

1946년 12월 11일, 전쟁의 상처 위에서 유네스코(UNESCO)가 창립되었다. 교육·과학·문화의 힘으로 평화를 세우자는 다짐은 곧 세계문화유산 제도로 구체화되었고, 인류가 함께 지켜야 할 공동의 기억을 정리하기 시작했다.

그 흐름 속에서 천문 관련 유적들도 세계문화유산으로 등재되었다. 중국 덩펑의 고대 천문대는 하늘과 땅의 질서를 읽으려는 사상을 새겼고, 인도 잔타르 만타르는 과학과 예술이 만난 거대한 관측기구였다. 페루 찬킬로의 열세 개 탑은 태양 달력으로 기능했으며, 미국 호프웰 유적은 원주민이 달과 별의 주기를 제의 속에 담아낸 공간이었다. 이들은 인류가 우주와 맺어온 오래된 관계를 보여준다.

이러한 유산은 과거의 흔적이자 미래의 나침반이다. 오늘날 우리가 별을 탐사하는 길 역시 그 오래된 업적 위에 펼쳐져 있다.

> "문화유산의 보존은 인류의 지성과 도덕적 연대 위에 평화를 세우는 길이다."
> The conservation of cultural heritage is a path to building peace on the basis of humanity's intellect and moral solidarity.
>
> ― 유네스코 헌장

12월 12일

성상의 별, 멕시코의 위로와 희망

1531년 12월 12일, 멕시코의 농부 후안 디에고의 망토(틸마)에 성모의 모습이 나타났다. 그날의 기적은 멕시코 민족의 신앙과 정체성을 형성하는 전환점이 되었고, 성상은 지금까지도 멕시코의 국보이자 신앙의 상징으로 존중받고 있다.

기적은 12월 9일부터 시작되었다. 테페약 언덕에서 성모는 후안에게 발현해 작은 성당 건립을 청했고, 그는 주교에게 이를 전했으나 받아들여지지 않았다. 10일과 11일에도 같은 일이 반복되었지만 회신은 달라지지 않았다. 마침내 12일, 성모는 카스티야 장미를 모아 망토에 담게 했고, 후안이 그것을 주교 앞에서 펼쳤을 때 성모의 모습이 드러났다고 전해진다.

성모의 푸른 망토에 수놓인 별들은 1531년 12월 멕시코 밤하늘의 별자리와 일치한다고 알려졌다. 망토의 구도에는 태양이 배경에, 달이 성모의 발밑에 자리하여 원주민의 우주관과 기독교의 상징이 하나로 결합된 모습을 보여준다. 민중은 이를 하늘이 내린 징표로 받아들였고, 성상은 고난의 시대에 위로와 희망을 전하는 신앙의 상징이 되었다.

인간과 별의 관계는 사랑과 믿음으로 이어질 때 그 별이 더욱 빛난다.

"나는 너의 자애로운 어머니이다. 여기에 내 모습이 남아 너희와 함께하리라."
I am your compassionate mother. Here I leave my image, that I may be with you.

— 『니카노 모포화』(1649), 과달루페 발현 기록

ISS의 무중력 축구

2018년 12월 13일, 국제우주정거장(ISS)에서 우주비행사들이 펼친 무중력 축구 경기 영상이 공개되었다. 둥근 축구공이 위아래 없이 떠다니는 가운데, 우주비행사들이 몸을 날려 공을 쫓는 장면은 지구 위의 경기를 우주로 그대로 옮겨 온 모습이었다.

같은 해, 러시아 월드컵의 공식 공인구 '텔스타 18'은 6월 14일 개막전에 사용되기 전 특별한 여정을 했다. 이 공은 국제우주정거장에 올라갔다가 57일 만에 지구로 돌아왔고, 모스크바에서 열린 개막전에서 처음 선을 보였다.

무중력 속의 경기와 우주에서 돌아온 축구공은 우리가 지구에서 즐기는 일상이 이제 우주에서도 이어질 수 있음을 실감하게 한다.

"우주로 가는 것은 과학자와 우주비행사만의 꿈이 아니다. 그것은 인류 모두의 미래다."
Space is not only for scientists and astronauts. It is the future of humanity.

— 리처드 브랜슨 Richard C. N. Branson, 영국 기업가

옥토끼의 여정

2013년 12월 14일, 중국의 무인 탐사선 창어 3호가 달에 착륙했다. 이와 함께 탐사차 '위투 1호(옥토끼 1호)'가 달 표면에 내려졌고 중국 최초의 달 탐사가 시작되었다. 중국은 이로써 세계에서 세 번째로 달에 탐사 장비를 안착시킨 나라가 되었다.

2019년 창어 4호는 인류 역사상 처음으로 달의 뒷면에 착륙했고, 탐사차 위투 2호가 그 표면을 달렸다. 발사 전 기자들은 연구진에게 "달에 가면 토끼에게 인사하라"는 농담을 건넸는데, 이는 달에 옥토끼가 산다는 동양의 오래된 생각에서 출발한다.

중국의 신화 속 옥토끼는 불사의 약을 찧는 존재로, 한국의 신화 속 달토끼는 절구에 떡을 찧는 모습으로 전해진다. 달은 양국의 다른 문화 속에서도 오래되고 친숙한 상상의 무대였다. 이제 한국도 달 토끼를 만나기 위한 확실하고도 빠른 발걸음이 필요하다.

"독자 기술로 2032년 달 착륙을 위한 핵심기술과 착륙선 개발을 본격적으로 추진한다."
― 2025년 항공우주청 업무계획 발표문 中

12월 15일

제미니 6A와 7의 랑데뷰

1965년 12월 15일, 미국의 제미니 6A호와 7호가 지구 궤도에서 역사적인 랑데뷰에 성공했다. 두 우주선은 불과 30센티미터까지 접근하며, 인류가 처음으로 우주 공간에서 정밀한 만남을 실현한 순간이었다.

이 사건은 기술 시연을 넘어, 향후 아폴로 달 착륙 계획의 필수 전제 조건을 충족하기 위한 조치였다. 궤도상에서의 정밀한 접근과 제어는 우주비행사가 달에 가기 위해 모선과 착륙선을 분리·도킹하는 과정에 반드시 필요했기 때문이다.

하지만 궤도 접근 기술은 오늘날 다른 그림자를 드리우고 있다. 정밀한 우주선 접근 능력은 적국의 위성을 추적·파괴하거나 교란하는 군사적 위협 기술로도 활용될 수 있다. 우주가 탐험의 공간이자 분쟁의 잠재적 무대라는 현실은 인류에게 새로운 숙제를 던진다.

두 우주선이 서로 다른 궤도와 속도를 조율하며 만나는 장면이 견우와 직녀의 만남처럼 영원히 아름답기를 기대한다.

> "우리는 우주를 군사화하지 않고, 인류 전체의 평화를 위해 사용해야 한다."
> We must not militarize space, but use it for the peace of all humankind.
> — 미하일 고르바초프 Mikhail S. Gorbachev, 소련 대통령

12월 16일

칸딘스키, 우주의 질서를 말하다

12월 16일은 러시아 출신 화가 바실리 칸딘스키가 태어난 날이다. 그는 추상미술의 창시자로 불리며, 회화를 단순한 재현에서 해방시켜 인간의 내면과 우주의 질서를 표현하려 했다. 그의 예술은 단순한 미술사적 혁신이 아니라, 보이지 않는 세계와 교감하려는 시도였다.

칸딘스키는 색채와 형태를 소리, 진동, 파동에 비유하며 우주적 질서와 연결시켰다. 그에게 파랑은 하늘과 무한의 깊이를, 노랑은 태양과 에너지를, 검정은 끝없는 우주의 침묵을 의미했다. 이는 천체가 저마다 고유한 파장을 발하면서도 우주적 교향곡을 만들어내는 모습으로 이해된다.

그의 대표작 중 하나인《Several Circles》는 우주의 궤도와 은하를 떠올리게 한다. 점과 선, 원으로만 이루어진 작품들이 별자리 지도처럼 배열되어 있는 것도 우연이 아니다. 칸딘스키의 추상은 모호함이 아니라, 인간이 접근하기 어려운 세계의 본질을 표현하려는 언어였다.

그의 색과 선은 눈에 보이지 않는 우주와 우리가 이어져 있음을 보여준다. 우리 삶의 혼란스러운 순간에도 결국 하나의 질서와 조화를 찾아간다는 사실을 소웅히 일깨워 순다.

> "색채는 영혼에 직접적인 힘을 미친다."
> Color is a power which directly influences the soul.
> — 바실리 칸딘스키 Wassily Kandinsky, 러시아 화가

12월 17일

이동의 혁신

12월 17일은 인류의 이동 개념이 근본적으로 확장된 날이다. 1903년, 미국의 라이트 형제는 노스캐롤라이나의 키티호크에서 인류 최초의 동력 비행에 성공했다. 이 짧은 12초의 비행은 인간이 하늘로 오를 수 있다는 사실을 처음으로 증명한 역사적 순간이었다.

114년 뒤인 2017년 같은 날, 중국은 위성 '묵자호(Micius)'를 이용해 1,200km 떨어진 곳으로 양자의 상태를 전송하는 데 성공했다. 입자 자체가 이동한 것은 아니었지만, 얽힘 현상을 활용해 보이지 않는 정보를 먼 거리까지 순간적으로 전달할 수 있음을 과학적으로 입증한 것이다.

라이트 형제가 하늘을 날며 공간의 제약을 넘어섰다면, 양자 텔레포테이션은 시간과 거리의 장벽을 넘는 또 다른 방식의 이동을 제시했다. 물론 영화 《스타트렉》에서처럼 사람이나 사물을 통째로 순간 이동시키는 것은 현재로서 불가능하다. 그러나 양자의 상태와 정보를 전송하는 이번 성과는, 인간의 상상 속 개념이 과학의 언어로 조금씩 다가오고 있음을 보여준다.

> "날고자 하는 열망은 조상들로부터 이어받은 것이다."
> The desire to fly is an idea handed down to us by our ancestors.
> — 윌버 라이트 Wilbur Wright, 미국 비행사

12월 18일

달, 미래를 위한 공동의 유산

1979년 12월 18일, 유엔이 채택한 '달 협정(Moon Agreement)'에 대해 오스트리아 비엔나에서 서명을 개시하였다. 이는 1967년 발효된 우주조약 이후 보다 구체적으로 달과 천체의 활용 원칙을 다룬 후속 국제 문서였다.

달 협정은 달을 특정 국가가 소유하거나 자원 개발을 독점하지 못하도록 제한하며, 이를 "인류 전체의 공동유산"으로 선언했다. 특히 "달의 자원은 인류 전체의 이익을 위해 사용되어야 한다."는 조항은 우주를 국경 없는 공동의 장으로 보려는 국제사회의 이상적 의지를 잘 보여준다.

그러나 현실은 달랐다. 우주 탐사의 주도권을 쥔 미국, 러시아, 중국 등 주요 국가들은 이 협정에 서명하지 않았다. 우주 자원 개발의 권리를 제한할 수 있다는 우려 때문이었다. 결국 달 협정은 법적 구속력은 있으나, 사실상 국제적 합의로서 널리 작동하지 못한 문서가 되었다.

오늘날 민간 기업이 달 탐사와 자원 채굴에 뛰어드는 시대에, 달 협정은 다시금 되새겨야 할 질문을 던진다. 인류는 달을 새로운 경쟁의 각축장으로 만들 것인가, 아니면 미래 세대를 위한 공동의 유산으로 지켜낼 것인가.

"우리는 모두 같은 하늘 아래에 살고 있지만, 누구나 같은 지평선을 바라보는 것은 아니다."
We all live under the same sky, but we don't all have the same horizon.

— 콘라드 아데나워 Konrad Adenauer, 독일 정치가

12월 19일

아폴로 17호의 귀환

1972년 12월 19일, 아폴로 17호 귀환 캡슐이 태평양에 착수했다. 이는 인류가 달에 발을 디딘 마지막 유인 임무의 끝이었고, 동시에 아폴로 프로그램의 공식적인 종결을 알리는 역사적 순간이었다.

아폴로 17호가 마지막 달 착륙 임무가 된 배경에는 냉전 경쟁의 완화, 천문학적 비용 부담, 사회적 우선순위 변화가 자리 잡고 있었다. 그러나 아폴로 17호의 임무 자체는 과학적 성과가 풍부했다. 달 표본 110kg을 수집하고, 달의 지질학적 기원을 연구하며 인간이 새로운 세계에서 무엇을 발견할 수 있는지 확실히 보여주었다.

그로부터 50년이 넘은 오늘, 인류는 아르테미스 계획을 통해 다시 달로 향하려 한다. 이는 단순한 회귀가 아니라, 달을 장차 화성 탐사의 교두보로 삼고, 국제 협력과 민간 기업이 참여하는 새로운 우주 시대를 열려는 의지가 반영된 것이다.

아르테미스 출범에 앞서 아폴로 17호 지휘관의 언젠가 돌아올 것이라는 발언은 50년의 시간이 훨씬 지났지만 더 생생하고 큰 울림으로 다가온다.

> "우리는 왔던 그대로 떠나며, 신의 뜻이라면 언젠가 돌아올 것이다."
> We leave as we came, and, God willing, as we shall return.
> ─ 유진 서넌 Eugene Cernan, 미국 우주비행사 (아폴로 17호 사령관)

첨성대, 시대적 가치를 일깨우다

1962년 12월 20일, 경주 첨성대가 대한민국 국보 제31호로 지정되었다. 신라 시대에 세워진 이 천문 관측대는 아시아에서 현존하는 가장 오래된 천문대 가운데 하나로 평가되며, 2000년에는 경주 역사유적지구의 일부로 유네스코 세계유산에 등재되었다.

첨성대는 선덕여왕 때 축조된 것으로 알려져 있다. 높이 약 9.17m의 원통형 몸체 위에 井(정)자 모양의 상부 구조를 얹은 독특한 모습은 세계적으로도 드문 건축 양식이다. 단순한 탑이 아니라, 별과 하늘의 움직임을 읽어내기 위해 세워진 과학적 시설이었다. 돌의 수와 배열이 날짜와 절기와 연결된다는 다양한 해석은, 신라인이 하늘을 세밀히 관찰하며 질서를 찾고자 했음을 보여준다.

하늘을 읽는 일은 고대 국가의 생존과 직결된 일이었다. 해·달·별의 주기를 관측해 계절 변화를 예측하고 파종과 수확 시기를 정했으며, 종합적으로 역법(달력)을 만들었다. 정확한 달력은 세금과 제사, 치수와 군사 동원의 기준이 되었고, 달력이 어긋나면 농사와 민심이 함께 흔들렸다.

첨성대의 시대적 가치는 지금도 이어진다. 하늘을 본다는 것은 더 큰 질서를 읽어, 우리가 살아가는 길을 더욱 가치 있게 만드는 것이다.

"천리(天理)는 무궁하며, 인사(人事)는 변한다. 그러나 인사는 천리에 합할 때 오래간다."
― 최한기, 《기학(氣學)》 中

12월 21일

푸치니와 토스카

12월 22일은 이탈리아 오페라의 거장 자코모 푸치니의 생일이다. 생일의 어둡고 긴 밤처럼 그의 음악에는 비극과 빛의 긴장감이 도사리고 있다.

푸치니의 대표작 가운데 하나인 〈토스카〉(1900)는 사랑과 자유, 희생을 노래한다. 주인공 카바라도시는 죽음을 앞두고 별빛 아래에서 지난 사랑을 회상하며 아리아 〈별은 빛나건만(E lucevan le stelle)〉을 부른다. "별은 빛나는데, 내 사랑은 사라졌다"는 절망의 노래는, 짧은 행복과 긴 어둠 사이에 놓인 인간 운명을 압축한다. 그러나 바로 그 순간, 음악은 절망을 넘어서는 힘이 된다. 가장 긴 밤에 별빛이 더욱 선명하듯, 푸치니의 선율은 어둠 속에서도 꺼지지 않는 인간의 희망을 들려준다.

12월 21일, 우리는 푸치니의 음악 속에서 깨닫는다. "어둠은 끝이 아니라, 다시 빛을 기다리는 시간이다."

"나는 작은 감정들을 담는 작곡가가 아니라, 위대한 비극을 그리는 작곡가다."
I am not a composer of small emotions, but of great tragedies.
— 자코모 푸치니 Giacomo Puccini, 이탈리아 작곡가

12월 22일

동지, 어둠 속의 새로운 빛

오늘은 동지(冬至), 북반구에서 밤이 가장 길고 낮이 가장 짧은 날이다. 그러나 역설적으로 이날은 다시 빛이 길어지기 시작하는 순간이기도 하다. 가장 어두운 시기가 지나면, 빛이 돌아온다는 하늘의 약속이 담긴 날이다.

우리 조상들은 동지를 "작은 설"이라 부르며 새해의 시작처럼 여겼다. 팥죽을 쑤어 먹고 나누며 귀신을 물리쳤고, 집 곳곳에 동지부적을 붙여 나쁜 기운을 몰아내고 복을 불러들였다.

오늘날 우리는 여전히 동지에 팥죽을 나누며 건강과 안녕을 기원한다. 동시에 동지는 새해를 준비하는 전환점이 되기도 한다. 새해 목표를 세우고, 달력과 다이어리를 정리하며 삶을 새롭게 계획하는 시기로 이어지는 것이다. 계절의 전환을 개인의 삶으로 전환하는 현명함이 돋보인다.

우리가 어둠을 직시할 때 비로소 새로운 빛이 보인다는 것은 겨울의 긴 밤 끝에서 얻는 깨달음이다.

"사람은 빛을 상상한다고 깨달음을 얻는 것이 아니라, 어둠을 의식할 때 깨달음을 얻는다."
One does not become enlightened by imagining figures of light, but by making the darkness conscious.

— 카를 융 Carl G. Jung, 스위스 심리학자

12월 23일

동방박사의 별

성경 마태복음에 따르면, 예수가 태어날 무렵 동방에서 온 박사들이 별의 징조를 보고 긴 여정을 떠났다. 그렇다면 12월 23일 즈음에는 이미 베들레헴 인근에 머물고 있었고, 24일 밤 다시 나타난 별을 따라가 마침내 아기 예수를 찾아 경배하며 황금과 유향, 몰약을 예물로 바친 것으로 추측된다.

역사와 과학은 이 별을 두고 다양한 해석을 내놓았다. 어떤 학자는 기원전 7년 목성과 토성이 근접한 천문 현상을, 또 다른 이는 혜성의 출현이나 초신성의 폭발을 지목한다. 혹은 고대 점성술적 상징으로 읽어내는 견해도 있다. 각자 해석은 달라도, 별의 출현을 단순한 자연 현상을 넘어 새로운 시대의 표상으로 모두가 이해하고 있다.

동방박사의 별은 단지 한 종교적 일화가 아니라, 인간이 하늘을 바라보며 삶의 방향을 물어온 오랜 역사의 상징이다.

"하늘의 별들은 우리에게 인내와 희망을 가르쳐준다."
The stars teach us patience and hope.
— 존 허셜 John Herschel, 영국 천문학자

12월 24일

NORAD, 산타를 추적하다

매년 12월 24일 밤, 북미항공우주방위사령부(NORAD)는 산타클로스가 전 세계 어린이들에게 선물을 전하는 여정을 '실시간으로' 추적해 공개한다. 산타가 북극을 출발해 각국 하늘을 나는 경로가 웹사이트와 앱, 심지어 인공지능 음성으로도 안내된다.

이 특별한 전통의 출발은, 1955년 한 어린이가 장난감 광고에 실린 전화번호로 전화를 걸어 산타의 위치를 물었는데, 그것이 하필이면 NORAD의 전신인 대공방위사령부의 비상 전화였던 것이다. 당직 장교는 아이에게 장난스럽게 "지금 산타의 위치를 레이더로 추적하고 있다"고 대답했고, 그 일이 매년 이벤트로 이어져 세계적인 크리스마스 풍습으로 자리 잡았다.

NORAD의 산타 추적은 실제 군사 레이더와 위성이 아이들의 꿈을 연결해 현대판 산타의 전설을 만들어 낸 것이다. 산타의 여정은 우리가 하늘을 바라보며 품어온 희망의 또 다른 이름이다.

"동화는 결코 아이들만을 위한 것이 아니다."
Fairy tales are not only for children.
— J.R.R. 톨킨 J. R. R. Tolkien, 영국 작가

태양의 날, 성탄의 날

오늘은 성탄절, 예수 그리스도의 탄생을 기리는 날이다. 그러나 성경 어디에도 12월 25일이 예수의 실제 탄생일이었다는 기록은 없다. 오히려 이 날은 고대 로마에서 "태양이 다시 이기는 날", 솔 인빅투스(Sol Invictus, 무적의 태양) 축제와 겹친다. 동지 이후 낮이 조금씩 길어지면서 어둠을 이기는 태양을 기념하는 날이었다.

3세기 후반 황제 아우렐리아누스는 솔 인빅투스를 제국의 공식 신으로 선포했고, 4세기 초 콘스탄티누스 황제는 기독교를 공인하면서 이 전통을 새로운 신앙과 연결했다. 태양 숭배의 상징적 날짜가 예수의 탄생일로 자리 잡은 것은, 초기 교회가 예수를 "의(義)의 태양"으로 고백하던 신학적 해석과 잘 맞아떨어졌다.

그래서 12월 25일은 단순한 기념일이 아니라, 어둠을 이기는 빛의 날이라는 보편적 상징을 품게 되었다. 태양의 귀환을 기다리던 인류의 오랜 축제가, 예수의 탄생을 기리는 날로 변모하면서 새로운 신앙의 질서를 열었던 것이다.

메리 크리스마스! 태양은 어둠을 이기고 빛은 세상을 새롭게 한다.

> "내 이름을 경외하는 너희에게 공의로운 해가 떠올라서 치료하는 광선을 비추리니."
> But unto you that fear my name shall the Sun of righteousness arise with healing in his wings.
> — 구약성경, 말라기 4장 2절

12월 26일

박싱 데이, 빛을 나누는 날

12월 26일은 영국과 캐나다, 호주 등 영연방 국가에서 '박싱 데이(Boxing Day)'로 불린다. 원래는 크리스마스 다음 날 교회에서 자선 상자(alms box)를 열어 가난한 이웃에게 나누던 풍습에서 비롯되었고, 귀족 가문에서는 하인이나 상인들에게 '크리스마스 박스'라 불린 선물을 건네기도 했다.

박싱 데이는 단순히 선물을 주고받는 관습을 넘어, 성탄의 기쁨을 이웃과 나누는 상징이었다. 성탄이 하느님의 빛이 세상에 온 날이라면, 박싱 데이는 그 빛을 나누는 날이었다. "사랑의 빛은 나눌수록 커진다"는 단순한 진리가, 자선과 환대의 풍습 속에 담겨 있던 것이다.

오늘날 한국에서는 스스로에게 선물을 주문해 풀어보는 '언박싱(Unboxing)'이 하나의 유행이다. 자신을 위한 선물이 작은 위로라면, 타인을 위한 선물은 세상을 더 따뜻하게 만드는 큰 울림이 되지 않을까?

> "인생의 참된 의미는 자신을 위해 사는 것이 아니라 다른 이들을 위해 사는 데 있다."
> The true meaning of life is to serve others, not to live for oneself.
>
> — 알베르트 슈바이처 Albert Schweitzer, 독일 의사

케플러의 눈에 비친 우주

1571년 12월 27일, 독일의 천문학자 요하네스 케플러가 태어났다. 케플러는 화성 궤도의 정밀한 관측을 분석하던 끝에, 행성이 원이 아닌 타원 궤도를 돈다는 사실을 밝혀냈다. 이는 오랫동안 하늘의 세계는 완전해야 하므로 행성도 반드시 원 모양으로 돈다고 여겨온 생각을 깨뜨린 혁신으로, 인류가 우주를 이해하는 방식을 근본적으로 바꾸어 놓았다.

후대는 케플러의 업적을 기려 이름을 천체에 새겼다. 케플러가 《꿈(Somnium)》이라는 책에서 달 여행을 과학적 상상으로 묘사한 것이 배경이 되어 달의 한 분화구가 그의 이름을 갖게 되었다. 또 화성 궤도를 연구하다가 행성이 타원 궤도를 돈다는 사실을 밝혀낸 업적을 기념해 화성의 큰 충돌구(impact crater)에도 그의 이름이 붙었다.

우리는 케플러의 새로운 시선에 주목해야한다. 만약 그가 삐딱한 것을 삐딱하게 바라보지 않았다면 우리는 오랫동안 삐딱하다는 것을 알 수 없었을 것이다.

"나는 단지 신의 생각을 엿보려 했을 뿐이다."
I was merely thinking God's thoughts after Him.
— 요하네스 케플러 Johannes Kepler, 독일 천문학자

아키라 후지이, 별빛을 찍는 사진사

1941년 일본 야마구치현에서 태어나 2022년 12월 28일 세상을 떠난 아키라 후지이는 사진예술과 천문학을 아우르는 천체 사진가였다. 그는 일본 최초의 '스타파티'를 열어 대중과 함께 별을 바라보는 문화를 만들었고, 과학적 기록과 예술적 감각을 동시에 살린 사진으로 세계적인 명성을 얻었다.

대표작 《Great Atlas of the Stars》는 별자리와 은하, 성운을 한눈에 담아 밤하늘을 그대로 옮겨놓은 듯한 생생함을 보여준다. 《Heavenly Bodies》에서는 은하수와 별 구름을 광시야 사진으로 포착해, 망원경의 데이터가 아닌 실제 눈으로 보는 듯한 장엄한 풍경을 전했다. 그의 사진은 천체의 기록일 뿐 아니라, 우리가 하늘을 감각으로 체험하게 하는 평면의 마술이었다.

그의 사진은 우리의 시선을 붙잡고 말한다. 우주는 계산하고 탐구해야 할 대상임과 동시에 감각하고 감탄해야 할 풍경이라는 사실을.

"가장 아름다운 경험은 신비를 느끼는 것이다. 그것이야말로 모든 참된 예술과 과학의 근원이다."
The most beautiful thing we can experience is the mysterious.
It is the source of all true art and all science.

— 알베르트 아인슈타인 Albert Einstein, 독일 출신 물리학자

국제 첼로의 날, 우주와 닮은 소리

12월 29일은 첼로의 탄생을 기념하는 '국제 첼로의 날'이다. 깊고 풍부한 음색 덕분에 인간의 목소리에 가장 가까운 악기로 불리지만, 동시에 첼로는 우주의 공명을 담아내는 악기로도 자주 비유된다. 낮은 현이 울릴 때 퍼져나가는 진동은 마치 하늘과 별이 만들어내는 파동처럼 느껴지기 때문이다.

이러한 상상은 실제 음악으로도 이어졌다. 현대 첼리스트이자 작곡가 리카르도 페스는 《QUBIT: The Cello Meets Astrophysics》를 통해 첼로와 우주를 직접 연결했다. 그는 블랙홀과 중력파, NASA가 기록한 우주의 소리를 모티프로 삼아 곡을 만들고, 이를 첼로로 연주했다. 저음의 깊은 울림은 우주의 심연을 닮았고, 퍼져나가는 파동은 별빛처럼 공간을 채우며, 소리와 우주가 하나로 만나는 체험을 가능하게 했다.

별빛이 하늘에 새겨진 시라면, 첼로의 울림은 그 시를 읽어내는 우리의 목소리와도 같다.

"음악은 모든 문화처럼, 우리가 환경과 서로를, 그리고 우리 자신을 이해하도록 돕는다."
Music, like all of culture, helps us to understand
our environment and each other, and ourselves.

— 요요 마 Yo-Yo Ma, 미국 첼리스트

윤동주, 하늘과 바람과 별의 시인

1917년 12월 30일, 일제강점기의 어둠 속에서 한국의 민족시인 윤동주가 태어났다. 그는 순수한 서정과 깊은 성찰 속에, 독립을 향한 열망과 인간의 양심을 노래한 시인으로 남아 있다.

〈서시〉에서 윤동주는 "죽는 날까지 하늘을 우러러 한 점 부끄럼이 없기를"이라 다짐했다. 이 하늘은 단순한 자연이 아니라, 인간의 양심을 비추는 거울이자 부끄럼 없는 삶을 요구하는 우주의 상징이었다. 시대의 폭압 속에서도 그는 정직하고 맑은 존재로 서기를 원했다.

〈별 헤는 밤〉에서는 그 다짐이 별로 이어진다. 별 하나하나에 추억과 사랑, 쓸쓸함과 동경을 불러내며, 윤동주는 어둠 속에서도 희망의 불빛을 발견했다. 〈서시〉의 하늘이 양심을 지키려는 다짐이라면, 〈별 헤는 밤〉의 별은 그 다짐이 피워낸 희망의 모습이었다.

윤동주의 시는 오늘의 우리에게 묻는다. "이 하늘과 별 앞에서 떳떳한 삶을 살고 있는가?"

"내가 원하는 우리나라의 모습은 문화로써 세계와 겨루는 나라다."
— 김구, 《백범일지》中

12월 31일

카운트다운, Happy New Year

오늘은 한 해의 마지막 날이다. 한국에서는 보신각의 타종 소리를 들으며 한 해를 마감하고, 세계 곳곳의 사람들도 저마다의 방식으로 지나온 시간을 보내며 새로운 시작을 맞이한다. 풍습은 달라도, 모두가 같은 순간에 과거를 보내고 미래를 맞이한다는 점에서 인류는 하나로 이어져 있다.

세계적으로는 뉴욕 타임스퀘어의 카운트다운이 가장 상징적인 모습이다. 1904년 뉴욕타임스 본사가 들어서며 이름 붙여진 이곳은, 1907년 시작된 '뉴 이어 볼 드롭'과 함께 점차 '시간의 광장(Time Square)'이라는 이미지가 굳어졌다. 지금은 단순한 한 도시의 행사를 넘어, 전 세계가 지켜보는 새해의 의식이 되었다.

마지막 10초 카운트다운은 인류가 함께 내일의 가능성과 발전을 기원하는 우주의 합창이다.

"Farewell to the old year, Happy New Year."

> "우리가 시작이라고 부르는 것은 종종 끝이다.
> 끝맺음은 곧 새로운 시작이며, 끝나는 그 지점에서 우리는 다시 출발한다."
> What we call the beginning is often the end.
> And to make an end is to make a beginning. The end is where we start from.
>
> — T.S. 엘리엇 T.S. Eliot, 미국 시인

초판 1쇄 발행 2025. 11. 28.

지은이 김 훈
펴낸이 김병호
펴낸곳 주식회사 바른북스

편집진행 김재영
디자인 최다빈
마케팅 송송이 박수진 박하연

등록 2019년 4월 3일 제2019-000040호
주소 서울시 성동구 연무장5길 9-16, 606호 (성수동2가, 블루스톤타워)
대표전화 070-7857-9719 | **경영지원** 02-3409-9719 | **팩스** 070-7610-9820

•바른북스는 여러분의 다양한 아이디어와 원고 투고를 설레는 마음으로 기다리고 있습니다.
이메일 barunbooks21@naver.com | **원고투고** barunbooks21@naver.com
홈페이지 www.barunbooks.com | **공식 블로그** blog.naver.com/barunbooks7
공식 포스트 post.naver.com/barunbooks7 | **페이스북** facebook.com/barunbooks7

ⓒ 김 훈, 2025
ISBN 979-11-7263-683-8 03300

• 파본이나 잘못된 책은 구입하신 곳에서 교환해드립니다.
• 이 책은 저작권법에 따라 보호를 받는 저작물이므로 무단전재 및 복제를 금지하며,
  이 책 내용의 전부 및 일부를 이용하려면 반드시 저작권자와 도서출판 바른북스의 서면동의를 받아야 합니다.